黑龙江省高等教育教学改革项目2021年度择优推广项目“新时代高校思政课教学‘精准供给’模式研究”（项目编号：SJGSF2021003）阶段性成果

思想政治理论课与中医药文化

主编◎许佳

全国百佳图书出版单位
中国中医药出版社
·北 京·

图书在版编目（CIP）数据

思想政治理论课与中医药文化 / 许佳主编 . — 北京：
中国中医药出版社，2023.8
ISBN 978-7-5132-8290-1

Ⅰ. ①思… Ⅱ. ①许… Ⅲ. ①中医学院－大学生－思想政治教育－研究－中国 Ⅳ. ① G641

中国国家版本馆 CIP 数据核字 (2023) 第 129277 号

中国中医药出版社出版
北京经济技术开发区科创十三街 31 号院二区 8 号楼
邮政编码　100176
传真　010-64405721
廊坊市佳艺印务有限公司印刷
各地新华书店经销

开本 710×1000　1/16　印张 15.75　字数 215 千字
2023 年 8 月第 1 版　2023 年 8 月第 1 次印刷
书号　ISBN 978 – 7 – 5132 – 8290 – 1

定价　68.00 元
网址　www.cptcm.com

服务热线　010-64405510
购书热线　010-89535836
维权打假　010-64405753

微信服务号　zgzyycbs
微商城网址　https://kdt.im/LIdUGr
官方微博　http://e.weibo.com/cptcm
天猫旗舰店网址　https://zgzyycbs.tmall.com

如有印装质量问题请与本社出版部联系（010-64405510）

《思想政治理论课与中医药文化》
编 委 会

主　编　许　佳

副主编　周苏娅

编　委

魏丽莹　何雨濛　萨晓艳　沃　野　徐　蕊

刘佩文　孙　悦

前言

2021年7月1日，习近平总书记在庆祝中国共产党成立100周年大会上指出，新的征程上，我们必须坚持马克思列宁主义、毛泽东思想、邓小平理论、“三个代表”重要思想、科学发展观，全面贯彻新时代中国特色社会主义思想，坚持把马克思主义基本原理同中国具体实际相结合、同中华优秀传统文化相结合，用马克思主义观察时代、把握时代、引领时代，继续发展当代中国马克思主义、21世纪马克思主义。高校思想政治理论课（以下简称思政课）承担着对大学生进行系统的马克思主义理论教育的任务，在教学过程中能否贯彻“两个结合”的理念，直接关系立德树人的成效问题。中医药院校肩负着培养高素质中医药人才的重任，一方面要充分发挥好思政课作为立德树人关键课程的作用，适度融合中医药文化特色资源，真正落实马克思主义基本原理同中华优秀传统文化相结合的理念，把课程讲深讲透讲活；另一方面要深入挖掘中医药文化育人元素，以持久的文化魅力提升学生的专业自信、文化自信，进而实现与思政课同向同行的目标。

本书共七章，重点围绕中医药院校思政课与中医药文化相互融合的现状、目的、理念、原则、方法、未来发展等内容展开，具体章节内容如下。

第一章从思政课的使命担当、中医药文化肩负的时代责任以及中医药院校思政课与中医药文化融合的价值旨归三个层面，明晰当前思政课与中医药文化虽然都面临重要的发展机遇期，但也都不同程度地遇到一些“成长的烦恼”。特别是在两者融合实践过程中存在理论研究支撑不足、实践研究难以形成体系全面推广、两类研究进度相脱节、综合类研究普遍缺少等问题，亟待探寻破局之策。

第二章从医德教育、中医思维、职业价值观三个方面探究中医药院校思政课的特色，为融入中医药文化寻找落脚点。新时代思政课要实现入脑入心的目标，需要充分发挥不同院校的优势特色，以学生的所需所求为着眼点，不断提升课程的针对性与实效性。因此，中医药院校思政课在探索改革创新过程中应以培育“大医生”为己任，结合不同课程，强化中医药文化的核心要素，凸显育人价值。

第三章从夏商西周、春秋战国、秦汉三国、两晋南北朝、隋唐五代、两宋、辽夏金元、明、清、民国以及中华人民共和国成立至今的不同时期，梳理中医药文化形成与发展历程，分析中医药文化中蕴含的思政元素，从医术、医德、医学理想三个层面探求中医药传承发展中的思政资源，在讲好中医药故事的同时，引领中医学子树立正确的世界观、人生观和价值观，在以德育人、以文化人的现实需要中实现育人目标。

第四章着重分析思政课与中医药文化相互融合的教育理念，即坚持立德树人、寓德于课、多元立体、显隐结合、注重实效、凸显特色六项基本理念；坚持方向性、求实性、主体性、示范性、创新性、适度性等促进融合的六项基本原则；坚持理论融合、实践融合、比较融合、典型融合、激励融合五项基本方法，力求为两者融合提供重要的理论依据与方法参照，彰显中医药院校的育人优势。

第五章从思政课融入中医药文化的路径入手，以四门思政课为立足点，主要从不同课程的理论融入、教学方法融入、实践融入三个方面展开分析。根据四门思政课的不同特点，找准每门课程与中医药文化的契合点与融入点，挖掘学生的关注点和兴趣点，选择符合思想政治教育特点、教育教学规律和中医药人才培养规律的特色教学方法与实践活动形式，从而进一步提升思政课的亲和力与感染力。

第六章从增进中医药文化育人功能出发，积极促进中医药专业课的课程思政建设。结合课程特点、思维方法和价值理念，深入挖掘课程思政元素，充分整合育人资源，强化顶层设计，加强育人队伍建设，优化教学实施过程，形成协同育人合力，组织开展具有中医药文化特色的育人活动，营造良好的校园文化育人氛围，发挥中医药榜样示范引领作用，构建中医药文化育人评价体系，增强中医药文化育人效果。

第七章从发展的视角对思政课与中医药文化融合进行展望。未来中医药院校所培养的中医药事业接班人应是拥有高超医技、具有崇高医德、懂得人文关怀的高素质中医药人才。为此，无论是思政课程，还是中医药专业课都要不断创新方式方法，关注学生所思所想。一方面，要将精准思政、“大思政课”、智能思政理念融入中医药文化，让课程“活”起来；另一方面，要以中医药文化激活育人基因，让课程“沉”下去，为新医科建设燃煤助力。

总之，中医药院校思政课与中医药文化的融入既是马克思主义基本原理与中华优秀传统文化相结合的必然要求，也是中医药文化实现传承创新发展的必由之路，更是中医药院校落实新医科建设发展的重要落脚点。未来需要有更多的教育工作者从理论、实践等不同层面进行创新研究与大胆尝试，不断革故鼎新，以期实现两者的系统融合。

许佳

2023年5月

目录 ▶CONTENTS

思想政治理论课与中医药文化的时代使命

思想政治理论课（以下简称思政课）承担着对大学生进行系统的马克思主义理论教育的任务，是巩固马克思主义在高校意识形态领域指导地位、坚持社会主义办学方向的重要阵地，是全面贯彻党的教育方针、落实立德树人根本任务的主干渠道和核心课程，是加强和改进高校思想政治工作、实现高等教育内涵式发展的灵魂课程。中医药文化作为中华优秀传统文化的重要组成部分，传承创新中医药文化对坚定文化自信、提高国家文化软实力也发挥着同等重要的作用。中国特色社会主义进入新时代，对思政课建设和中医药文化创新发展提出了更高的要求，也促使其肩负起各自的时代使命，为实现中华民族伟大复兴发挥其应有的时代价值。本章分三节对思政课与中医药文化的时代使命进行探讨。

第一节　思想政治理论课肩负的使命担当

中国共产党自成立以来，经历了革命、建设、改革以及中国特色社会主义新时代等重要时期，对思政课的关注延续至今从未停止，在多次会议中明确对思政课建设作出部署。《新时代高校思想政治理论课教学工作基本要求》（以下简称《要求》）中明确提出，思政课作为落实立德树人根本任务的核心课程，承担着对大学生进行系统的马克思主义理论教育的任务，更是加强思想政治工作的灵魂课程。从《要求》中不难发现，“重要阵地”“核心课程”“灵魂课程”是对新时代思政课新的定位，作为“灵魂课程”的思政课更应该在新时代担负起相应的历史责任。

一、落实立德树人根本任务的关键课程

思政课是习近平非常关心的一件大事，也是他经常讲和反复讲的一个重要内容。2019年3月18日，习近平在主持召开的“学校思想政治理论课教师座谈会上”发表重要讲话，强调思政课是落实立德树人根本任务的关键课程。这是我党历史上第一次由总书记亲自主持召开的以一门课程为主题的会议，在对思政课建设进行更加精准定位的同时，也坚定了高校教师上好思政课的决心和信心。

（一）党的十八大以来对思政课建设提出的要求

中国特色社会主义进入新时代以来，党中央先后召开思政课建设相关会议，具有代表性的包括全国高校思想政治工作会议、学校思想政治理论课教师座谈会等，习近平也多次发表重要讲话，强调思政课建设的重大意义。

1. 阐明办好思政课的重大意义

当今世界正经历百年未有之大变局，中国正处于实现第二个百年奋斗目标的关键时期，需要更多有为青年抓住机遇，应对挑战，顺势而为，接续奋斗。作为落实立德树人根本任务的关键课程，上好思政课的意义重大。在学校思想政治理论课教师座谈会上，习近平强调办好思政课，要放在世界百年未有之大变局、党和国家事业发展全局中来看待，要从坚持和发展中国特色社会主义、建设社会主义现代化强国、实现中华民族伟大复兴的高度来对待。因此，新时代的思政课必须有较高的政治站位，才能培养出更多担当民族复兴大任的时代新人。要实现这一目标就必须从学校抓起、从娃娃抓起。正如习近平所说，要把统筹推进大中小学思政课一体化建设作为一项重要工程，坚持问题导向和目标导向相结合，坚持守正和创新相统一，推动思政课建设内涵式发展。

2. 办好思政课的具体要求

思政课肩负着培养担当民族复兴大任的时代新人的重要使命，为更好地适应时代发展，对思政课的要求也随之不断提高。

（1）思政课建设要全面贯彻党的教育方针

习近平在讲话中多次强调，办好思政课必须全面贯彻党的教育方针，把培养什么人、怎样培养人、为谁培养人这个根本问题解决好。新时代贯彻党的教育方针，要坚持以马克思主义为指导，贯彻新时代中国特色社会主义思想，坚持社会主义办学方向，落实立德树人根本任务，坚持教育为人民服务、为中国共产党治国理政服务、为巩固和发展中国特色社会主义制度服务、为改革开放和社会主义现代化建设服务，扎根中国大地办教育，与生产劳动和社会实践相结合，加快推进教育现代化，建设教育强国，办好人民满意的教育，努力培养担当民族复兴大任的时代新人，培养德、智、体、美、劳全面发展的社会主义建设者和接班人。党的二十大报告再次强调，培养德、智、体、美、劳全面发展的社会主义建设者和接班人必须全面贯彻党的教育方针，思政课要在全面贯彻党的教育方针的前提下，更好地肩负起办好人民满意教育的使命。

（2）用习近平新时代中国特色社会主义思想铸魂育人

习近平新时代中国特色社会主义思想，是新时代中国共产党的思想旗帜，是国家政治生活和社会生活的根本指针，是当代中国马克思主义、21世纪马克思主义。它是马克思主义中国化最新成果，是党和人民实践经验和集体智慧的结晶。办好思政课，就是要开展马克思主义理论教育，用习近平新时代中国特色社会主义思想铸魂育人，引导学生坚定“四个自信”，厚植爱国情怀，把爱国情、强国志、报国行自觉融入坚持和发展中国特色社会主义、建设社会主义现代化强国、实现中华民族伟大复兴的奋斗之中。

（3）发挥学生的主体地位

思想政治工作从根本上讲是做人的工作，思政课的本质是讲道理，因此必须紧紧围绕学生，关注学生的综合素质和道德水平，并要遵循学生的成长规律，发挥学生的主体地位，帮助学生扣好“人生第一粒扣子”。

（4）大力加强马克思主义学院建设

2018年5月2日，习近平在北京大学考察时强调，高校马克思主义学院就是要坚持“马院姓马，在马言马”的鲜明导向和办学原则，为巩固马克思主义在意识形态领域的指导地位，推动马克思主义进校园、进课堂、进学生头脑，发挥应有作用。

3. 指明思政课改革创新的方向

新时代的思政课建设不仅要提高思政课的针对性和实效性，还要不断增强创新活力，增强学生的获得感，这就需要在改革创新上下功夫。

（1）用好课堂教学主渠道

思政课的本质是讲道理，因此要注重方式方法，要在讲深、讲透、讲活上下功夫，发挥好马克思主义理论宣传主阵地的作用，培养德、智、体、美、劳全面发展的人才。2016年12月，习近平在全国高校思想政治工作会议上指出，新形势下更要利用好课堂教学主渠道，思政课同样需要在改进中加强。

（2）创新课堂教学模式

随着国内外形势的变化，党和国家的工作重心也在随之发生变化，思政课的教学内容要跟上时代步伐，只有不断备课、常讲常新，才能取得好的教学效果。2020年9月，习近平在湖南考察时强调，要把课堂教学和实践教学有机结合起来，充分运用丰富的历史文化资源，紧密联系中国共产党和中国人民的奋斗历程，深刻领悟马克思主义中国化的内在道理，深刻领悟为什么历史和人民选择了中国共产党和社会主义，进一步坚定“四个自信”。可见，创新思政课教学要注重与现实相结合，如果一味地只是念文件、照本宣科，就会缺乏亲和力，达不到预期的教学效果。

（3）增添创新活力

2019年3月18日，习近平在学校思想政治理论课教师座谈会上的讲话中明确指出，思政课建设中有一些问题亟待解决，讲好思政课不容易，思政课建设要向改革创新要活力。因为思政课面对的是广大青年群体，他们较为活跃，必须增强思政课的创新活力，以适应青年的发展需求。因此，思政课改革创新要在“八个相统一”上有所思考，打好组合拳，才能讲好思政课。教师要不断在课程的思想性、理论性、针对性上深入思考，不断提升思政课程的亲和力和感染力，将其打造成既有理论深度又有情感温度的“金课”。

（二）落实立德树人根本任务的必要性

党的十八大报告首次提出教育的根本任务在于立德树人，党的十九大报告继续重申要落实立德树人根本任务，党的二十大报告再次强调，办好人民满意的教育就需要落实立德树人根本任务。可见，立德树人是新时代历史条件下高等院校必须完成的教育任务。

1. 国家层面对思政课是落实立德树人根本任务的表述

党的十八大以来，在党中央的集中统一领导下，教育工作稳步推进，也认真回答了培养什么人、怎样培养人、为谁培养人这一根本问题。为大力推进教育强国目标的实现，坚持把立德树人贯穿于教育教学全过程，大力加强思想政治工作建设，国家从方针、政策等方面对思政课建设予以高度重视，习近平更是在多种场合明确指出思政课的重要性。

2016年12月，习近平在全国高校思想政治工作会议上强调，要坚持把立德树人作为中心环节，把思想政治工作贯穿教育教学全过程，实现全程育人、全方位育人，努力开创我国高等教育事业发展新局面。明确了高校思想政治工作的目标，为高等教育事业指明了清晰的前进方向。

2018年9月，习近平在全国教育大会上提出，要把立德树人融入思想道德教育、文化知识教育、社会实践教育各环节，贯穿基础教育、职业教育、高等教育各领域。这意味着要在教育全领域贯穿立德树人目标，要将其融入思想道德教育的全过程，以实现“三全育人”目标。

2019年3月，习近平在学校思想政治理论课教师座谈会上指出，思政课是落实立德树人根本任务的关键课程，作用不可替代。简短的一句话，不仅体现了党中央对思政课的高度重视，更突出强调了思政课在立德树人中的关键价值作用。

2020年9月，习近平到湖南大学岳麓书院考察时指出，要把课堂教学和实践教学有机结合起来。由此可见，思政课要想充分发挥立德树人的作用，仅通过课堂教学单一渠道是无法达到最优效果的，要实现课堂与实践的有机结合，这为思政课教学提供了新的路径选择。

2021年3月，习近平看望参加全国政协十三届四次会议的医药卫生界、教育界委员，并参加联组会时再次强调，要从党和国家事业发展全局的高度，坚守为党育人、为国育才，把立德树人融入思想道德教育、文化知识教育、社会实践教育各环节。

2022年1月，习近平在省部级主要领导干部学习贯彻党的十九届六中全会精神专题研讨班开班式上指出，要用好学校思政课这个渠道，推动党的历史更好进教材、进课堂、进头脑，发挥好党史立德树人的重要作用。这为思政课教学注入了新的内容，有助于增强思政课的教学效果，也为思政工作推动党史教育指明了工作重点，提供了根本遵循。

2022年4月，习近平在中国人民大学考察时强调，思想政治理论课能否在立德树人中发挥应有作用，关键看重视不重视、适应不适应、做得好不好。“三个关键”不仅为新时代思政课改革创新指明了方向，也为推动思政课在立德树人任务实现中发挥应有作用提供了根本遵循。

2. 思政课作为立德树人根本任务的关键课程面临的挑战

近年来，思政课建设成效显著，教育方法和手段不断提高，线上线下相结合的教育模式取得良好效果，教师队伍和规模稳步提升，形成了党委统一领导、党政齐抓共管、有关部门各负其责、全社会协同配合的工作格局，但思政课建设也面临严峻的挑战。

（1）对思政课的重要性认识有待增强

党的十八大以来，国家对思政课的重视程度稳步提高，对思政课落实立德树人的要求逐步增强。高校是落实思政教育的主阵地，绝大多数高校已开设具有公共必修性质的思政课。但教学过程中发现，不少学生上思政课的目的就是“及格”，这与思政课的初衷不相符合，也凸显出学校、教师、学生对思政课的重视程度不够。在学校层面，各院校都在为全面建设一流高校和一流学科而努力，把注意力放在了专业学科建设上，大部分资金和政策都倾向专业课，思政课所占劣势明显。在教师层面，思政课教师授课多为合班大课，与学生沟通交流的次数有限，使得师生间联系不紧、沟通不够、感情不深，教师无法及时了解学生的学习状况和实际需求。在学生层面，认为思政课是为了拿到毕业证而必修的课程，及格即可。因此，即使国家对思政课的支持力度在加大，但在落实方面，与铸魂育人目标尚有差距。

（2）思政课改革创新能力有待提高

思政课同样需要改革创新，为了增添课程活力，必须进行改革。思政课"抬头率低"的出现，其中重要的原因就是改革创新能力不足。一是思政课教学理念更新不及时。个别教师不能根据学生特点和时代要求增添内容，对国家政策方针解读不到位，对"八个相统一"的要求了解不够充分，过多关注评教考核结果，只注重教学过程的完整性，而较少考虑学生的接受度，使课堂教学大打折扣。二是传统教育模式落伍。在疫情的影响下，线上线下混合教学模式发展迅速，成为目前高校主要的教学模式之一，但有的教师跟不上时代步伐，不主动探索新的教育模式，出现学生对课堂"不买账"的情况。三是思政课教学缺少特色，不少教师对理论的重视程度大于实践，虽然也开展实践活动，但与学生的专业特色关联不明显，学生仅仅是为了完成作业，拿到学分。学校也没有充分挖掘地方特色和学校特色，故而思政课的育人效果不尽如人意。

（3）协同合力有待形成

思政课致力于回答培养什么人、怎样培养人、为谁培养人这个根本问题。要想充分发挥思政课的铸魂育人作用，仅仅依靠思政课这单一渠道是无法完成的，需要家庭、社会共同承担起责任。在构建"大思政"育人格局的过程中也存在一些亟待解决的问题。一是学校缺乏"走出去"的创新性。受单一的评价体系、外出活动有风险、配套硬件不完善及实践基地数量有限等影响，思政课往往局限于课堂教学，缺乏必要的社会实践活动，从而大大影响了思政课的教学效果。二是家庭对思政课的重视和关注度不够。父母是孩子的第一任思政老师，但部分家长认为思政课是学校的事，关注点在专业学习成绩上。加之学生进入大学后，家长与学校的沟通有限，对学生的道德教育用心度不够，家校合力效果不佳。

（4）社会配合学校的主动性有待加强

虽然国家出台了一系列有关加强思政课建设的政策文件，但从社会层面看，宣传落实力度不够，更多地停留在理论宣讲这种单一形式，没有更多地与学校深度合作，开展实践。

这些都成为思政课落实立德树人根本任务目标实现的制约因素。

二、培育担当民族复兴大任的时代新人

党的十八大以来，以习近平同志为核心的党中央高度重视教育工作，提出“十四五”时期，要从党和国家事业发展全局的高度，全面贯彻党的教育方针，坚持优先发展教育事业，坚守为党育人、为国育才，努力办好人民满意的教育，在加快推进教育现代化的新征程中培养担当民族复兴大任的时代新人。思政课在开展理想信念教育、传播马克思主义理论、加强爱国主义情怀和提高思想道德修养方面具有其他课程无法替代的作用。

（一）党的十八大以来国家对时代新人的基本要求

1. 广大青年要树立远大理想

党的二十大报告中指出，“青年强，则国家强”。国家寄希望于青年，青年应承担起艰巨的使命，创造光辉未来。青年的理想信念关乎国家未来的发展方向。当今中国青年生逢其时，施展才干的舞台无比广阔，实现梦想的前景无比光明。广大青年应坚定不移地听党的话，跟党走，“立志做有理想、敢担当、能吃苦、肯奋斗的新时代好青年”。

2. 广大青年要勇于担当时代责任

当代青年要把国家富强和人民幸福当作自己的责任，为实现中国特色社会主义伟大事业奋斗终生；要与国家发展同步同行，勇于担起时代赋予的历史责任，时刻保持干劲和冲劲，越是艰险越要挺身而出，争做时代先锋，不怕艰难困苦，勇往直前。

2020年9月，习近平在全国抗击新冠肺炎疫情表彰大会上对青年一代在抗疫斗争中的表现予以赞扬，指出在这次抗疫斗争中，青年一代的突出表现令人欣慰、令人感动。参加抗疫的医务人员中有近一半是“90

后”“00后”。青年一代不怕苦、不畏难、不惧牺牲，用臂膀扛起如山的责任，展现出青春激昂的风采，展现出中华民族的希望。

2022年4月，习近平在中国人民大学考察时提出，希望全国广大青年牢记党的教诲，立志民族复兴，不负韶华，不负时代，不负人民。并寄语青年一代，要做社会主义核心价值观的坚定信仰者、积极传播者、模范践行者，向英雄学习、向前辈学习、向榜样学习，争做堪当民族复兴重任的时代新人。

3. 广大青年要勇于砥砺奋进

中华民族伟大复兴的中国梦需要一代又一代有为青年的接续奋斗才能实现。作为新时代的奋斗者，广大青年要坚定理想信念，练就过硬本领，不怕苦，不怕累，用一生来践行跟党走的理想追求；要有骨气、有志气，为祖国的发展奉献力量；要厚植家国情怀，涵养进取品格，以奋斗姿态激扬青春，不负时代，不负韶华。

（二）思政课培育担当民族复兴大任时代新人的必要性

青年阶段是人生的“拔节孕穗期”，需要正确的引导和培育。思政课作为开展马克思主义理论教育的重要途径，不仅仅是一门传授理论知识的课程，更是落实立德树人根本任务的关键课程。思政课在引领广大青年提升思想道德修养和精神风貌、培养担当民族复兴大任的时代新人方面起着至关重要的作用。

1. 国家层面对思政课培育担当民族复兴大任时代新人的重要论述

2017年10月18日，党的十九大报告提出，要全面贯彻党的教育方针，落实立德树人根本任务，发展素质教育，推进教育公平，培养德智体美全面发展的社会主义建设者和接班人。

2018年8月21～22日，习近平在全国宣传思想工作会议上强调：育新人，就是要坚持立德树人、以文化人，建设社会主义精神文明、培育和践行社会主义核心价值观，提高人民思想觉悟、道德水准、文明素养，培养能够担当民族复兴大任的时代新人。

2019年3月18日，习近平在学校思想政治理论课教师座谈会上明确提出，办好思政课，最根本的是要全面贯彻党的教育方针，解决好培养什么人、怎样培养人、为谁培养人这个根本问题。要加快推进教育现代化、建设教育强国、办好人民满意的教育，努力培养担当民族复兴大任的时代新人，培养德智体美劳全面发展的社会主义建设者和接班人。

2020年9月22日，习近平在教育文化卫生体育领域专家代表座谈会上指出，党的十八大以来，党中央高度重视教育工作，召开全国教育大会，印发《中国教育现代化2035》，全面加强各级各类学校思想政治工作，推进教育领域综合改革。并提出“十四五”时期，要从党和国家事业发展全局的高度，全面贯彻党的教育方针，坚持优先发展教育事业，坚守为党育人、为国育才，努力办好人民满意的教育，在加快推进教育现代化的新征程中培养担当民族复兴大任的时代新人。

2022年10月16日，党的二十大报告指出，教育是国之大计、党之大计。培养什么人、怎样培养人、为谁培养人是教育的根本问题。育人的根本在于立德。全面贯彻党的教育方针，落实立德树人根本任务，培养德智体美劳全面发展的社会主义建设者和接班人。

2. 思政课培育担当民族复兴大任时代新人的方法和路径

习近平在党的二十大报告中指出，要“用党的科学理论武装青年，用党的初心使命感召青年”。思政课是为广大青年培根铸魂的课程，理应承担立德树人的责任。

（1）在坚定理想信念上下功夫

青年的理想信念关乎祖国的未来，如果青年精神上“缺钙”是无法担负起新时代赋予的历史重任的。我们在思政课教学中发现，有的学生认为理想信念是遥不可及的，对共产主义理想信念表现出迷茫。随着网络和信息化的发展，青年学生接触到很多新鲜事物，受享乐主义、拜金主义、利己主义等不良思潮的影响，他们往往会形成错误的理想信念。因此，思政课教师要充分重视理想信念教育，增强学生对马克思主义和共产主义的信仰，对中国特色社会主义的信念，以透彻的学理分析回应学生，以彻底的思想理论说服学生，用真理的强大力量引导学生，以贴近实际的鲜活案例与学生产生共鸣。

（2）在厚植爱国主义情怀上下功夫

爱国主义是中华民族精神的核心，生活在中国这片广阔的沃土中首先要培养学生的爱国情怀。思政课厚植新时代青年学生的爱国情怀是培育担当时代复兴大任时代新人的必然要求，也是落实立德树人根本任务的重要途径，更是传承和发展中华民族优良爱国传统的内在需要。我们在对青年学生开展爱国主义教育的过程中发现，爱国主义有时会受到冷落，网上的一些不当言论往往会影响青年学生，左右青年学生的认知，提示思政课培育担当民族复兴大任时代新人的重任十分艰巨。

（3）在加强品德修养上下功夫

习近平高度重视青年人品德修养的锤炼，始终强调“人无德不立，品德是为人之本。止于至善，是中华民族始终不变的人格追求”。中国特色社会主义进入新时代后，要求新时代的建设者不仅要掌握过硬的专业技能，更要具备高尚的品德修养。思政课就是培养青年学生综合素质的课程，但思想品德教育不能依靠简单的说教，要在教育内容和方式方法创新，找到与学生产生共鸣的方法，在润物细无声中培养学生的品德。

（4）在增长见识上下功夫

新时代对培育担负民族复兴大任的新人有更高的要求。只有在知识更新上下功夫，才能拓宽眼界，走得更远。增长知识才干是青年学生实现自身发展的重要基石，也是建设社会主义现代化强国和实现人类命运共同体的要求。思政课可以通过丰富的内容体系，以理论联系实际的教学方法，把思政小课堂与社会大课堂相结合，让学生充分领会科学理论的实践价值，提高学生运用科学理论分析问题解决问题的能力，帮助学生增加对党史、新中国史、改革开放史、社会主义发展史、中华民族发展史等相关内容的学习，学会在5000多年中华文明史、500多年世界社会主义史、中国近代以来180多年斗争史、中国共产党100多年奋斗史、中华人民共和国70多年发展史及改革开放40多年的实践史中探究问题，拓展视野。

（5）在培养奋斗精神上下功夫

习近平在多个场合反复强调，中华民族从积贫积弱走到如今繁荣发展，离不开中华民族自强不息的奋斗精神。实现中华民族伟大复兴是一项长期的历史任务，绝不是轻轻松松、敲锣打鼓就能实现的。作为青年学生要继承中华民族自强不息的优良传统，弘扬艰苦奋斗的革命传统，将努力奋斗作为不断前进的动力。目前全社会都在抓紧落实革命传统教育，积极搭建传播平台，但青年学生主动了解革命先驱、道德模范、劳动模范等先进人物的事迹意愿不够强，提示思政课应主动寻找合适的教育方式，激发青年学生向榜样学习的热情，培养青年学生的奋斗精神，并将其落到实处。

（6）在提高综合素质上下功夫

思政课的目的是为国家培养德才兼备、全面发展的高素质人才。习近平认为，青年的素质和本领高低对实现中国梦具有直接影响，提高青年学生的综合素质不仅是其自身发展的需要，也是社会发展的要求，更是实现中华民族伟大复兴中国梦的需要。目前，青年学生中存在学习功利心较强、只注重专业学习而忽视素质提升等问题。思政课教学要不断扩宽思路，积极营造教师“教好”、学生“学好”的课堂氛围，充分激发学生学习的积极性、主动性，帮助学生通过学习提升综合素质。

三、建设一支素质高、本领硬的教师队伍

要达到思政课的教学目的，培养出德、智、体、美、劳全面发展的社会主义建设者和接班人，能够担负起民族复兴大任的高质量人才，需要建设一支素质高、本领硬的教师队伍。

（一）党的十八大以来对思政课教师提出的基本要求

思政课成效是否显著，能否在学生心中埋下真善美的种子，教师起着关键性作用。思政课教师肩负着培养立德树人的使命，需要引导学生扣好人生的第一粒扣子，对此习近平对思政课教师寄予了厚望，并提出六点要求。

1. 政治要强

思政课是具有鲜明意识形态属性的课程，思政课教师的政治性必须

强。思政课教育被赋予崇高的历史使命，也就意味着思政课教师要比其他任课教师拥有更坚定的政治立场、更高的政治站位、更强的政治责任、更敏锐的政治鉴别力和政治洞察力，在大是大非面前始终能保持清醒的政治头脑。思政课的目的是帮助学生坚定理想信念，其中教师具有重要作用。作为思政课教师，必须具有坚定的马克思主义、社会主义和共产主义信念，能够引领学生树立爱国主义情怀和坚定的理想信念，为祖国的未来而学习，为民族的命运学习。

2. 情怀要深

思政课教师不同于其他任课教师的一个重要点就是担负着铸魂育人的时代使命，这就要求他们必须有深厚的情怀。新时代下的思政课教师不仅要做到教书育人这最基本的教学要求，还要勇担社会责任和使命，提升自身价值。要立足长远，从国家发展的“两个一百年”宏伟目标的战略高度去想问题、看整体、讲抱负。“师者，所以传道授业解惑也”。新时代的思政课教师要有传道情怀，所传之道就是通过思政课教学，使学生建立正确的“三观”，自觉投身到社会主义现代化建设的征程中，熟练掌握马克思主义理论，并将其运用到自己所热爱的教师职业，为培养担当民族复兴大任的时代新人奉献终生。思政课教师更要将对家国的爱、对教育的爱、对学生的爱融为一体，在学生身上投入满腔热血，使学生感受到仁爱情怀，使思政课成为一门有温度的课。

3. 思维要新

思政课教师要教会学生观察认识当代世界、当代中国的立场、观点、方法，同时也要学会用创新的方法教会学生运用正确的思维，辩证分析和解决问题。思政课改革创新需要结合新时代、新理念和新要求，思政课教师也要适应时代发展，进一步解放思想、实事求是，不断探索提高教学效果的内容和方法。思政课教师要积极创新教学手段，不断更新教学理念，紧跟时代步伐，不仅要及时更新教学内容，进行一些关键概念阐释，更应该满足学生对当前党的最新理论、方针、政策学习和了解的需求，既要讲清楚社会主义建设中的成绩，也不回避风险挑战，要引导学生学会运用正确的思维方法思考问题。

4. 视野要广

思政课教师是学生的引路人，其所站的高度、所拥有的眼界和视野直接影响到学生能站得多高、走得多远。这要求思政课教师要有宽广的知识视野，不能只盯着所开设的课程，还要广泛涉猎哲学、社会科学及自然科学领域，丰富教学内容，改变思政课枯燥乏味的刻板印象。思政课教师要有宽广的国际视野，面对国内外纷繁复杂的变化，面对学生的疑惑，要用历史视野与国际眼光分析大变局下的国内外形势，通过生动、深入、具体的纵横比较，给学生以正确引导。

5. 自律要严

自律要严寄托着习近平对思政课教师在道德自律上的严格要求与殷切期望，强调了思政课教师自律的必要性。“严”是指思政课教师要严于律己。对教师提出这样的高要求有利于思政课教师实现自我完善。思政课教师在要求学生做到自律的同时，先要严格约束自己，给学生起到榜样示范作用，以高尚的师德师风感染学生。思政课教师要始终树立坚定的政治立场，在关键时刻敢于发声，引导学生找准学习方向，增强思政课的鲜活性和针对性。思政课教师要刻苦钻研，不断提升科学文化水平，在要求学生努力学习的同时，自身要不断丰富知识储备，夯实理论基础，提高教育教学能力和水平，把理论知识讲深、讲透、讲彻底，做好教书育人工作。

6. 人格要正

思政课教师必须有高尚的人格。有人格，才有吸引力。亲其师，才能信其道。思政课教师要用高尚的人格感染学生、赢得学生，用真理的力量感召学生，以深厚的理论功底赢得学生。要做到以德立身、以德立学、以德施教，做到“吾日三省吾身”，自觉为学生做表率，做让学生喜爱的人。

（二）思政课教师队伍建设面临的困境

高校要在全面落实立德树人根本任务上下功夫，就必须正确认识思政课教师在教育教学及思想政治教育领域的关键作用，建立一支高水平的专兼职相结合的思政课教师队伍，使其成为落实立德树人根本任务的核心力量。近些年思政课建设取得了可喜成绩，但思政课师资队伍建设仍面临不少问题。

1. 师资队伍建设有待加强

随着国家对思政课建设力度的不断加大，各高校积极落实各项政策，狠抓思政课建设，重视程度有所提升，但也使马克思主义学院的教师培养压力加大。高校为达到国家规定的师生比要求，亟须扩大思政课教师队伍，故而不少辅导员或行政人员转岗任思政课教师，这就导致人员能力水平参差不齐，为此，学院需根据新进人员的情况投入更多精力，进行教师培养。

2. 师资结构有待调整

为了评估达标，有的院校采用校外招聘、校内转岗等方式引进思政课教师，与思政课相关专业的教师均可参加招聘。近年来，思政专业日益成为热门专业，很多学生跨专业报考思政类研究生。政策的快速落实，使思政课教师队伍不断壮大，但优质教师资源比例不高。有的教师博士毕业或职称晋升到一定级别后会考虑到待遇较高的发达地区，这就导致思政课教师队伍不均衡，在一定程度上影响了思政课的教学质量和效果。人员增加也带来了竞争、科研难度增加等问题。因此，思政课教师队伍结构需要调整。

3. 综合素质有待提升

随着各高校抓紧落实政策，思政课教师一度出现了“一师难求”的局面。不少高校出台人才引进的优厚政策，以吸引偏远或欠发达地区的思政课教师。新进的教师中有刚刚毕业的学生，他们缺少教学经验；转岗人员因对教学不熟悉，难以调动学生的积极性，教学效果不理想。虽然他们工作热情高，学习主动性强，但距离“四有”好老师还有很长的路要走。

第二节　中医药文化发展肩负的时代责任

习近平多次强调要促进中医药文化的创造性转化及创新性发展，新时代中医药文化肩负的责任更为艰巨，这就需要我们深挖中医药文化精髓，阐释好中医药文化的科学内涵，充分展现中医药文化的魅力。

近年来，全社会对中医药文化重要性的认识逐渐提升。2005年8月，在全国第八届中医药文化研讨会上，首次对“中医药文化”给出了明确定义：“中医药文化是中华民族优秀传统文化中体现中医药本质与特色的精神文明和物质文明的总和。”2011年12月22日，国家中医药管理局在《关于加强中医药文化建设的指导意见》中指出，“中医药文化是中医药学的根基和灵魂，是中医药事业持续发展的内在动力，是中医药学术创新进步的不竭源泉，也是中医药行业凝聚力量、振奋精神、彰显形象的重要抓手”，从中医药文化与中医药学关系的角度对中医药文化的内涵进行了界定。2016年12月19日，国家中医药管理局印发的《中医药文化建设“十三五”规划》指出，下一步重点任务之一是挖掘中医药文化内涵。目前关于中医药文化的科学内涵尚没有统一的定义，但可查阅的相关资料显示，有关中医药文化科学内涵的论述主要集中在以下几方面。

1. 从中医药文化与中华优秀传统文化的关系上论述

2009年8月，《中医医院中医药文化建设指南》明确指出，中医药文化是中华优秀传统文化的重要组成部分，是中医药学发生发展过程中的精神财富和物质形态。可见，中医药文化作为中华优秀传统文化的精髓，更应该加强中医药文化传承创新，满足群众对中医药服务的需求。王琦认为：“中医药文化根植于中国传统文化的土壤之中，汲取了儒、释、道诸家丰富的思想营养。”这说明，中医药文化不仅来源于中华优秀传统文化，更是汲取了中华优秀传统文化的精华。张其成认为：“中医药文化不仅是中华优秀传统文化的重要组成部分，而且是自古至今持续散发着重要魅力的科技与人文融通的优秀文化。”

2. 从中医药文化核心价值观角度论述

2009年8月，国家中医药管理局印发的《中医医院中医药文化建设指南》中提出，中医药文化的核心价值主要体现为以人为本、医乃仁术、“天人合一”、调和致中、大医精诚等理念，简言之用“仁、和、精、诚”

四个字来概括。邓铁涛认为，“仁心仁术乃中医之魂”，言简意赅地概括出中医药文化核心要义。张其成在《中医药文化核心价值“仁、和、精、诚”四字的内涵》中分析了中医药文化核心价值观的四字凝练过程，同时表达出医心仁、医道和、医术精、医德诚四个层面的意义，得到了学术界的认可，并被学者参考和引用。

3. 从中医药文化包括的内容论述

学者们对此部分的内容研究较为丰富，《人民日报》2021年6月4日刊登的《让中医药文化更有魅力》一文中，白剑锋认为，中医药文化包括“天人合一”、顺应四时、形神兼顾、阴阳平衡等理念。2022年12月《中国中医药报》刊登的《挖掘宝库的“钥匙”时代价值 实现中医药文化全面振兴》中，窦红莉认为，中医药文化的内涵价值包括生命观、医德观、生态观、辨证观、自然观五个维度的内容。毛嘉陵在《中医文化蓝皮书——北京中医药文化传播发展报告（2015）》中认为，中医药文化蕴含着儒家、道家的思想，生命观、整体观、养生观、健康观是其核心观点。徐永红认为，中医药文化是中华民族数千年与疾病斗争过程中“不断借鉴、吸取、融合中国古代丰富的哲学、文学、地理、天文、佛学、道学、儒学以及诸子百家学说的精华形成的传统医学独特的宇宙观、生命观和疾病观”。王烨燃认为，中医药文化在发展过程中构成了以“天人合一”的宇宙观、“中庸”的认识论和“道法自然”的方法论，这是中医药文化的主要内容。

党的十八大以来，以习近平同志为核心的党中央把中医药传承创新提升到国家发展的战略高度，中医药事业进入快速发展新时期。新时代下的中医药文化创新发展所肩负的时代责任更为艰巨。本节从以下两个方面论述中医药文化的时代责任。

一、新时代中医药文化发展历程

2010年6月20日，习近平在澳大利亚墨尔本出席皇家墨尔本理工大学中医孔子学院授牌仪式并发表讲话时指出：“中医药学是中国古代科学的瑰宝，也是打开中华文明宝库的钥匙。”党的十八大以来，中医药事业取得了卓越成绩，学界结合为什么发展中医药文化、发展什么样的中医药文化、怎样发展中医药文化等内容开展了一系列理论与实践的探索。

新时代中医药文化发展历程可分为以下三个阶段。

（一）新时代中医药文化初步重视阶段（2012—2015年）

2012～2015年习近平关于中医药的重要论述，主要集中在以下几方面。

1. 将中医理念与治国理政相融合，以提高国家的治理能力

习近平在2012年12月7～11日在广州考察工作时强调，改革也要辨证施治，既要养血润燥、化瘀行血，又要固本培元、壮筋续骨，使各项改革发挥最大效能。2013年6月18日，习近平在党的群众路线教育实践活动工作会议上提到，教育实践活动总要求是“照镜子、正衣冠、洗洗澡、治治病”，其中治治病，主要是坚持惩前毖后、治病救人方针，区别情况、对症下药。

2. 让中医药走出去，推动中医药对外交流合作

2013年8月20日，习近平在会见世界卫生组织总干事陈冯富珍时强调中方重视世界卫生组织的重要作用，愿继续加强双方合作，促进中西医结合及中医药在海外发展。2014年11月17日，在国家主席习近平与澳大利亚总理阿博特的共同见证下，北京中医药大学和西悉尼大学签署了在澳洲建立中医中心的合作协议。该中心的建立为培养医学人才、传播中医药文化、探索中医药走向世界的合作模式扩展了新路径。

3. 充分肯定中医药学的历史地位和时代价值

2015年12月22日，习近平在致中国中医科学院成立60周年贺信中谈到，中医药学是中国古代科学的瑰宝，也是打开中华文明宝库的钥匙。当前，中医药振兴发展迎来天时、地利、人和的大好时机，希望广大中医药工作者增强民族自信，勇攀医学高峰，深入发掘中医药宝库中的精华，充分发挥中医药的独特优势，推进中医药现代化，推动中医药走向世界，切实把中医药这一祖先留给我们的宝贵财富继承好、发展好、利用好，在建

设健康中国、实现中国梦的伟大征程中谱写新的篇章。

为贯彻落实习近平关于中医药的重要论述，国家先后出台了相应文件，支持和加强中医药事业的发展。2012年4月国家中医药管理局印发了《中医药文化建设“十二五”规划的通知》，作为中国优秀传统文化的重要组成部分，中医药文化是中医药事业的根基和灵魂，中医药文化建设成为新时期中医药事业发展的一项重要而紧迫的任务。与时俱进地大力发展中医药文化，是促进中医药事业科学发展的重要举措，也是弘扬中华优秀传统文化的重要任务。2015年4月国务院办公厅印发了《中医药健康服务发展规划（2015—2020年）》。这是我国第一次正式明确了中医药健康服务的概念和内涵，主要包括中医药养生、保健、医疗、康复服务，涉及健康养老、中医药文化、健康旅游等相关服务。在七项重点任务中提出，要培育发展中医药文化和健康旅游产业，可借助海外中国文化中心、中医孔子学院等平台，推动中医药文化国际传播。

（二）新时代中医药文化自身快速发展阶段（2016—2018年）

从2016～2018年习近平重要讲话中不难看出，此阶段的工作重点仍是继续加大中医药文化的传承和发展，挖掘精华，推动与各国的文化外交，使中医药文化走向世界。特别是党的十九大报告中明确提出要传承发展中医药事业，这给中医药事业创新发展以极大的鼓舞和鞭策。2016年2月3日，习近平春节前夕赴江西看望慰问广大干部群众时就提到，一定要保护好、发展好、传承好作为中华民族瑰宝的中医药。2016年8月19日，习近平在全国卫生与健康大会上指出：“要着力推动中医药振兴发展，坚持中西医并重，推动中医药和西医药相互补充、协调发展，努力实现中医药健康养生文化的创造性转化、创新性发展。”

2018年10月22日，习近平到广东省珠海市考察珠海横琴新区粤澳合作中医药科技产业园时指出，中医药学是中华文明的瑰宝，要深入发掘中医药宝库中的精华，推进产学研一体化，推进中医药产业化、现代化，让中医药走向世界。

2016年可谓是中医药蓬勃发展的一年，国家相继出台了诸多政策支持中医药事业发展，足见国家对中医药事业的重视程度。2016年2月，国务院印发《中医药发展战略规划纲要（2016—2030）》，重点任务包括切实提高中医医疗服务能力、大力发展中医养生保健服务、扎实推进中医药传承、着力推进中医药创新、全面提升中药产业发展水平、大力弘扬中医药文化、积极推动中医药海外发展等内容，是新时期推进我国中医药事业发展的纲领性文件，明确了未来十五年我国中医药发展方向和工作重点。此后又相继出台了《"健康中国2030"规划纲要》、《中国的中医药》白皮书、《中医药文化建设"十三五"规划》等政策文件。2016年12月25日《中华人民共和国中医药法》由第十二届全国人民代表大会常务委员会第二十五次会议通过，并于2017年7月1日起正式施行。这是我国中医药领域第一部综合性、纲领性、基础性的法律。2016年12月《中医药"一带一路"发展规划（2016—2020年）》发布，为中医药文化"走出去"提供了方向指引和路径选择。2018年国家中医药管理局在《深化中医药师承教育的指导意见》中明确提出，中医药师承教育是独具特色、符合中医药人才成长和学术传承规律的教育模式，是中医药人才培养的重要途径。

中医药院校在加快中医药继承创新方面取得了突出成绩。截至2018年年底，中医药院校教学成果显著，"双一流"院校数目不断增加，中医药相关学科建设迅猛发展，跻身于"双一流"建设学科。以黑龙江中医药大学为例，早在2014年就成立了中医药文化研究与传播中心，2017年获批全国中医药文化宣传教育基地，2018年获批成立黑龙江中医药博物馆，并先后打造了"龙江医派""龙江中医讲坛""中俄生物医药论坛"等学术文化品牌，在全社会弘扬中医药"大医精诚"的文化传统和价值观，并积极推动中医药文化"走出去"，取得了突出成效。

（三）新时代中医药文化不断繁荣阶段（2019年至今）

中医药是经过中华民族五千多年抗击疾病、寻求健康得来的宝贵经验，自身带有独特的优势。新时代下的中医药事业已迎来天时地利人和的大好时机，起点更高，速度更快。

2019年10月25日，全国中医药大会召开，会上传达学习了习近平对中医药工作作出的重要指示。他强调，要遵循中医药发展规律，传承精华，守正创新，加快推进中医药现代化、产业化，坚持中西医并重，推动中医药和西医药相互补充、协调发展，推动中医药事业和产业高质量发展，推动中医药走向世界，充分发挥中医药防病治病的独特优势和作用，为建设健康中国、实现中华民族伟大复兴的中国梦贡献力量。特别是2020年在应对新冠肺炎疫情突发公共卫生事件上，中医药凭借自身优势发挥着不可替代的作用，为全球抗疫贡献了“中国智慧”和“中国方案”。2021年6月2日，习近平同哈萨克斯坦总统托卡耶夫通话时说：“中方愿同哈方深化远程医疗、传统医学等领域合作，继续为哈方抗击新冠肺炎疫情提供帮助和支持。”2022年10月16日，习近平在党的二十大报告中强调推进健康中国建设，促进中医药传承创新发展。

这一阶段国家出台大量方针政策，以促进中医药发展。2019年，中共中央 国务院印发《关于促进中医药传承创新发展的意见》提出了一些亟待解决的问题，并给出20条意见。2020年，国家药品监督管理局印发《关于促进中药传承创新发展的实施意见》，提出传承精华，注重整体观和中医药原创思维，促进中药守正创新。2021年，国务院办公厅印发《关于加快中医药特色发展若干政策措施》，提出更好发挥中医药特色和比较优势，推动中医药和西医药相互补充、协调发展。2022年，国务院办公厅印发《“十四五”中医药发展规划》，提出推进中医药和现代科学相结合，推动中医药和西医药相互补充、协调发展，推进中医药现代化、产业化，推动中医药高质量发展和走向世界，为全面推进健康中国建设、更好保障人民健康提供有力支撑。2022年，国家中医药管理局、教育部、人力资源和社会保障部、国家卫生健康委员会联合印发《关于加强新时代中医药人才工作的意见》，为全面加强新时代中医药人才工作，提出相关要求和具体举措。

二、新时代中医药文化破局之策

2022年6月8日，习近平在四川眉山市三苏祠考察时强调，中华民族有五千多年的文明史，我们要敬仰中华优秀传统文化，坚定文化自信。作为中华传统文化之瑰宝的中医药文化，理应充分发挥自身特色优势，深入挖掘中医药宝库的精华，努力克服中医药文化传承创新过程中的压力与阻力，为实现中华民族伟大复兴助力。

（一）加强顶层设计，在落实落细落小上下功夫

要想实现弘扬中华优秀传统文化的目标，还要继续完善中医药事业发展的顶层设计，将国家的政策和法律落实到位。各地方政府要认真解读国家方针政策，在落实落细落小上下功夫，营造有利于中医药文化继承发展的政策环境，为加快中医药事业发展保驾护航。要加大对中医药文化传承发展的投入力度，简化办事流程，为中医药文化相关项目审批提供便利。

（二）提高社会认知度，营造浓厚的中医药文化氛围

要提高社会对中医药文化的认知度，将中医药文化融入中医药相关企业，形成具有中医药特色的企业价值观，打造属于本企业的中医药特色品牌。中医医疗机构不仅要在硬件设施上加大建设力度，也要在提高软实力上下功夫。中医药从业者要不断提高对中医药文化的认知，开展中医药科普进学校、进社区、进养老机构活动，拓宽中医药文化的传播领域，扩大中医药文化在公众中的影响。要充分发挥媒体的作用，选择百姓喜闻乐见的方式宣传中医药文化，邀请专家进行中医药健康科普知识讲座，实现中医药健康文化的传播及知识普及常态化。

（三）发挥中医药院校培养中医药人才主阵地作用

中医药院校的学生必须了解中医药文化，将中医药文化价值观内化为信仰，外化为行为规范。中医药院校要将传承发展中医药文化融入人才培养全过程，开设中医药文化相关课程，创新授课方式，调动学生学习中医药文化的积极性，加深对中医药文化的理解。要加强对留学生开展中医药文化教育，编写中医药文化双语教材，提高留学生对中医药文化的理解和认知，在传承中医药文化上下功夫，建造具有中国传统特色的建筑、园林景观、中医药文化长廊、中草药园等，营造中医药文化氛围。

（四）积极推进中医药文化“走出去”

要打造中医药文化对外传播品牌，增强国际认同感。要加强中医药文化海外传播的顶层设计，形成海外合作合力。要根据各国卫生法律法规、文化传统、健康需求、生活习惯等，因地制宜地打造中医药文化品牌，增强海外民众对中医药文化的认同感，使中医药文化的优势得以彰显，提高中医药在国际的话语权。要不断加强与世界各国的沟通交流，多措并举，制定既能体现中医药特色又能被世界广泛认可的中医药标准术语体系，培养更多“走出去”的复合型人才。要充分利用中医药院校人才培养平台，培养一批拥有良好礼仪和沟通能力的中医翻译人才。要深入推进“一带一路”沿线国家的中医药文化交流，充分利用中医孔子学院、中医药文化新媒体传播平台等，将中医药文化传播到更多地区，讲好中医药故事。要将互联网、人工智能与图书、影视、养生等产业合作，设计具有中医药文化特色的文创产品，推进中医药文化全方位、深层次、宽领域地走向世界。

第三节　思想政治理论课与中医药文化融合的价值旨归

习近平在庆祝中国共产党成立一百周年大会上的讲话中明确提出“两个结合”，即“坚持把马克思主义基本原理同中国具体实际相结合、同中华优秀传统文化相结合”。思政课是传播马克思主义理论的重要阵地，中医药文化是中华优秀传统文化的重要组成部分，要深入挖掘中医药文化所蕴含的思政元素，为思政课改革创新注入活力，为弘扬中医药文化提供新路径。思政课与中医药文化融合具有积极的意义，本节从两者融合的研究进展和两者融合的价值归因两个方面进行阐述。

一、两者融合的研究进展

近年来，各中医药院校积极推进思政课与中医药文化融合，充分发挥两者融合的育人作用，从目前学术成果的梳理和分析发现，学者们普遍从以下几个方面进行了研究。

（一）关于“思政课与中医药文化融合的必要性”研究

牛素珍等在《河北青年管理干部学院学报》发表的“中医药文化融入

思想政治理论课教学改革探讨”中认为，二者融合是提高医学生人文素质的需要，是提升思政课亲和力和针对性的需要，更是助力中医药振兴发展的需要。张洪雷等在《中国中医药现代远程教育》发表的“结合中医药文化，开展思想政治理论课教学”一文中提出，中医药院校思政课必须结合学校的特色和专业特色，结合中医药文化进行教学，这是适应时代发展和培养高素质中医药人才的需要。

（二）关于“思政课与中医药文化融合的可能性”研究

陈思敏在《南京中医药大学学报（社会科学版）》发表的“中医药文化融入高等中医药院校思政课教学刍议”一文中提出，中医哲学思维与马克思主义科学真理及价值是相通的，中医诊疗理论和方法与马克思主义世界观及方法论存在内在相融性，找到契合点，可为二者融合提供可能。吴道显等在《云南中医学院学报》发表的“中医药文化与高等中医药院校思政课融合的可行性探讨”一文中提出，思政课与中医药文化融合，应贯穿于立德树人根本任务的全过程，这样既能彰显时代使命，又能为打造特色鲜明的学科及课程教学找到突破口，同时也能促进不同学科的深度融合，提高人才培养质量。

（三）关于“思政课与中医药文化融合的现状”研究

田原等在《中国中医药现代远程教育》发表的“中医文化视域下学生思想政治教育”一文中认为，不少中医药院校的思政课与中医药文化存在脱节现象，忽视了人文素质教育，师资队伍的专业素养成为制约二者融合的重要因素。孙梦等在《高教学刊》发表的“中医药院校思政课创新‘思政 + 中医药’模式的探索”中认为，中医药文化与思政课融合的难点在于中医药文化资源挖掘得不够充分。

学者们对思政课与中医药文化融合的分析，为二者融合的必要性和可能性提供了参考价值，这也为本书提供了研究空间。

二、两者融合的价值归因

中共中央 国务院《关于促进中医药传承创新发展的意见》指出，传承创新发展中医药是新时代中国特色社会主义事业的重要内容，是中华民族伟大复兴的大事，对于弘扬中华优秀传统文化、增强民族自信和文化自信、促进文明互鉴和民心相通、推动构建人类命运共同体具有重要意义。习近平在学校思想政治理论课教师座谈会上指出，中华民族几千年来形成了博大精深的优秀传统文化，我们党带领人民在革命、建设、改革过程中锻造的革命文化和社会主义先进文化，为思政课建设提供了深厚力量。因此，将中华优秀传统文化重要组成部分的中医药文化与思政课融合体现出较为深远的价值意蕴。

（一）两者融合有利于坚定中医药文化自信，提升思政课育人效果

习近平多次在讲话中提出办好思政课的重要意义，对思政课建设充满期待，特别是在增强学生“获得感”上期待颇多。中医药院校应注重思政课的改革创新，挖掘专业特色，发挥中医药文化的优势，实现思政课与中医药文化的融合，坚定中医药文化自信，以提升思政课的教学效果，增强思政课的针对性和亲和力。

1. 两者融合能够为思政课守正创新注入新内容

2019年，中共中央办公厅、国务院办公厅联合印发的《关于深化新时代学校思想政治理论课改革创新的若干意见》提出，要“统筹推进思政课课程内容建设”，要“坚持用习近平新时代中国特色社会主义思想铸魂育人……系统进行……中华优秀传统文化教育”。中医药文化博大精深，内涵丰富，除医学内容外，还蕴含着丰富的“仁、和、精、诚”核心价值观，能够为思政课增添丰富的内容，涵养育人目标。当前的思政课教学存在难与学生形成共鸣、难以满足学生成长发展需求的情况，两者融合则有助于改变上述现象。深入挖掘中医药文化中所蕴含的思政元素，并与思政课融合，能够极大地丰富思政课的内容，为思政课注入新鲜血液，为解决中医药院校思政课高度不够、针对性不强找到突破口。

2. 两者融合有利于创新思政课教学模式和方法，激发学生学习的主动性

中医药院校的思政课教学，要改变传统的灌输方式，要注重发挥学生

的主体作用，让学生主动思考思政课与中医药文化融合的契合点。授课教师可在课前5分钟组织开展中医药文化成果展示，使思政课在教学内容和形式上更贴合学生实际，增强思政课的活力，提高思政课的针对性，找准共鸣点，增强学生对中医药文化的认同感，从而坚定中医药文化自信。同时使学生在潜移默化中感受思政课的魅力，增强学习思政课的意愿。

（二）两者融合有利于贯彻立德树人理念，培养高素质中医药人才

目前，中医药院校大学生的思想状况绝大多数是积极乐观的，对中医药文化有较强的认同感，但随着各种思潮的不断涌入，大学生的思想观念发生了一些变化，理想信念不坚定、社会责任感欠缺、团队协作能力不强等问题较为突出。这就需要贯彻思政课立德树人理念，以中医药文化夯实专业自信，充分发挥二者融合的最佳效果，以解决医学生的思想困惑。

1. 两者融合有利于提高医学生的人文素养

2020年6月2日，习近平在主持召开的专家学者座谈会上提出要强化中医药特色人才建设。而人才培养不仅应注重专业知识和技能，还应加强品德修养、理想信念、思维方式等方面的养成。中医药文化中蕴含着丰富的德育资源，要想体现中医药文化中蕴含的德育因素，就要通过思政课堂予以展现。这就要求思政课要深入发掘中医药文化中的德育资源，最大限度地展现出中医药文化的德育价值。思政课教学的目的不仅仅是向学生传授知识，而是要提高学生的政治素养和道德品格。只有两者融合，才能充分发挥思政课的立德树人功能，提高学生的中医思维、医德仁心和价值认同，为今后成为一名优秀的医生打下坚实基础。

2. 两者融合有利于增强医学生的文化自信

部分医学生受“中医伪科学”等错误思潮的影响，看到中医就业率较低，感到前途渺茫，从而对学习失去信心。面对这种情况，思政课需考虑学生的实际需求，融合中医药文化，增强学生的学习自信心，坚定学生的中医药文化自信，培养出理想信念坚定、医德高尚、医术精湛、有仁爱之心的高素质中医药人才。

（三）两者融合有助于体现交叉学科优势，实现各门课程协同育人

思政课与中医药文化融合，也为中医药其他学科的内涵和外延增添了新的内容。在传承发展的时代背景下，交叉学科建设的目的是发挥交叉学科优势，实现各门课程协同育人，以培养熟练掌握多学科理论和思维的中医药人才。

1. 两者融合有助于体现交叉学科优势

中医药文化是中华优秀传统文化的重要组成部分，中医药文化体现了中华民族独特的思维方式、道德品质和行为规范，并蕴含着丰富的思政课资源。中医药文化核心价值观所凝练的“仁、和、精、诚”与中华优秀传统文化中的“讲仁爱、守诚信”等理念同源，与社会主义核心价值观具有内在相融性，拥有共同的“根”。因此，将二者融合，能将各学科的优势得到充分展现，达到优势互补、协同增长的目的，提高教学效果。

2. 两者融合有助于发挥各门课程的协同育人作用

中医药院校担负着培养符合时代发展的中医药人才和传承中医药文化的重要使命，这就要求所培养的人才既要掌握中医药专业知识，也要具备良好的思想品格和文化修养。然而这绝不是某一门课程能够完成的任务，需要多门课程发挥各自优势，形成育人合力，从而达到协同育人效果。思政课与中医药文化融合，既有助于学生坚定专业自信，又能够提升学生的思想觉悟与品德修为，为协同育人探索出新的路径，是落实思政课程与课程思政同向同行的具体实践与有效尝试。

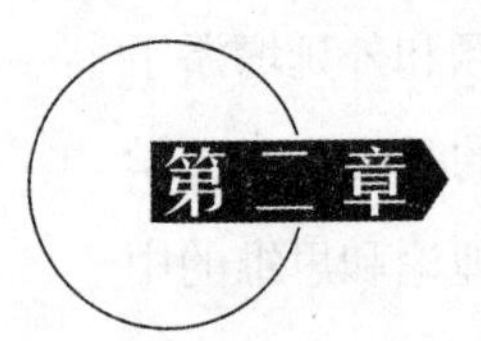

第二章 中医药院校思想政治理论课的特色

2016年，习近平在全国高校思想政治工作会议上强调要用好课堂教学这个主渠道，思想政治理论课要坚持在改进中加强，提升思想政治教育的亲和力和针对性，满足学生成长发展需求和期待，其他各门课都要守好一段渠、种好责任田，使各类课程与思想政治理论课同向同行，形成协同效应。中医药院校思政课应顺势而上，在新形势下担当起文化传承与立德树人的双重责任，在彰显自身特色的同时，不断提升课程的感染力和亲和力，增强学生的获得感。

第一节　突出医德教育

医德是随着医疗卫生事业发展而形成的职业道德，是规范医者行为的准则。医学院校突出医德教育的目的，是促使学生养成高尚的医德修养，为成为合格的医学工作者打下基础。

2020年教育部等八部门联合印发的《关于加快构建高校思想政治工作体系的意见》中指出，医学类专业课程要注重加强医德医风教育，注重加强医者仁心教育，教育引导学生尊重患者，学会沟通，提升综合素养。中医药院校的思政课，要帮助医学生形成“大医必有大德、大德必有大爱”的医学品质和人文素养，因此责任重大。

一、医德的内涵

中国传统医德是中国古代医学道德和医学伦理思想的总称。中国医学道德产生于久远的古代社会，经过长期发展，到明清时期形成了独特的医德传统。中国传统医德思想形成的标志是现存最早的医学典籍《黄帝内经》。它不仅标志着中国医学体系的确立，而且将尊重人的生命价值作为医学的基本原则。中国传统医德考虑最多的是患者的感受，将医者仁心贯穿于治病的始终。清代名医叶天士在《临证指南医案·序》中写道“古人有三不朽之事，为立德、立功、立言也”，其中立德放在了首位。只有培养良好的医德，才能立功、立言，才能教导好弟子。

“医乃仁术、济世为怀”是历代医家从医所遵循的准则。唐代名医孙思邈在《备急千金要方》中的《大医精诚》和《大医习业》两篇里强调，医生既要技术精，又要品德好，并提出了对待患者要有同情心，要一视同仁，对待同道要尊重，不能利用自己专长去谋取财物。由此也涌现出一大批医术精湛、医德高尚的医学大家。古代医家扁鹊、华佗、刘完素、张从正、李东垣、朱震亨、张元素、张仲景、孙思邈等，现代医家邓铁涛、朱良春、路志正、张琪、陆广莘、张伯礼等，他们不仅医术精湛，而且都是医德的典范。

1988年，卫生部颁布的《医务人员医德规范及实施办法》对医德给予了明确定义：“医德，即医务人员的职业道德，是医务人员应具备的思想品质，是医务人员与病人、社会以及医务人员之间关系的总和。医德规范是指导医务人员进行医疗活动的思想和行为的准则。”它阐明了医护人员的行为规范和与医德的关系，促进了医德教育的发展。随着社会的发展和医疗水平的提高，人们的生活方式和观念发生了很大改变，对医德内涵的认识在逐步深入。钟南山说：“医德，就是指想方设法为患者看好病。想方设法意指医生对患者负责任的态度，看好病指具备解决问题的实际能力，此乃医德的一体两面，统一融入追求生命质量和生命价值的人文维度。”

在中医药文化传承创新的推动下，中医药院校的医德教育成为医学生的必修课。医学伦理学课程的陆续开设，成为中医药院校学生医德教育的主要途径。田荣云主编的《医学伦理学》一书，将医德教育概括为：“医德教育是按照社会主义医德的基本原则和规范，运用各种方式和手段，对医务人员进行的有组织、有目的、有计划的一系列道德教育的活动。”

近年来，中医药院校对医学生的培养，不仅注重专业理论知识和实践技能的培养，更注重培养学生的医德医风。医德医风是一名合格医务工作者必备的素质。

二、中医药院校思想政治理论课的医德教育

思政课是为了解决好培养什么人、怎样培养人、为谁培养人这个根本问题的，中医药院校的思政课同样肩负着这一重任。中医药院校的思政课既要体现中医药特色，又要肩负培养社会主义接班人和合格中医药人才的重任。目前，中医药院校思政课的医德教育尚存在不尽如人意的地方。

（一）对医德教育重视程度不够

中医药院校的思政课多以讲授理论知识为主，不少思政课教师认为，医德教育是医学伦理学课的事情，因此教学中很少涉及。医德教育是一项系统工程，在中医药院校“三全育人”中占有举足轻重的地位，思政课教师应提高对医德教育重要性的认识，在授课中注意融入医德教育的内容，提高医学生的医德水平。

（二）思政课程设计体现医德教育不够

目前，中医药院校的思政课大多采用灌输式教学模式，教学方式单一。虽然灌输式教学可以帮助学生快速获取大量信息，但很难调动学生学习的积极性，学生独立思考能力不足，有的会产生抵触情绪。如果教师对医德内容把握不足，课程设计则会循规蹈矩，或出现“两层皮”现象。加之实践课融入医德教育较少，故难以加深学生对“医乃仁术”的理解和促成医德品质的养成。

思政课教师因专业背景的原因，也存在医德教育内容融入不当的情况。因对医德教育的认识不够清楚，导致所讲内容与医德教育的目标和实质存在出入，融入的主题不够鲜明、内容不够鲜活，学生不能完全领会医德的相关内容，因而难以对学生的医德培养起到助力作用。

为此，中医药院校应加强对思政课教师进行医德教育培训，提高思政

课教师对医德教育的认识，将医德教育有机融入思政课教学，进而提高医学生的医德修养，坚定职业自信。

三、中医药院校思想政治理论课开展医德教育的必要性

中医药院校是培养合格中医药人才的重要阵地，医德教育也应是中医药院校思政课的重要内容。思政课中融入医德教育，不仅能使学生具有良好的职业道德修养和医德意识，也为今后成为德才兼备的医务工作者奠定了基础。

（一）思政课融入医德教育是实现全员育人、全程育人、全方位育人的需要

中医药学凝聚着中华民族和中国人民的智慧，更蕴含着五千多年的健康养生理念和实践经验。中医药院校作为继承弘扬中医药文化的重要阵地，也要承担起立德树人的重要使命，思政课融入医德教育能够为中医药育人工作的顺利开展助力。

1. 思政课融入医德教育能够体现中医药院校的办学特色

中医药文化博大精深，内涵丰富，中医药院校肩负着传承中医药文化的重要使命，更具有探索中医药文化魅力的得天独厚的优势。中医药文化中蕴含着丰富的医德教育元素，思政课融入医德教育，既能体现中医药院校的办学宗旨和教学特色，还能提高医学生的人文素养和职业道德水平。

2. 思政课融入医德教育能够增强思想政治教育的针对性和实效性

从本质上讲，中医药院校的思想政治工作是做人的工作，目的是提高学生的思想理论水平和道德修养，使学生成为全面发展的中医药专门人才。中医药院校的思想政治工作是以学生为中心，让学生在校期间尽可能多地学习理论知识，树立正确的世界观、人生观和价值观。思政课融入医德教育，并将医德教育贯穿于学生教育的全过程，使思想政治教育的针对性更强，有助于学生树立良好的医德观念，建立中医药文化自信，提高学习思政课的积极性。

（二）思政课融入医德教育是培养良好医德修养人才的需要

中医药院校的首要任务是培养兼具医术医德、适应社会发展的中医药人才。医学生从踏入中医药院校之日起就肩负着救死扶伤的历史使命，医德是一名合格医者所必备的修养。中医药院校思政课融入医德教育对于学生树立正确的医德观和生命观、落实立德树人根本任务具有重要意义。

思政课融入医德教育有助于学生坚定专业自信心。面对物欲横流的世界，不少学生的价值观受到严重冲击。由于理论知识欠缺、临床经验不足，医学生对外界不良因素的辨别能力不高。而医德教育能够提高医学生的是非辨别能力，在金钱的诱惑下保持正确的义利观。思政课融入医德教育，不仅能增强医学生的职业认同感，更能提高其职业素养；不仅能使学生掌握更多的理论知识和实践技能，还能具备较高的人文素养，拓宽视野，涵养自身，在潜移默化中坚定专业自信，自觉成为社会和中医药事业发展所需要的人才。

（三）思政课融入医德教育是构建和谐医患关系的需要

医患关系的紧张和医疗纠纷的发生，在一定程度上阻碍了和谐社会的建设。和谐医患关系的建立，对于构建人类卫生健康共同体与和谐社会建设具有重要意义。医学生是构建人类卫生健康共同体的后备力量，中医药院校作为培养高素质中医药人才的阵地，任务艰巨，责任重大。

医学有很多未被探知的领域，患者症状的多样性和复杂性，决定了医生职业的高风险性。医学生不仅要具有扎实的专业知识，还要具备良好的人文素养，如此才能让患者感受到人文关怀，缓解其紧张情绪，有效避免医疗纠纷的发生。思政课融入医德教育，有助于巩固学生的专业知识，释放中医药文化丰富的德育价值，提高医学生的医疗风险防范意识，助力中医药院校德育工作的顺利开展。

医德医风是医务工作者最基本的职业要素。作为未来医疗事业的后备力量，医学生具有良好的医德，不仅有助于中医药事业的健康发展，还有利于中医药走出国门，为人类卫生健康共同体贡献中医智慧与方案。

因此，中医药院校的思政课教师，要提高政治站位，增强大局意识，要从培养高素质中医药人才的高度，认识思政课融入医德教育的重要性，将“医乃仁术”“大医精诚”等医德理念融入思政课教学，帮助学生建立中医药文化自信，培养以医德为基础、全面发展的高质量中医药人才。

第二节 彰显中医思维

中医药理论既蕴含深邃的哲学基础，也有独特的思维方式。其哲学基础包括精气学说、阴阳五行学说、“天人合一”的整体观等。哲学思维包括整体思维、辩证思维、中和思维等，蕴含着丰富的古代朴素唯物主义和辩证法的哲学智慧，与马克思主义世界观和方法论具有内在统一性。中医思维可以作为马克思主义中国化、时代化的内容补充，为中医药院校思政课提供特色教学资源。习近平也在多种场合运用中医思维阐述其治国理政的思想。因此，在中医药院校思政课中彰显中医思维不仅能为思政课改革创新提供新的思维路径，也能在潜移默化中培养学生的专业自信心和传承中医药文化的决心。

一、中医思维的内涵与特点

自近代以来，中医药常被误认为见效慢、诊疗方式随意，作为古代科学瑰宝的中医药学，为何会屡遭质疑呢？“国医大师”路志正认为：“近百年来，社会各层面对中医质疑之声不断，我想这主要是由于思维模式不同造成的，思维模式不同导致认识上的差异。”可见，只有树立正确的中医思维，纠正错误声音，才能正确评价中医及中医治疗效果。因此，中医思维在中医药事业发展中具有重要性。

（一）中医思维的内涵

学术界对于中医思维的内涵各抒己见，众说纷纭，尚没有统一的概念，但所蕴含的内容大致相同。王琦认为，中医思维的主要特征是“取象运数，形神一体，气为一元”。张伯礼认为，“中医思维是以直观的、综合的整体思维为主线，以象数思维推演类比为基础，以动而不息的恒动变易思维为把握，以追求中和平衡思维为目的的系统哲学思维方式”，较为全面地概括出中医思维的内涵。赵文等在《中华中医药杂志》发表的“中医思维的内涵与外延”中认为，中医思维的灵魂是整体观念，主要表现为空间整体，即人体是一个有机整体；人与自然的关系是“天人合一”；以及时间整体，即生命是一个时间概念这三方面内容。

本书所谈的中医思维，是中医或中医药院校学生在从事中医药活动过程中所形成的思维方式。中医思维作为中医独特的思维方式，是中医理论体系的精髓，包括整体思维、取向思维、恒动思维、中和思维、直觉思维、顺势思维和类比思维等。

（二）中医思维的特点

习近平多次提到中医药学是中国古代科学的瑰宝，也是打开中华文明宝库的钥匙，其内涵深邃，影响深远。中医学中蕴含着丰富的中医思维，随着时代的发展中医思维表现出如下特点。

1. 注重整体观念

整体观念是建立在“天人合一”哲学思想基础上的。中国传统哲学着重强调自然界万事万物之间固有的完整性、联系性和统一性。这是中医思维中最基础也是最重要的观念。中医学认为，人是一个有机整体，人与自然是有机统一的关系，故将其总结为“天人合一”。中医整体观念讲求用整体性、完整性的方法去认识和研究人体自身，以患者为主体，追求平衡与和谐统一。基于整体观念的指导，中医在问诊过程中，注重从患者整体出发，四诊合参看待疾病，综合分析疾病出现的原因。对患者的治疗不是哪个地方出现问题就治哪儿，而是从整体出发，整体调节身体功能，以达到身体的阴阳平衡。

2. 讲求辨证论治

辨证是根据四诊所收集的资料，通过综合、分析，辨别疾病的病性、病位、邪正关系及发展趋向，概括为某种性质的思维过程。论治则是根据辨证的结果，确定相应的治疗方法。辨证论治是中医思维的具体应用。同一疾病在不同的发展阶段呈现出不同的症状，则采取“同病异治”原则进行治疗。不同疾病在其发展的过程中出现相同症状，则采取“异病同治”

原则进行治疗。中医思维善于把握人体生命的自然变化，可以根据疾病发生的时机、环境、自然条件等进行辨证，因人、因时、因地相结合，进而采取相应的治疗方法。在中医思维的指导下，医者根据不同患者的病证，采用不同的治疗方法，久而久之形成了辨证论治体系。习近平在广东考察工作时讲到："改革也要辨证论治，既要养血润燥，化瘀行血，又要固本培元，壮筋续骨，使各项改革都能够发挥最大功能。"由此可见，辨证论治不仅在中医诊疗中发挥着重要作用，在治国理政中也凸显着重要性。

3. 推行阴阳五行思想

阴阳五行是中医学的基础理论。阴阳学说、五行学说属于特殊的中医思维方式。阴阳学说认为，世界是对立统一的阴阳二气相互作用的结果。中医在疾病诊疗中提出"察色按脉，先别阴阳"的诊疗模式，使调和阴阳成为中医诊疗疾病的目标。五行学说以水、火、木、金、土对应于人体和自然界，从而形成人体的五脏、五官、五色、五液、五声、五谷。中医在诊治中以五行学说为基础，以其相互关系阐述疾病的发生和治疗。阴阳五行学说是中医诊疗常用的理念，在临床实践中应用十分广泛。

4. 提倡"治未病"思想

中医注重疾病防治，中医药学中蕴含着中华民族几千年的健康养生理念。"治未病"最早在《内经》中提出，体现了中医思维的养生原则。"治未病"强调预防为主、预防为先和防治一体的理念，指导人们采取适宜的方式或手段不生病、少生病，或延缓疾病进展，最大限度满足人们追求健康的心愿，实现防患于未然的目标。中医"治未病"的预防理念既为人民群众提供了健康服务指导，也为构建人类卫生健康共同体贡献了一剂中国药方。

二、中医药院校思想政治理论课中医思维的体现

课堂教学是大学生接受教育的主要形式，是教师与学生接触时间最多的地方，也是教师传授知识、培养学生思维方式和品德修养最直接的途径。中医药专业的学生要具备科学思维与中医思维，要"双思维并重"。

因此，中医药院校肩负着培养学生形成正确中医思维的重任。思政课应充分发挥在思维养成方面的作用，将中医思维融入思政课教学，以使学生形成中医思维。中医药院校思政课应如何体现中医思维？

（一）辩证法与辨证论治

中医主张辨证论治，其中贯穿着辩证思维的理念，与马克思主义辩证法具有内在趋同性。其中“马克思主义基本原理”作为思政课中涉及辩证法内容最多的课程，在面向中医药学生时可以适当与辨证论治思维相结合，以提升学生的学习兴趣。

在该课程的理论部分，唯物辩证法是重点内容。其中矛盾学说、具体问题具体分析都是学生要掌握的重点。特别是在讲授矛盾的普遍性和特殊性的辩证关系时，可以中医辨证论治为例，启发学生的中医思维。矛盾的普遍性强调时时有矛盾、事事有矛盾，而不同事物的矛盾又各不相同，因此矛盾具有特殊性。而矛盾的普遍性寓于特殊性之中，分析矛盾的特殊性要坚持具体问题具体分析。面对不同的矛盾要选择不同的方法予以解决，只有具体分析矛盾的特殊性，才能找到正确解决的方法。中医辨证施治也注重个体的特殊性，在治疗疾病时强调因人而异，不能以偏概全。不同患者的疾病采取不同的诊疗方法，老人、妇女、儿童具有不同的生理特征，医生在诊治过程中会根据不同患者的身体特征，具体分析每一位患者的病证，从而对症下药，达到诊治的最优效果。疾病在发展过程中也会出现各种复杂的症状，病因也有主要病因和次要病因，医生需分清主次，以提高治疗效果。此外，唯物辩证法强调在一定条件下矛盾可以相互转化，中医辨证论治也十分注重矛盾的转化，强调分清主次病因，将劣势转变为优势，这也是中医辨证论治的一大特点。

由此可见，辩证法与辨证论治之间具有共同的哲学基础，只有发现二者的契合点，思政课才能更贴近学生，才能提高学生学习思政课的兴趣，从而使学生形成正确的中医思维。

（2）生态文明与“天人合一”

党的十八大以来，我们党深刻回答了为什么建设生态文明、怎样建设生态文明、建设什么样的生态文明等重大理论问题，并将生态文明建设纳入总体战略布局之中，提出了一系列新理念、新举措，形成了习近平生态文明思想。“天人合一”是中国传统文化中重要的哲学思想，也是中医临床重要的指导思想之一。中医的“天人合一”与生态文明理念之间有着共同的理论渊源，中医“天人合一”观体现了生态文明理念的最高价值追求。在“毛泽东思想和中国特色社会主义理论体系概论”课程中，习近平生态文明思想是重点讲授内容之一，将学生了解的专业知识融入其中，不仅能以喜闻乐见的方式让学生深入领会习近平生态文明思想的内涵，还可引导学生对中医思维有更深入的思考。

习近平生态文明思想内涵丰富，提倡树立尊重自然、顺应自然、保护自然的生态文明理念。“天人合一”意为“天”是自然界，人作为自然界的一部分，依赖于自然界而生存。同时自然界的变化也在影响着人类的活动，人与自然应该和谐共生。中医诊疗强调“三因制宜”，意思是要因时、因地、因人选择合理的治疗方案。医生在治病过程中既要考虑自然界的变化，也要考虑人体的生理和病理状态，找到二者相互影响的因素。生态文明强调人与自然是一个有机整体，人作为自然的一部分，要顺应自然、尊重自然、保护自然，只有这样，才能实现人与自然和谐共生，否则就会受到自然的惩罚。而中医所追求的“天人合一”的最高境界也是实现人与自然的和谐共生，这是建立在尊重自然、顺应自然、保护自然的基础之上的。

习近平生态文明思想和中医学所倡导的“天人合一”有着共同的根。思政课教师在讲授习近平生态文明思想时可与中医“天人合一”思想相结合，在二者联系中增强对习近平生态文明思想的理解和认同，夯实中医思维。正如陈可冀院士所说：“中医学以阴阳平衡为人体生命运动的理想状态……是以阴阳双方各自恪守职责即得其中或中节为前提……只有气血营卫、精神和消化系统的功能都协调，才能做到人之长平。”也就是说，人体和自然界的万事万物是趋同的，需保持动态平衡。如果人体平衡被打破就会出现疾病，自然界平衡被打破就会使自然环境遭到破坏，最终使人类生活受到影响。

（三）"以人为本"与"医者仁心"

"以人为本"是中华文化一以贯之的理念。中华优秀传统文化内涵丰富，其中"以人为本""仁爱之心"至今仍影响着中华民族的精神追求和行为方式。思政课要真正实现中华优秀传统文化创造性转化、创新性发展，就要深入挖掘中华优秀传统文化中的精华，突出尊重生命、"以人为本"等内容。中医药文化作为中华优秀传统文化的重要组成部分，《黄帝内经》曾云："天覆地载，万物悉备，莫贵于人。"孙思邈在《备急千金要方》中亦提出"人命至重，有贵千金"，处处体现了"以人为本"的思想。而"医者仁心"恰恰是"以人为本"理念在临床上的体现，这也是一名合格的中医者所应必备的道德品质。

与中国具体实际相结合而形成的马克思主义中国化、时代化理论成果，包括毛泽东思想、邓小平理论、"三个代表"重要思想、科学发展观、习近平新时代中国特色社会主义思想。这些理论成果中，"以人为本"是贯穿其中的一条主线。中国共产党人时刻将人民利益放在第一位。中医诊疗与西医不同的是十分关注患者的感受，给予其最大的人文关怀，使患者树立战胜病魔的信心，全力配合医生治疗。中医所关注的不只是如何与疾病做斗争，更多的是关注人体生命活动的规律和状态，这也是"以人为本"理念的体现。医患关系是现今社会关注的热门话题。思政课教师在讲授"以人为本"时可以医患关系为例，帮助学生认识医患关系的合理解决需要以"以人为本"作为突破口，从"医者仁心"的角度处理好与患者的关系。

在与新冠肺炎疫情的抗争中，中华民族以敢于斗争、敢于胜利的大无畏气概，铸就了生命至上、举国同心、舍生忘死、尊重科学、命运与共的伟大抗疫精神。中医药在此次疫情中发挥了独特的优势，众多医务工作者冲锋在前，与时间赛跑，充分展现了"医者仁心""以人为本"的精神风貌。中医药院校的思政课在讲授相关内容时，要将疫情期间医务工作者的感人事迹带入课堂，在帮助学生塑造"生命至上"的价值追求的同时，感受“以人为本”的力量，使学生产生思想共鸣和情感共振，懂得尊重生命、敬爱生命，树立正确的人生观。

思政课的“以人为本”与中医思维的“医者仁心”有重要的契合点，医学生只有树立良好的职业道德风尚，做到“医者父母心”，才能处理好与患者的关系。

（四）系统思维与整体观

党的二十大报告将习近平新时代中国特色社会主义思想的世界观和方法论集中概括为“六个必须坚持”，其中一条就是“必须坚持系统观念”。不断提高系统思维，是作为推动党和国家事业前进发展的科学思维方法之一，这也是继十九届五中全会将“坚持系统观念”列为“十四五”期间重要的指导原则，强调系统观念是基础性方法后，首次出现在党的全国代表大会的报告中。

中国特色社会主义进入新时代，习近平不断赋予系统思维以深度、广度和高度，将系统思维作为治国理政的重要方法论原则。思政课要及时将系统思维融入课程当中，讲求实效性和时代性。“马克思主义基本原理”课会讲到系统思维，强调要运用系统思维，正确处理事物内部的各种矛盾，从整体上把握事物发展规律，以达到系统结构优化升级。同时强调，在认识世界和改造世界的过程中，要用全面的、联系的、发展的、系统的观点看问题，防止用片面的、静止的、孤立的观点看问题。

中医学的整体观念就体现了系统性，它讲求人自身的整体性、人与自然社会的和谐统一性，这本身就是系统性的体现。因此，系统思维与中医学中的整体观具有一定的趋同性。习近平在深入推动长江经济带发展座谈会上指出，“治好‘长江病’，要科学运用中医整体观，追根溯源、诊断病因、找准病根、分类施策、系统治疗”，也体现了这种趋同性。

中华民族自古以来就极其重视系统思维与整体观念。上古时期的阴阳、五行、八卦等思想观念认为，世界是循环往复的系统，这可以被认为是系统观的最早体现。此后系统思维不断丰富和发展，对中医学、农业生产、军事理论等领域都产生了一定影响。特别是中医诊疗，依托整体观层次分明、主次清晰的框架结构，形成了自然-人-社会的宏观系统结构。又如中医学将人体分为五脏、六腑、五官、九窍、肌肤、腠理、经络、筋膜等，这些脏腑、组织、器官等通过经络系统联系起来，构成整个人体系统。因此，中医药院校的思政课在讲授整体与部分的关系时，可以中医学对人体的认识为实例，引导学生在分析问题时，学会运用系统思维和整体观，避免主观随意、片面地看问题，提高学生对思政课的学习兴趣。

（五）踔厉奋斗与自强不息

顽强拼搏、自强不息是保证中华民族永续发展的关键。我们党百年奋斗的历史证实，正是由于中国人民的顽强拼搏、自强不息，才从根本上改变了中国的命运。近代以来，中华民族饱受剥削与压迫，被沦为半殖民地半封建社会，为实现民族复兴、人民解放，中国共产党带领人民取得了新民主主义革命的伟大胜利，推翻了压在身上的“三座大山”，实现了国家独立和民族解放。社会主义建设初期，国家一穷二白，百废待兴，但在党和人民的不懈努力和顽强拼搏下，确立了社会主义基本制度，实现了中华民族有史以来最为深刻的社会变革。改革开放和现代化建设时期，中国共产党积极探索中国特色社会主义道路和社会主义市场经济体系的建立，实现了从温饱到总体小康再到全面小康的历史性跨越。中国特色社会主义进入新时代，中国共产党带领全国人民朝着实现中华民族伟大复兴的宏伟目标继续前进。百年奋斗史足以证明，无论顺境还是逆境，中华民族都能永葆生机活力，自强不息地朝着中华民族伟大复兴的中国梦前进。正如习近平所讲的那样，只有踔厉奋发地不断前行，我们才能对得起历史和人民，交出满意的答卷。新时代的有为青年也需要踔厉奋发的精神，为实现中华民族伟大复兴贡献力量。

中医药文化发展至今，从“神农尝百草，一日遇七十毒”，到《黄帝内经》《伤寒杂病论》等医学典籍的形成，再到如今中医药在疾病治疗和预防中的突出效果，都在不断证明中医药学是中国古代科学的瑰宝，也是打开中华文明宝库的钥匙。中医药文化一步步地走到现在，彰显出如此强大的魅力，离不开一代代中医药人自强不息的努力。在面对废除中医、全面学习西医的中西医之争时，更是有许多中医药人与之顽强抗争，才使中医药学保住如今的地位。作为中医药院校的学生应了解所学专业的发展历程，珍惜来之不易的成果，为实现中医药文化创新发展贡献自己的力量。中医药院校的思政课在讲述中华民族不屈不挠的奋斗史时，可将中医药人的奋斗史融入其中，教育学生珍惜今天的生活，勇于砥砺奋斗，练就过硬本领，锤炼品德修为，努力成为对社会有用的人。

三、中医思维助力思想政治理论课实现育人的价值

中医药人才是实现中华民族伟大复兴不可或缺的力量。中医药院校培养的大批中医药人才，为人民健康和中医药事业发展提供了支持和保障。2019年10月，中共中央　国务院颁布的《关于促进中医药传承创新发展的意见》中明确指出，要强化中医思维培养。目前，各中医药院校正采用不同的方式加强对医学生进行中医思维培养。思政课作为培养思维意识的关键课程，应肩负起培养学生中医思维的重任，以思政课夯实中医思维，运用融入的中医思维，提升思政课的育人效果。

（一）有助于学生树立专业自信

思政课作为立德树人的关键课程，除要使学生掌握扎实的理论知识，也要对学生的思想道德水平提出高要求。中医药院校思政课融入中医思维对学生牢固树立专业自信具有重要意义。经历了新冠疫情，人们越来越认识到中医药的独特优势和显著功效，中医药振兴发展迎来了天时地利人和的大好时机。为此，思政课应紧跟形势，注重融入中医思维等元素，使学生在潜移默化中感受中医药文化的魅力，从而坚定中医药文化自信，争做德、智、体、美、劳全面发展的社会主义建设者和接班人，推进中医药事业传承发展与守正创新，为医疗卫生事业贡献更多的中医智慧。确立中医思维不仅有利于学生确定发展方向，在学业追求上勇往直前，开辟属于自己的一片天地，还可激发他们从事中医药工作的热情，潜心钻研业务，实现初心，为既定目标而努力奋斗。

（二）有利于培养学生健全的人格

中国特色社会主义进入新时代，中医药院校的大学生以朝气蓬勃的“00后”为主体。他们的成长环境较为富足，生活习惯、行为方式、思维方式、价值取向等都与之前的学生有所不同。他们喜欢接触新鲜事物，讲求生活质量，思维活跃，逻辑性较强，但他们身上会或多或少地表现出功利主义思想，团队协作能力较差，喜欢“单打独斗”，责任意识较为淡薄。如果家庭教育和学校教育起不到良好的指引作用，则他们很容易出现人格缺陷与障碍。中医药院校的学生对中华优秀传统文化了解得比较少，进入中医药院校后，对医学知识的理解较为困难。如何帮助他们克服这些问题，助力其早日成为优秀的中医药工作者，思政课的作用十分重要。思政课应恰当融入中医思维，帮助学生建立健全人格，提升其道德品格与修养。

（三）有利于增强学生的中医药文化自信

习近平强调，要坚定中国特色社会主义道路自信、理论自信、制度自信，说到底就是要坚定文化自信。中华优秀传统文化内涵丰富，中医药文化是中华优秀传统文化的重要组成部分，坚定中医药文化自信，可为中华优秀传统文化自信提供强大的支撑。中医思维与思政课在价值观、方法论、道德要求等方面具有内在一致性。比如，中医药文化中的中医思维与“马克思主义基本原理”课中的哲学内容息息相关；传统医德思想与“思想道德与法治”课中的道德要求内在相通；中医药文化发展历程可融入“中国近现代史纲要”课程；指导中医药文化发展的方针政策，也是在马克思主义中国化、时代化的理论成果下产生的。因此，中医药院校思政课如果能合理、适度地融入中医药学所蕴含的“天人合一”思想、“大医精诚”精神，则有助于增强学生的中医药文化自信，继承好、发展好、利用好中医药文化，增强学生对中医药文化的认同，自觉争做中医药文化的传承者和弘扬者。

第三节　引领职业价值观

职业价值观是人生观、世界观在职业价值层面表现出来的职业认知和选择。正确的职业价值观直接影响着医学生的职业选择和中医药队伍的整体素质，甚至影响着中医药事业的传承发展。思政课是对学生进行世界观、人生观、价值观教育的主阵地，应发挥其引领作用，帮助医学生树立正确的职业价值观。

一、职业价值观的相关概念

职业价值观的形成需要经过理性的判断和选择，是一个逐步完善的过程。要引领中医药院校学生形成正确的职业价值观，明确职业价值观的相关概念十分重要。

（一）职业价值观

所谓职业价值观，不同学者，从不同角度对其概念进行了阐述。较为权威的概念由著名心理学教授黄希庭提出："职业价值观是人生价值观在职业层面的体现，产生于人的自我需求。"也有学者认为："职业价值观是世界观、人生观在职业价值目标上的表现，是人们在职业生活中表现出来的一种价值取向和行为取向，是从业者对待职业的信念和态度。"总之，职业价值观作为价值观的一种，是个体通过一定的方式和手段确立的远大的职业理想和目标追求，其受到多方面因素的影响，表现出以下特点。

1. 具有时代性

每个时代的职业价值观都会体现本时代的特征，比如大学生就业，二十世纪八九十年代，大学生毕业后由国家统一分配工作，没有任何就业压力。此后毕业生和用人单位实行"双向选择"，虽然为大学生和用人单位提供了较多的选择空间，但学生普遍感觉就业压力大。党的十八大以来，就业趋向提倡"大众创业，万众创新"，大学生可凭借自身能力在社会施展才能，实现自身价值。新时代的大学生也由此改变了职业价值观。

2. 具有阶段性

职业价值观的形成是一个长期而复杂的过程，其中有许多不确定因素。职业价值观也会随着个人的成长和阅历的增加呈现出不同的阶段性特征，从不成熟走向成熟。

3. 具有多样性

由于主体的主观意识不同，对职业需求和看法也大不相同，因此会形成不同的职业价值观。即使是同一主体，面对不同的职业时，也会表现出不同的态度和职业选择。因此，不同群体、不同领域的职业价值观会呈现出多样性的特征。

（二）医学生的职业价值观

人的生命是无比宝贵的，人们对生命的珍惜程度也是较高的。在面对疾病痛苦和追求健康时，医生救病人于水火的善行，能够让患者在与疾病抗争中感受到医生的温暖，于是有了“步步跪拜医如佛，患难相逢仁心郎”的赞誉。在新冠疫情面前，广大医务工作者临危不惧、勇往直前、舍己为人，赢得了全社会的称赞，形成了“生命至上、举国同心、舍生忘死、尊重科学、命运与共”的伟大抗疫精神。这不仅体现了新时代医务工作者对待工作认真的态度和坚定的职业信念，也是培养新时代医学生树立正确的职业价值观、形成正确的职业认知的最好范例。

中医学自古以来就极其重视习医者的职业价值观培养。唐代医药学家孙思邈所著的《大医精诚》，详细论述了中医药人的职业价值观和医学道德规范，可谓是习医者必读的医德典范。他明确提出，作为一名合格的医生不仅要有精湛的医术，还要有高尚的职业道德，要德才兼备，这是优秀中医药人所应具备的基本素养。其具体包括以下几方面。

1. 加强学习，钻研医术

孙思邈在《大医精诚》中说道：“今病有内同而外异，亦有内异而外同，故五脏六腑之盈虚，血脉荣卫之通塞，固非耳目之所察，必先诊候以审之。故学者必须博极医源，精勤不倦，不得道听途说，而言医道已了，深自误哉。”这是说，医术精湛的前提要以学识渊博为基础，同时还必须有终身学习的意识。随着西医学的快速发展，中医药院校的学生不仅要深谙医学典籍的精髓，掌握西医学知识，主动增长学识和见识，还要认真钻研医术，如此才能在未来职业选择上更具优势。

2. 爱岗敬业，济世救人

“凡大医治病，必当安神定志，无欲无求，先发大慈恻隐之心，誓愿普救含灵之苦。若有疾厄来求救者，不得问其贵贱贫富，长幼妍媸，怨亲善友，华夷愚智，普同一等，皆如至亲之想。”医生必须拥有一颗仁爱之心，不能忘记做医生的初心和使命，要把治病救人放在第一位。这就要求中医药院校的学生要树立以患者生命健康为第一位的思想，热爱本职工作，并愿意为之奋斗终生。遇到医患问题，要学会换位思考，设身处地为患者着想，这样才能建立良好的医患关系，促进职业生涯顺利发展。

3. 追求合作，公平正义

“省病诊疾，至意深心，详察形候，纤毫勿失，处判针药，无得参差。虽曰病宜速救，要须临事不惑。唯当审谛覃思，不得于性命之上，率尔自逞俊快，邀射名誉，甚不仁矣。”一名好医生，绝不单单是靠个人的努力就可以走向成功的，如今的医疗卫生事业更注重团队协作，强调以集体的力量，促进医疗事业的发展。这就要求中医药院校的学生要学会合作，学会分享学习成果，实现共同进步。临床上遇到棘手的病例，要谦虚地求教，绝不可妄加定论。无论患者的社会地位高低，都要平等对待，具备高尚的医德医风。

二、中医药院校学生职业价值观的现状

孙思邈曾对医生的形象做过这样的描述：“夫大医之体，欲得澄神内视，望之俨然；宽裕汪汪，不皎不昧。”一名合格的医生不仅要具有精湛的医术，更要具有良好的道德品质。中医药院校的学生，从入学的那一刻起就已经明确未来要从事与医疗卫生事业相关的工作。国务院办公厅印发的《关于加快医学教育创新发展的指导意见》指出，要强化医学生职业素养教育，加强医学伦理、科研诚信教育，发挥课程思政的作用，着力培养医学生救死扶伤精神。目前，中医药院校学生的职业价值观总体情况良好，对自己所学的专业和未来职业选择有一定的认知，有较为清晰的职业理想和追求，愿意为传承发展中医药学而努力奋斗，但也有部分学生在职

业价值观上存在偏颇。

（一）就业目标清晰，但职业理想化程度偏高

中医药院校的学生作为特殊群体，其就业直接影响着中医药事业的发展，以及中医药文化传承和创新目标的实现。中医药院校学生的职业价值观整体是积极向上的，并有较为清晰的就业目标。但部分医学生在入学之前对专业的关注度极少，高考之后在选择学校和专业的时大多是听从亲戚或家长的意见，有的直接由家长做决定。因此，刚入学时对专业了解知之甚少，未来职业选择上也仅仅看重薪资酬劳、工作环境、福利待遇等。加之本人对于专业选择的主动性不高，认知途径也较为单一，对未来职业发展前景了解不充分，从而导致选择的专业并非自身喜欢，容易出现厌烦心理。有的学生对自己的职业兴趣、能力特长没有较清醒的认识，对一名合格的医务工作者所具备的职业素质认识较为浅薄，存在盲目自信的现象，从而导致理想与现实失衡。也有的学生进入中医药院校后，对未来职业的憧憬过于理想化，缺少吃苦耐劳的精神。在大学期间，把更多的关注点放在了学习成绩上，对学科发展和就业单位的未来前景缺乏足够关注，认为只要学习成绩好就能找到满意的工作。事实上，随着中医药院校扩招人数的逐年增加，毕业人数也在逐年上涨，从而造成巨大的就业压力，使不少学生与预期相悖。有的学生把未来职业的期望建立在用人单位能提供良好条件的基础上，一旦事与愿违，则很容易出现较大的心理落差。在遭遇挫折后，有的学生不能直面困难，选择逃避就业，或者考研或者在家待业。为此中医药院校的思政课教师应帮助学生树立正确的职业价值观，以避免出现“理想与实际不相符”而对学生身心造成不良影响的情况。

（二）就业意识强烈，但社会责任感有待提高

中国特色社会主义进入新时代，我国社会的主要矛盾发生了变化，不平衡、不充分问题成为制约社会发展的关键因素，其中也包括医疗卫生资源分布不均衡等问题。众所周知，较好的医疗资源都集中在大城市。加之大城市的就业机会、薪酬待遇和晋升空间都比较大，因此人才就业竞争较为激烈。而农村，特别是偏远地区的医疗水平普遍偏低，中医药发展滞后，医疗卫生条件堪忧。中医药院校的学生入校时，都怀揣着继承发展中医药的梦想，准备为中医药事业奉献终身，但面对种种诱惑，并结合多方面考虑，许多学生毕业时将目光投向大城市，而不愿意去偏远农村实现自我价值。他们过于重视物质报酬和个人享受，功利主义思想较为严重，职业价值观比较狭隘，缺乏一定的社会责任感。

中医药院校的学生职业价值观相对单一，可以说，医学生在选择就读专业时，其职业价值观就已基本明确，即从事与医疗卫生相关的工作。但在社会思潮和利益多样化的冲击下，虽然医学生职业目标单一，但其职业价值观却出现了多元化的倾向，既想为医疗卫生事业奋斗一生，但想到从医之路艰辛，就业后要面对医患关系和医疗纠纷等，便出现了职业价值观不坚定的情况；既想追求高尚的职业精神境界，寻求为之奉献一生的职业，又想得到较高的物质利益回报，因而在选择就职单位时，更多地看重薪酬待遇、工作环境等外在条件，而缺乏应有的社会责任感。加之社会竞争压力日趋增大，“躺平”“裸辞”“不想就业”等情况时有发生。这就需要学校各部门通力合作，探讨如何帮助学生树立正确的职业价值观，增强其社会责任感。

（三）独立意识较强，但团队合作精神欠佳

新时代的大学生大多为“00后”的独生子女，其自身表现出强烈的自我意识，且独立思考能力较强，但涉及团队合作方面则表现出相对薄弱的一面。做事喜欢以自我为中心，喜欢从自身角度出发思考问题，片面追求自我满足，有时因要达到某种目的甚至会牺牲其他同学的利益。虽然中医药院校的一些教学实践比较注重培养学生的团队合作精神，教师也会布置一些任务通过小组合作共同完成，以助于学生展示各自才能，体会到集体的巨大力量，但部分学生缺少协作意识，对待教师布置的任务应付了事。也有的人因团队人数较多，而以各种原因“搭顺风车”。

（四）学习能力不断提升，但沟通共情能力有待于提高

中医药院校的学生具有较强的学习能力，图书馆和教室到处都能看到学生们学习的身影。虽然他们学习能力较强，但却忽视了与同学、老师等进行沟通交流，致使沟通共情能力不强。医学工作者需要具备良好的沟通交流能力，只有这样，才能及时了解患者的病情，做到对症下药，提高诊治效率，避免因沟通不充分而出现医患关系紧张等问题。

近些年，医疗环境逐渐复杂，医疗纠纷的不断发生，使医学生的职业价值观受到严重冲击。过激的医疗暴力事件，使中医药院校的学生出现不敢面对患者、逃避与患者进行沟通的情况。有的学生甚至存在放弃从事医学工作的想法。这既不利于医学生形成正确的职业价值观，也不利于中医药事业的长远发展。事实上，绝大多数医患纠纷是因医患双方沟通不到位产生误解而造成的。因此，中医药院校的学生需要加强职业训练，增强沟通交流能力。

三、中医药院校思想政治理论课的职业引领作用

中医药院校学生的职业价值观影响着他们的职业选择和远景目标的实现，对中医药事业的传承和发展也有一定的影响。思政课有助于学生形成正确的职业价值观，因此，发挥中医药院校思政课的职业引领作用，不仅是适应时代发展的需要，也是学生实现自身发展和做出正确职业选择的需要，有利于培养更多的中医药人才。

（一）有助于医学生树立正确的职业价值观

大学生的职业价值观教育是一项系统工程，需要学校、各二级学院、辅导员、专业课教师、思政课教师等多层面配合才能完成。思政课讲授的社会主义核心价值观与学生职业价值观具有内在一致性。在对学生进行职业价值观教育时，需充分结合学校优势和学生特色设计内容，让学生形成正确的职业认知，并做出正确的职业价值选择。中医药院校思政课的目的，是培养新时代中医药事业的建设者和接班人，为此应通过课堂与实践教学，向学生传授医德理论，培养学生的医风医德，使学生树立正确的世界观、人生观和价值观。思政课的主干课程“思想道德与法治”中涉及的职业价值观内容较多，可充分加以利用，帮助学生树立正确的价值判断和价值选择。

在对学生进行职业价值观教育上，思政课教师具有与其他专业课教师不同的独特优势。

首先，思政课教师均接受过马克思主义理论知识培训，政治信仰坚定，与党和国家方针政策始终保持一致，在大是大非面前能够保持坚定的政治定力。即使在学生职业价值观出现问题时也能及时发现，并帮助其重塑正确的职业价值观，防止学生被错误价值观误导。

其次，思政课是开展意识形态工作的主阵地，思政课教师具有较高的意识形态领域的政治站位。思政课堂是宣传马克思主义意识形态的主渠道，思政课教师需通过课堂教学，使学生掌握职业价值观的基本内容，用马克思主义中国化、时代化最新理论成果教育学生，使其拥有正确的职业观和义利观，深刻把握职业价值观的价值目标和价值准则，坚定理想信念，助力其内化为自身的价值取向，外化为一定的行为准则。

（二）有助于完善职业价值观相关课程

思想政治教育工作是党的一切工作的生命线，医学生的职业价值观教育是中医药院校思想政治教育的重要内容之一。当前，中医药院校正处于改革创新的攻坚时期，面临着前所未有的挑战。在复杂的大环境下，如何发挥思政课的铸魂育人作用，加强医学生的职业价值观教育成为中医药院校必须面对的时代课题。在培养学生职业价值观方面，中医药院校还存在一些亟待解决的问题。其中较为突出的是课程设置上，在职业价值观教育的系统性与整体性方面尚显不足。

中医药院校思政课应立足于实现中华民族伟大复兴的战略全局，筑牢思想政治工作主阵地，发挥立德树人的作用，将医务工作者“救死扶伤、舍小家为大家”，尤其是在新冠疫情期间舍生忘死、冲锋在前的职业价值观传递给学生，帮助其树立正确的职业价值观，在职业选择上甘愿为中医药事业和人民健康奉献终身。

（三）有助于为中医药事业培养更多担当时代使命的优秀人才

就业问题一直是民生关注的重点。党的十八大以来，习近平更是十分关心青年的就业问题，对青年职业价值观养成也寄予厚望。做好医学生的职业价值观引领，是事关中医药事业后继有人的关键所在。思政课所讲授的习近平新时代中国特色社会主义思想中就蕴含着丰富的职业价值观理念，能够帮助学生树立正确的就业观。思政课应充分发挥自身优势，引导医学生切实转变择业观念，树立科学的就业观和成才观，自觉把个人理想同国家与社会需要紧密结合起来，引领中医药学子在就业选择时积极投身中医药事业，立足中医药发展，实现思政课与其他课程同向同行的目标。

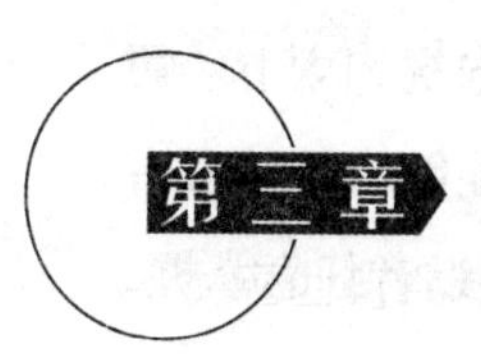

第三章 中医药文化中蕴含的思想政治教育内容

在中华民族五千多年的历史进程中，中医药在诊疗疾病和寻求健康中发挥着重要的作用，形成了独具特色的中医药文化。中医药文化植根于中华优秀传统文化，其中蕴含着丰富的思政元素。梳理中医药文化的形成历程、探究中医药文化中的思政元素、探求中医药文化传承发展中的思政资源，有助于实现中医药育人目标。

第一节 中医药文化的形成历程

中医药是我国各族人民在长期生产生活实践和与疾病做斗争中逐渐形成并不断发展的医学科学，具有独特的理论和技术方法体系。中医药的发展经历了从夏商西周、春秋战国、秦汉三国、两晋南北朝、隋唐五代、两宋、辽夏金元、明代、清代、民国及中华人民共和国成立至今等各个不同的历史时期。伴随着中医药事业的不断发展，中医药文化也随之呈现繁荣态势。

一、夏商西周时期的开创奠基

夏商西周时期关于中医药文化形成的记载较少，这一时期，医巫分业、医事管理制度确立，是中医药文化发展历程中一个崭新起点，也为医学的发展奠定了基础。

早在原始社会末期，人们为求生存而不断与大自然斗争。受认知等局限，人们因对风雨、雷电及疾病、死亡等现象产生恐惧与疑惑，进而出现了以与鬼神相通为特征的职业——巫。巫是从体力劳动者中分离出来，从事天象、历法等事务的人。殷周时期，统治机构还设置了大祝、大卜、司巫等神职官员。这时巫不但能够参与政治、军事决策，还能够为统治者占卜吉凶祸福。巫认为；疾病是完全独立存在的，完全由作祟者任意掌握，患病者想痊愈，就必须向作祟者祈祷，或是施法让作祟者离开。治疗时，一方面巫师用祈祷等方式对患者给予精神上的安抚；另一方面，一些巫医还会把劳动者从实践中总结出来的药物知识用于疾病治疗。如《山海经》言："开明东有巫彭、巫抵、巫阳、巫履、巫凡、巫相，夹窫窳之尸，皆操不死之药以距之。"然而凭祈祷、咒禁、祝由等方式并不能真正治愈疾病。随着时代发展，人们对巫逐渐产生了怀疑，于是医与巫出现分立。

《周礼》中记载，巫祝、医师属于不同的职官管辖。可见，医学在当时已经摆脱了巫而独立。如《周礼·天官冢宰》有言："医师掌医之政令，聚毒药以供医事。凡邦之有疾者、疕疡者，造焉，则使医分而治之。"医师是管理医药行政事务的官员，负责把不同患者分配给不同医生治疗，并以年终考查医生的医疗成绩优劣来确定俸禄。医师之下不仅设置了士、府、史、徒等职务，并形成了一整套医政组织和医疗考核制度，对于医案的撰写也有较严格的要求，即"凡民之有疾病者，分而治之。死终，则各书其所以，而入于医师"。早在两千多年前就出现的病历记载和死亡报告的书写，为人类医学史作出了较大贡献。

二、春秋战国时期的重实求真

春秋战国时期，经济、政治、文化发展迅速，学术思想日趋活跃，出现了"诸子蜂起，百家争鸣"的鼎沸现象，中医药也在此时呈现出发展态势。

这一时期，出现了阐述中医学理论的专著，即《黄帝内经》(以下简称《内经》)。《内经》是我国现存最早、理论较为完整的医学著作，在中医学几千年的发展史中发挥了重要作用，其理论是中医学理论形成的重要基础，至今仍在指导着临床实践。《内经》提出了阴阳五行学说，建立了整体观念，这是中医药的思维基础。《内经》明确了解剖与血液循环的概念，不仅对人体解剖技术有所涉及，甚至详细描述了人体的正常状态与疾病状态。《内经》强调“治未病”的预防思想，体现了求真重实的原则。

三、秦汉三国时期的探索实践

秦汉时期是中医药迅速发展的重要时期。在继承《内经》理论的基础上，华佗、张仲景等医家为中医药的发展作出了较大贡献。

东汉末年，杰出的医学家华佗，医学知识十分渊博，通晓内科、外科、妇科、儿科、针灸及医疗体育。华佗在医学上的杰出成就主要体现在以下几方面：一是在外科方面，创立了“麻沸散”，即患者可在麻醉的情况下接受手术，减少了患者的痛苦。这种创新不仅在中国医学史上是史无前例的，在世界医学史上也是罕见的。因此，华佗被后人尊为“外科鼻祖”。二是丰富了诊断和针灸技术方式。华佗诊断疾病采用望诊和切脉，创立了脊柱两旁夹脊的穴位，被后世称为“华佗夹脊穴”，且沿用至今。三是倡用体育疗法增强体质，防治疾病。《后汉书·方术列传下》言：“吾有一术，名五禽之戏：一曰虎，二曰鹿，三曰熊，四曰猿，五曰鸟。亦以除疾，并利蹄足，以当导引。体中不快，起作一禽之戏，沾濡汗出，因上著粉，身体轻便，腹中欲食。”可见，华佗十分提倡“生命在于运动”，他模仿5种动物的活动姿态创立了“五禽戏”，由此开创了我国医疗体育的先河，对后世影响巨大。

被尊称为医圣的张仲景也生活在这一时期。根据张仲景在《伤寒杂病论·序》中记载，他的家族原本两百多人，但由于疫病流行，仅不到10年时间，家族中就有一大部分人因患疫病而去世，其中大部分人死于伤寒，由此坚定了张仲景治疗伤寒的决心。张仲景所著的《伤寒杂病论》分为《伤寒论》和《金匮要略》。《伤寒论》专论伤寒，论述了急性传染病的一般规律，总结了东汉以前急性传染病的治疗经验。《金匮要略》专论内科、外科、妇科等杂病，以内科杂病为主，还强调了“治未病”的原则，倡导预防疾病的思想。《伤寒杂病论》在我国医学发展史上影响重大，被历代视为学习中医的教科书，在世界范围亦影响巨大。

四、两晋南北朝时期的日趋丰富

以先秦时期初步形成的医学理论体系为指导，在两汉时期医学实践成就的基础上，两晋南北朝时期的医学不断发展，中医药文化也得到不断丰富。

魏晋时期，著名的医学家王叔和不仅继承了张仲景的医学理论，还进行了创新。其一，整理了张仲景的《伤寒杂病论》，使这本医学巨著能够得以广泛流传。其二，编著了《脉经》，这是我国现存最早的一部脉学专著。《脉经》集两晋以前的脉学精华于一书，总结概括了3世纪以前的脉学理论，使中医药学得以不断丰富与发展。

这一时期的《雷公炮炙论》，是我国最早的中药炮制学专著，由雷敩在公元5世纪所撰。《雷公炮炙论》分为三卷，记述了药材的特性、易混的品种及其真伪优劣，是中药鉴定的经典文献。该书针对当时中药材存在的问题，提出了真伪鉴别方法，并对一些中药的基原加以考订。对容易混淆的品种，如形似、名称相近、同名异物的中药也进行了较为详细的区分，反映了中医药随着时代发展与时俱进的特点。

五、隋唐五代时期的交流传播

隋唐时期，国家的统一和生产的发展促进了经济文化的空前繁荣，为中医药的发展提供了良好条件。特别是这一时期中国与世界上许多国家建立了贸易往来，使中医药随之获得了广泛交流。根据《隋书》及新旧《唐书》记载，当时与我国进行交往的国家和地区共计90个左右。这里列举五个国家的医学交流与传播情况。

1. 与日本的医药交流

中日两国的医药交流具有悠久的历史，早在公元前二三世纪，秦始皇为求长生不老，就曾派徐福等人渡海赴日学习。事实上，自秦汉以来，我国同日本的文化交流就从未停止过。隋唐时期，日本曾多次派“遣隋使”“遣唐使”“学问僧”来中国访问。自7世纪到9世纪末，日本先后派遣13批人来中国学习佛教、典章制度、文化技术、医药等知识。公元608年，日本推古天皇派药师惠日、倭汉直福因等人到中国学习医学，历经16年，学成回国。这一时期中国大量的医书被传入日本，促进了日本医学的发展。日本的医药制度也大都效仿中国。日本规定医学生必读的教科书包括《素问》《灵枢》《甲乙经》《新修本草》等。除此以外，日本还邀请我国学者赴日讲学、授业。高僧鉴真应邀东渡，抵达日本，在传律讲经的同时，他还在日本传授中医药理论。其中流传后世的医书《鉴上人秘方》成为当时日本的医学宝鉴。日本在大量吸收中医治疗经验和医疗管理制度后，逐渐确立了汉方体系。

2. 中国与朝鲜的医药交流

中国与朝鲜在公元前就有往来。在隋唐时期，两国的交往更加频繁。在频繁交流的过程中，中医药学和医药制度渐渐被朝鲜所接受。朝鲜效仿中国设有医学博士，并以中国医书《本草经》《素问》《难经》等为教科书。随着中朝使节的频繁往来，人参、牛黄、昆布等朝鲜药材相继输入中国，丰富了我国的中草药品种。引入中医学后，朝鲜医药学得到了发展，在保障民众生命健康上发挥了重要作用。

3. 与越南的医药交流

越南在隋唐时期与中国的交往十分频繁，中国有许多名士曾赴越南讲学，并把一些文化知识和医药知识一同带去。越南医药也经过商人及互赠礼品的形式传入中国。据《唐会要》《唐六典》记载，越南曾多次向中国赠送驯象、沉香、琥珀、珍珠、龟壳、槟榔、蚺蛇胆等药材。《太平广记》引《宣室志》称："安南有玉龙膏，南人用之，能化银液。"这说明，越南的成药也曾传入中国。正是这种医学交流，直接或间接地促进了中国和越南两国之间的医学发展。

4. 与印度的医药交流

作为世界文明古国的中国和印度，自西汉张骞出使西域至隋唐时期，两国交往较为频繁。许多佛教僧侣往来于中印两国，对促进中印医药交流发挥了重要作用。公元629～645年，唐朝僧人玄奘远赴印度取经，他所著的《大唐西域记》中就对印度的饮食习惯、卫生习惯、医疗用药等进行了详细记载。在翻译佛经的同时，大量的印度医药知识被介绍到中国。此外，他还翻译了一些印度医书。在《隋书》《唐书》中就记载了他翻译的印度医书有11种。印度的眼科比较发达，鉴真曾请印度医生治过眼疾。隋唐时期也有许多印度医生来华行医，中印医学交流，以印度医学对中国医学的影响更大，但中国医学也是伴随着僧侣交流传入印度的。唐僧义净就曾把丰富的中医介绍到印度。从他的《南海寄内法传》可以看出，他曾经向印度人传授过中草药、针灸、脉学等医学知识。

5. 与阿拉伯的医药交流

伊斯兰教创始人穆罕默德在其著作《哈狄特》中曾说："要寻求学问，即使它远在中国。"足见阿拉伯国家对中国文化的向往。而我国也吸收了阿拉伯国家的医药知识，在唐永徽年间（650—655年），阿拉伯国家曾多次向我国赠送药物。《诸蕃志》中记载，当时输入的药物有乳香、血竭、木香等。这些传入的医方和药物，丰富了中医药学的内容。

总之，随着隋唐经济贸易的迅速发展，我国与其他国家之间的医药交流也空前繁荣起来。在这种交流过程中，医药理论不断渗透融合，各种医术不断取其精华，既丰富了我国的医药内容，又对这些国家的医药学发展产生了一定影响，促进了世界医药学的发展。

六、两宋时期的全面发展

两宋时期的经济发展较快，科学技术也有了长足进步。加之社会稳定，使医药学得到了快速发展。许多医学家刻苦钻研，不断总结实践经验，形成了两宋医学的繁荣发展局面。

1. 内科学的发展进步

在宋代，内科学处于不断充实阶段。这一时期对内科杂病，尤其是中风、水肿、脚气、外感热病、虚劳、口渴、抑郁等疾病的辨证论治研究比较深入。此外，对传染病的认识水平也有所提高，从病因、病机、证候、治疗等各方面阐述了伤寒与温病的不同，还提出了一些新的概念，如冬温与温疫，强调其具有传染性和流行性的性点，为温病学的确立奠定了基础。

2. 外科学的发展进步

外科是一个古老的学科，但专门以外科命名的专著约始于宋代。两宋时期是外科学发展的重要时期，外科学及其相关学科有了较大发展，太医局设有疮肿、金镞兼书禁、金镞兼折伤，后来合并为“疮肿兼折疡科”。

3. 妇科学的发展进步

这一时期，妇科学的基础理论和诊疗方法等已臻完善，成为一门独立的临床学科，专门从事妇科的医者及妇科专著相继出现。著名医家陈自明，鉴于宋代以前的妇科专书“纲领漫而无统，节目略而未备”，便采诸家之说，对妇科进行了较为全面而系统的总结，并结合自己的临床经验及家传验方，编纂出我国第一部综合性妇科学专著——《妇人大全良方》，为宋以后妇科学的发展奠定了基础。

4. 儿科学的发展进步

这一时期，儿科学在基础理论、诊断方法、辨证论治、方药等方面取得了重大进展，形成了较为系统的中医儿科体系。儿科从内科独立出来，发展成为一门独立的临床学科。一些著名的儿科学家陆续涌现，使这一时期的儿科著作空前丰富。钱乙是中国医学史上第一个著名儿科学家，被称为“儿科之圣”“幼科之鼻祖”，他所撰写的《小儿药证直诀》是中国现存的第一部儿科专著，为后世儿科学的发展奠定了理论基础。

5. 法医学的发展进步

这一时期，宋慈等人在继承前人经验的基础上，结合个人的法医学实践，著《洗冤集录》及《无冤录》，标志着法医学的成熟。法医学的进步，不仅补充了解剖学的不足，也对中医骨伤科及外科学的发展具有一定的促进作用。

七、辽夏金元时期的融合贯通

这一时期，多个政权处于并立的状态，军事上的对立与兼并造成了经济的衰退、人民生活的困苦和科学文化发展的停滞，然而却在一定程度上促进了少数民族传统医药的发展和进步。《四库全书总目提要·医家类》评价金元医学争鸣时指出，“儒之门户分于宋，医之门户分于金元”，概括出中医药文化在金元时期百家争鸣、融合贯通的特点。

1. 契丹族的医学发展

契丹族是我国北方的古老民族，在唐代以前生活在辽河流域，百姓患病曾求助于其他民族医学家。公元前907年，辽太祖耶律阿保机称帝。随着辽政权的逐步稳定，契丹族的统治者为发展本民族医药学，不断加强其医家队伍建设。契丹族在摆脱了巫医的统治后，不仅引进其他民族的医药，也重视医生、医药书籍、针灸铜人等引入，统治阶级内部也十分注重对医药学的研究。例如，辽太祖之长子耶律倍的儿子兀欲，“善丹青，尤精饮药”。《契丹国志》记载，辽景宗耶律贤，“好音律，喜医术，伶伦针灸之辈，授以节钺，使相传者三十余人”。

2. 党项族的医学发展

党项族于1038年在现今的宁夏银川东南部建立大夏政权，宋代称之为“西夏”。兴盛时期，其曾统辖现今的宁夏、陕西北部、甘肃西北部、青海东北部、内蒙古部分地区。在其统治区域内，西夏文与汉文并用，其政治制度、医药卫生制度多仿照宋朝制度，并与辽、金交往甚密。西夏医学，除具有北方民族如契丹、回鹘、女真等医药卫生的特点外，与汉族医药学也有着十分密切的关系。如人体解剖部位的名称、各生理现象的称谓、病证名、治疗方法等，多与中医学近似。

3. 女真族的医学发展

1113年，阿骨打继任完颜部首领，战胜辽，于1115年称帝，建立国号“金”。1127年，金攻陷北宋都城开封，宋王朝向南迁移，自此中国的半壁江山由女真族统治。女真族为巩固统治地位，不断与南宋、辽、西夏、高丽等加强友好，努力调和民族矛盾，任用汉族官员，引进汉族文化。在医药管理制度方面，女真以宋代的医事制度为借鉴，改进了自身的医事制度。

4. 蒙古族的医学发展

13世纪初期，成吉思汗统一了大漠南北，于1206年建立了蒙古帝国。这一时期，国内各民族不断进行科学、文化、医药等沟通交流，并且与亚洲、欧洲、非洲各国之间的贸易交往愈加频繁。在这种良好的形势下，蒙古族医学进入了一个崭新的发展时期，形成了具有蒙古族特点的蒙古族医学。

总而言之，虽然这一时期战争频繁，疫病流行，但各民族之间医药学的融合交流，促进了中医学的发展。这一时期的医学争鸣，使中医学在发展中呈现出融合中贯通的新趋势，融合了民族医学的中医药，不仅丰富了中医药文化的内涵，也凸显了“和而不同”的理念。

八、明代的鼎力创新

1368年，朱元璋利用元末农民起义的有利形势，推翻了元朝的统治，建立了明朝。明朝在中国历史上政治稳定，经济高度发展。资本主义萌芽于明朝中后期，商品经济促进了文化发展和科技进步，对外交流日渐频繁，医学水平显著提高。这一时期，中医药发展出现了较大飞跃，集中体现在中医诊疗、医药学著作及对外交流等方面。就医药学著作而言，所取得的成就令人瞩目。

1.《温疫论》

作者吴又可（1582—1652年），名有性，江苏吴县（今江苏苏州）人。在他生活的年代，传染病流行。据记载，1641年传染病流行，使江苏、浙江、山东、河北等地的百姓死者无数。面对这样的灾难，吴有性悲愤地指出，大批因疫而死者，并非死于病，而是死于医。吴有性认为，患者死亡是因为医生缺乏对传染病的认知而造成的。于是他致力于疫病（即传染病）研究。他认为，瘟疫“以伤寒法治之不效，乃推究病原”，并“由无形之戾气从口鼻侵入人体而致”，揭示了疫病之源。吴又可不断总结经验，编写了中国第一部系统研究急性传染病的专著——《温疫论》。《温疫论》不仅论述了瘟疫与伤寒的不同，还总结出防治瘟疫的自创方，如达原饮、三消饮、举斑汤等，这些方剂具有良好的临床实用价值。

2.《本草纲目》

作者李时珍（1518—1593年），字东壁，号濒湖，湖北蕲春县人，明代著名的药学家、医学家，被后世尊为“药圣”。《本草纲目》是中国医药宝库中的一份珍贵遗产，是对16世纪以前中医药学的系统总结，被英国生物学家达尔文誉为“中国古代的百科全书”，是受世界瞩目的伟大著作。李时珍用了近30年时间编成此书。《本草纲目》共收载药物1892种，附药图1000余幅，广泛涉及医学、药物学、生物学、矿物学、化学、环境与生物、遗传与变异等诸多科学领域。书中不仅考证了过去本草学中的若干错误，还综合大量科学资料，提出了较科学的药物分类方法，融入先进的生物进化思想，并反映了丰富的临床实践。本书是一部具有世界性影响的博物学著作，被国外学者誉为“东方药学巨典”。2011年，《本草纲目》入选联合国《世界记忆遗产名录》。

九、清代的曲折发展

由于社会不断发展，清代较前代中医文献数量增多，门类齐全，影响范围广，刊刻了当时流传的绝大多数古医籍，使得很多古籍得以传承至今。特别是受到清代朴学的影响，许多学者致力于考据勘校，其中以《黄帝内经》《神农本草经》《伤寒论》《金匮要略》四大经典著作为核心的考据均有诸多著作问世。此外，由于清代刊印刻书技术的兴盛发展，大型综合性医书大量涌现，出现了中医丛书。据不完全统计，清代中医丛书数量接近300种，无论从医理阐释，抑或是临床诊疗方法，均已形成体系。其中乾隆时期编纂刊发的《医宗金鉴》是其重要代表。该书共90卷，历时两年完成，涵盖了中医医理与临床各科内容。该书集图、说、方、论于一体，被作为当时中医学教科书多次印刷，对中医药的发展与传播起到了重要作用。但清中期取消了太医院的针灸科。1822年，道光下旨废除针灸。他言：“针刺火灸，究非奉君之所宜，太医院针灸一科，着永远停止。”这对针灸学的发展无疑是一次沉重的打击。

十、民国时期的碰撞交融

1912年2月12日，清朝末代皇帝退位，标志着清王朝统治的结束。这一时期，北洋军阀及国民政府将精力用于战争，以巩固自己的统治地位。他们很少关心中医药的发展，更在西医学的冲击下，1929年2月国民政府提出了“废止中医案”。由于中医药界和全国广大民众的坚决反对，提案未被通过。这一时期，西方医学的传入，引发了一场中西医论争，且这种论争一直在持续。

民国时期是中医药发展的艰难时期，虽然如此，这一时期仍出现了一批舌诊、脉诊著作，如《察舌辨症新法》《彩图辨舌指南》《临症验舌法》等，促进了中医药的发展。本草学也在这一时期涌现出许多著作，《中国药学大辞典》是中药学史上第一部大型典籍，反映了我国中药学的研究水平。方剂学方面的著作有《古今名医万方类编》《古今医方集成》《验方辑方》《中西医方汇通》等。

十一、中华人民共和国成立至今的推陈出新

中华人民共和国成立以来，中国共产党不断总结历史经验，从维护人民健康和发展人民卫生事业的角度出发，高度重视中医药的地位和作用，制定了一系列保护中医药的方针政策以及支持中医药发展的举措。例如，成立了国家中医药管理局及相应的科研机构；大量整理、出版中医古籍；创办中医报刊；在全国建立中医学院、中医医院和中医学术团体，培养了一大批高素质的中医药人才；支持中西医结合，促进中医药的发展。毛泽东、周恩来、邓小平等老一辈无产阶级革命家十分关心中医药工作，将中医药视为宝贵的文化遗产，作出了许多重要指示。特别是进入新时代，习近平对中医药工作十分关注，把中医药发展放在重要位置，给予大力支持，进一步促进了中医药文化的传承与发展、交流与传播。

1950年，毛泽东为第一届全国卫生工作会议题词：“团结新老中西医各部分医药卫生人员，形成巩固的统一战线，为开展伟大的人民卫生工

作而奋斗。”也是这次会议，正式把“团结中西医”作为新中国卫生工作的重要方针之一。1953年，毛泽东在杭州刘庄宾馆小憩时说：“中国对世界有三大贡献，第一是中医……”1954年，毛泽东指出：“重视中医，学习中医，对中医加以研究整理，这将是我们祖国对人类贡献的伟大事业之一。”1950年7月，毛泽东发出西医学习中医的号召。1954年11月，中央在批转中央军委党组《关于改进中医工作问题的报告》的批示中指出：“当前最重要的事情是大力号召和组织西医学习中医，鼓励那些具有现代科学知识的西医，采取适当的态度和中医合作，向中医学习，整理祖国医学遗产。”此后，全国医疗卫生机构逐步掀起了西医学习中医的浪潮。1958年，第一批西医离职学习中医班结业后，卫生部党组向中央写了《关于组织西医离职学习中医班总结报告》，毛泽东批示：“中国医药学是一个伟大的宝库，应当努力发掘，加以提高。”可见，20世纪50年代中期至60年代中期，中医药发展出现了第一个高峰。

为了尽快落实毛泽东关于“即时成立中医研究机构”的批示，周恩来亲自过问和推动实施。1955年，卫生部中医研究院宣告成立，周恩来题词：发扬祖国医药遗产，为社会主义建设服务。周恩来还将中医药运用在外交事务中。他不仅指示开办外宾门诊、外宾病房，为国际友人诊治疾患，还选派中医药专家出国为外国友人开展医疗保健服务，以精湛的医术、高尚的医德，向世界展现了中医药的卓越疗效，进一步扩大了中医药的国际影响力。

1978年9月，中央转发卫生部党组《关于认真贯彻党的中医政策，解决中医队伍后继乏人问题的报告》，邓小平、李先念、陈云、彭真、邓颖超、徐向前等老一辈无产阶级革命家分别对中医工作作了重要批示。中央在转发的报告中强调了“三个要”，即：要抓紧解决中医队伍后继乏人的问题、要培养一支精通中医理论且有丰富临床实践经验的高水平的中医队伍、要造就一支热心于中西医结合工作的西医学习中医的骨干队伍。邓小平批示：“这个问题应该重视，特别是要为中医创造良好的发展与提高的物质条件。”随着党的十一届三中全会的召开，中医药事业进入了一个新的快速发展时期。1982年，“发展现代医药和我国传统医药”被写入《中华人民共和国宪法》总纲，这不仅是对中医药的充分肯定，更是首次从法律层面对中医药学加以保护。1986年，国家中医管理局成立。1988年，国家中医管理局更名为国家中医药管理局。

进入改革开放与社会主义现代化建设新时期，国家不断出台政策，促进中医药事业发展。1991年10月，江泽民为国家中医药管理局和世界卫生组织联合在北京召开的国际传统医药大会题词：“弘扬民族优秀文化，振兴中医中药事业。”

2007年10月，胡锦涛在党的十七大报告中强调，要坚持“中西医并重”“扶持中医药和民族医药事业发展”。在党的全国代表大会报告中写入“发展中医药”，这在我们党的历史上实属首次。温家宝多次在政府工作报告中明确支持中医药事业发展，并强调：“要大力扶持中医药和民族医药发展，充分发挥祖国传统医药在防病治病中的重要作用。”

中国特色社会主义进入新时代时期，习近平在2015年致中国中医科学院成立60周年的贺信中指出：“中医药学是中国古代科学的瑰宝，也是打开中华文明宝库的钥匙。”他强调，中医药是祖先留给我们的宝贵财富，要切实把中医药继承好、发展好、利用好。2018年10月，在广东珠海横琴新区粤澳合作中医药科技产业园，习近平指出，要深入发掘中医药宝库中的精华，推进产学研一体化，推进中医药产业化、现代化，让中医药走向世界。2022年，随着《“十四五”中医药发展规划》的出台，中医药正在努力深入千家万户、走向世界各地，中医药文化在推动中华优秀传统文化创造性转化、创新性发展中发挥着示范作用。

第二节　中医药文化中的思政元素

毛泽东曾明确指出：“中国医药学是一个伟大的宝库，应当努力发掘加以提高。”将思想政治工作贯穿于教育教学全过程，深入挖掘中医药文化中蕴含的思政元素，是促进中医药文化健康发展的保证，也是培养优秀中医药继承者的必然举措。

一、突出整体的和谐观

整体观念是指在观察问题、分析问题、研究问题和处理问题时，要注重事物本身所固有的完整性、统一性和联系性。它是一种以普遍联系、相互贯通、互相制约的观点来看待宇宙以及万事万物的方式方法。整体观念作为一种传统中医药思维方式，与气化论、“天人合一”思想及象数思维密不可分。在中医药文化中，整体观念所谓的“整体”，是指元整体、象整体和时间性整体。它将人与自然、人与社会及人体本身连结为一个有机整体，突出了和谐观，对中医药学的预防、养生、诊断、治疗都产生了深刻影响。

（一）中医药文化中的整体观与和谐观

古人认为，包括人在内的天地万物都是“气”的聚散流行，“气”具有弥散性、渗透性、连续性等特点。因此，世界是一个动态且连续的有机整体，所谓“通天下一气耳”（《庄子·知北游》）。气化整体观的突出表现即“天人合一”。《易传》中提出“三才”之道，认为天、地、人三者是相互联系的有机整体。孟子认为，人是可以通过“尽心”“知性”而达到“知天”的目的的。《中庸》也认为，人能够“赞天地之化育”“与天地相参”。通过修身养性，人便可达到“与天地合其德，与日月合其明，与四时合其序，与鬼神合其吉凶”（《周易·乾卦·文言》）的最高境界。道家的老子认为，人为“四大”之一，人可以通过效法“地”“天”“道”而与自然大道相合。无论是主张将自然人化的儒家，还是主张将人自然化的道家，都将“天人合一”视为最高的价值追求。需要指出的是，整体观与象数思维密不可分。由易学发展出的象数思维将自然、社会、人体视为一个有机的整体，万事万物可以通过“同气”“同象”而彼此感通。

在传统文化的影响下，中医学运用整体观建立了脏腑经络等生理模型，阴阳亏损、邪正盛衰等病理模型，六经八纲等诊断模型以及调和阴阳、补虚治疗模型等。在“人与天地相参”的整体观影响下，中医学运用阴阳五行等象数思维模型建构了以人体为核心，囊括天文、地理、物候、音律、矿产、植物、动物、社会等外部因素的整体开放系统。几千年来，中医药学始终坚持整体观，而没有走上分析还原的道路，因此，整体观可以说是中医思维的主要特色。

随着文化交流的深入，现代西方哲学、科学和医学也逐渐开始接受和运用整体观。但中医药文化中的整体观具有自身的独特性，与一般意义上的整体观有所区别。概言之，中医药文化中的整体观强调的是“元整体”“象整体”“时间性整体”，而非“合整体”“形整体”“空间性整体”。所谓“元整体”是指万事万物都是从天地自然的整体一气中分化而来的，因此具有原初的整体性和不可分性，任何局部皆须置于该元整体中才能体现价值。而建立在原子论基础上的西方整体观，则是将微观局部组合的“合整体”，其整体具有可分性，整体需要被还原为微观局部才能被分析定性。所谓“象整体”是指将万物视作气化过程中所显现出的“象”，万象通过气的聚散而相互感通，从而形成一个动态的有机整体。“形整体”则将万物视作由原子构成的物质实体，自然界即是由这些有形实体组合而成的整体。所谓“时间性整体”是指借由直觉感知所把握的流动的、变易的、质性的整体。“空间性整体”则是通过逻辑分析所把握的静态的、量化的整体。中医整体观的上述特征也是中西医学形成差异的本质原因。

（二）整体观念中构建和谐的生命环境

“和”是中国古代哲学的重要指导思想，也是中华优秀传统文化的重要内容之一。中医药学受传统文化和谐观的影响，以“阴阳中和”“中正和平”为人体健康的重要标准。人体生命时刻处在人与自然、人与社会、人体自身所构成的整体关系的影响中。中医整体观念中的和谐具体包括人与自然和谐、人与社会和谐及自我身心和谐等。

1. 人与自然和谐

中医学认为，人类与天地自然同源于一气，并且遵循着共同的阴阳消长节律和五行相生相克规律。《素问・生气通天论》言：“天地之间，六合之内，其气九州、九窍、五脏、十二节，皆通乎天气。”因为人与天地自然元气相通。人与自然拥有共同的阴阳消长节律，人体的疾病也常常随着自然天时的阴阳消长而进退变化："春生、夏长、秋收、冬藏，是气之常也，人亦应之"(《灵枢·顺气一日分为四时》)。除天时外，人还与其所居地域环境密不可分,《素问·异法方宜论》就详细论述了东、西、南、北、中五方的地理环境和自然气候对于人体健康的不同影响。

鉴于人与天地自然存在着如此密切的关系，中医学提出了"人与天地相参"(《素问·咳论》)的命题，认为无论养生还是治疗，都要"法于阴阳，和于术数"(《素问·上古天真论》)，以天、地、人三才和谐共生为健康目标。明代李盛春认为，中医治疗的目的就在于使人与自然达于"太和"之境："庶起轩黄岐伯于当年，以常回太和之宇也"(《医学研悦·伤暑全书》)。明代万密斋认为，医者治病的首要原则是维系人与自然的和谐："所谓无伐天和，无翼其胜也"(《痘疹心法·自序》)。人生于天地间，也必然随着自然界的变化而变化。人生病以后，天人之间这种和谐有序的关系就会被破坏，只有人与自然相适应，才能达到"和"的状态。

2. 人与社会和谐

人不仅存在于天地之间，是天地自然的产物，也生存于社会之中，是一切社会关系的总和。因此，中医学既关注人与自然的和谐关系，也高度重视人与社会的和谐发展。和谐的社会关系能够促进人体生命状态的和谐。在人与社会的和谐关系中，医患关系是其中的重要体现。

（1）人与社会的和谐来源于中医象思维

《素问·灵兰秘典论》曰："心者，君主之官也，神明出焉。肺者，相傅之官，治节出焉。肝者，将军之官，谋虑出焉。胆者，中正之官，决断出焉。膻中者，臣使之官，喜乐出焉。脾胃者，仓廪之官，五味出焉。大肠者，传道之官，变化出焉。小肠者，受盛之官，化物出焉。肾者，作强之官，伎巧出焉。三焦者，决渎之官，水道出焉。膀胱者，州都之官，津液藏焉，气化则能出矣。"中医学运用象思维，将社会官职与人体器官相比对，恰之说明人与社会的相通性。五脏六腑在人体内的和谐运转与社会中的各种角色分工配合、各司其职的整体和谐十分相似。人所处的社会环境会影响其生活水平、生活方式、思想意识和精神状态，并最终会通过“精神－气化－形体”影响人体的脏腑气血功能，因此，和谐的社会环境是人体维持健康状态的重要保障。

（2）人与社会和谐有助于促进生命状态和谐

中医学详细分析了政治地位、经济地位、道德修养、习俗风尚等社会影响因素与人体健康之间的关系。人在社会活动中，如果贪婪纵欲、不知节制，对酒、色、财、权等追求无度，就会“忧患缘其内，苦形伤其外”（《素问·移精变气论》），并导致“半百而衰”（《素问·上古天真论》）。反之，如能够加强身心修养，做到“恬惔虚无”“精神内守”，在生活上“美其食，任其服，乐其俗，高下不相慕”，在处事上“适嗜欲于世俗之间，无恚嗔之心，行不欲离于世，被服章，举不欲观于俗，外不劳形于事，内无思想之患，以恬愉为务，以自得为功”，便能达到健康长寿的目的。这就是人与其社会关系达成和谐后促进生命状态和谐的体现。

（3）医患关系和谐是人与社会和谐关系的重要体现

人在生病求医的过程中所形成的社会关系即医患关系，医患关系和谐与否，对患者能否病愈影响甚大。《素问·汤液醪醴论》曾提出以患者为根本、以医生为辅助的重要思想。其曰：“病为本，工为标，标本不得，邪气不服。”唤醒患者身体的自愈能力是医生治愈疾病的目标，患者战胜疾病的积极信心是疾病获愈的重要动力。中医把自己置身于辅助者的位置，借助本草药物的自然之性及合乎病情的配伍组合，与患者共同形成了战胜疾病的命运共同体。

3. 自我身心和谐

人体生命系统是形与神、身与心合二为一的有机统一整体，也受到自然、社会的影响。生命状态是否和谐，其本质是人与自然、人与社会是否和谐的集中体现。就生命体本身而言，其和谐关系主要包括心神和谐、形体和谐、心神与形体之间的和谐。

在心神和谐方面，心神容易受到外部信息的干扰而导致情感与意志过与不及的情况。《中庸》有云：“喜怒哀乐之未发谓之中，发而皆中节谓之和，致中和，天地位焉，万物育焉。”所以，修养的最高境界是让自身情绪达到一种最高的境界，即“中和”状态。中医学认为，“怒则气上，喜则气缓，悲则气消，恐则气下……惊则气乱……思则气结”（《素问·举痛论》）。所以，调和情志使其无过或无不及，就能使人体气机和顺而血脉畅通。

在形体和谐方面，人体四肢百骸、五脏六腑、气血津液等都通过经络之气贯通为一个有机整体，故调整身形使其调和，则能疏通气机而反向作用于心神。身形相对于心神属阴，主要体现为节制生命活动以使之达到稳态，身形与心神共同构成了阴阳相辅相成的生命自主调节机制。与解剖学意义上的形态结构不同，中医学主要是从生理功能角度的气化活动来理解人的形体。所以，中医的养生与治疗都强调“谨察阴阳所在而调之，以平为期”（《素问·至真要大论》）。

在心神与形体和谐方面，中医追求“阴平阳秘”的健康状态，即达到形神合一、身心合一。《素问·上古天真论》提出，养生有四大要点，即“食饮有节，起居有常，不妄作劳，形与神俱”。饮食应与体质和身体状况相协调，日常生活应与季节和昼夜规律相协调，运动应与年龄和身体状况和谐，总体上心神应与身体状况相和谐。虽然饮食、起居、运动表面上看都属于“形”的层面，但这三方面都需要心神的参与，都需要落实在形神相和、身心相合上。

总之，心神和谐可促进形体和谐，形体和谐则自然心神和谐。身形与心神的和谐使人百骸安泰、七情顺畅，这也是中医养生与疗疾的最高目标。身心相合、形与神俱是人与自然、人与社会形成和谐关系在人体生命上的集中体现，所以人与自然、人与社会、自我身心这三方面的和谐关系是彼此关联、密不可分的。

二、辨证论治的生命观

辨证论治，也称为辨证施治，包括辨证和论治两个方面，是在整体观的基础上形成的。辨证论治是中医特有的用以治疗疾病的方法。辨证和论治是中医疾病诊疗过程中不可分割的两个方面，是理论与实践相结合的重要呈现，更是中医生命观的集中体现。

（一）中医理论中的辨证论治与生命观

中医学在不断发展的过程中逐渐认识到，疾病的本质并非单独由外在的致病因素直接导致，而是机体在致病因素的作用下，自主调节功能所产生的一连串反应。这种围绕生命功能性反应探寻疾病发展演变规律的诊断方法被称为“辨证”。辨证论治是中医诊疗的显著特色之一，与着重探寻病位、病因、病理之“辨病”思路的西医学有着明显区别。中医所辨之“证”是以机体的功能异常为关注点，西医学所辨之“病”主要是以器质性病变为关注点，“证”与“病”有时具有交叉、相关的联系，但在多数情况下却有着本质上的不同。

（二）辨证论治下追求生生的价值取向

《京氏易传·讼卦》云：“生生不绝之谓道。”“生生”所指的是连续不断生成、创造、演变的一种过程。大易之道就是日新不已的生生之道，而生生之道是以阴阳交互的方式进行的，阴阳则是事物发展过程中的对立统一概念。此所谓，阴极生阳，阳极生阴，这是天地自然之理。任何事物的发展、变化都不是孤立存在的，都是在矛盾中发展变化的。这种矛盾的对立统一也是唯物辩证法的基本观点之一。中医基础理论下的辨证论治，其实就是遵循自然的生生之道，结合天地的生生之德，借助医术、药物的生生之具，以及患者的生生之气，最终产生身心康健的生生之效。

1. 调和阴阳

阴阳不仅代表相互对立的事物，还可用来分析事物内部存在的两个对立方面。通常说来，外向上升的、运动的、温热明亮的，都属于阳；内守下降的、相对静止的、寒冷晦暗的，都属于阴。但阴阳之间的相互对立与制约，不是一成不变的，总是处在一个消长的过程之中。在这个过程中，阴与阳逐渐达到一种动态的平衡。阴阳乃辨证之总纲，所谓“一阴一阳之谓道，偏阴偏阳之谓疾”，人体产生疾病的内在机制在于阴阳失调。《景岳全书·阴阳篇》说：“凡诊病施治，必须先审阴阳，乃为医道之纲领。阴阳无谬，治焉有差？医道虽繁，而可以一言蔽之者，曰阴阳而已。”可见，治疗方法上的解表攻里、祛寒清热、虚实补泻、调理气血等都属于调和阴阳之法。根据阴阳偏盛偏衰采取相应的调节措施，人体就能恢复至中正平和、阴平阳秘的健康状态。所以，中医辨证就是要辨明阴阳关系，中医治病就是通过调整机体的阴阳关系，使其恢复平衡，即“谨察阴阳所在而调之，以平为期”(《素问·至真要大论》)。

2. 生生之道

一阴一阳之谓道，阴阳往来交互，至于中和、冲和、太和则化生新物，以达日新不已、生生无穷，这即是天地自然的生生之道。《素问·宝命全形论》说：“人以天地之气生，四时之法成。”“天地合气，命之曰人。”人体之生生之气要与天地之气相通相应，所以天地的生生节律对人体生命的生生节律具有重要影响。《灵枢·顺气一日分为四时》说：“春生夏长，秋收冬藏，是气之常也，人亦应之。”可见，人的生命也是按照四季阴阳的节律不断变化的。中医学的藏象学说是以五脏为核心，其中与中土相应的脾胃则受到医家的格外重视。脾胃作为后天之本，气血生化之源，与土生万物之思想是一致的。李东垣《脾胃论·脾胃虚实传变论》有言：“五脏皆得胃气，乃能通利。”“元气之充足，皆由脾胃之气无所伤，而后能滋养元气；若胃气之本弱，饮食自倍，则脾胃之气既伤，而元气亦不能充，而诸病之所由生也。”所以，医家治病多重视在祛邪的同时或者祛邪以后建中、理中，这是顺应中土生生之道、助长脾胃生生之气的体现。

3. 生生之德

“生生之德”是“生生之道”在自然及人类生命活动中的具体体现。《素问·天元纪大论》云：“太虚寥廓，肇基化元，万物资始，五运终天，布气真灵，总统坤元，九星悬朗，七曜周旋，曰阴曰阳，曰柔曰刚，幽显既位，寒暑弛张，生生化化，品物咸章。”万物皆天地阴阳氤氲摩荡所生，故《周易·系辞上》说：“天地之大德曰生。”天地生物的功能与人心能够生出良知、仁义相似，所以宋明理学认为“仁”即“生生之心”。朱熹《朱子语类·性理二》引程颐语曰：“仁者，天地生物之心。只天地便广大，生物便流行，生生不穷。”所以，天地之德、人心之德的最高体现都是“生生”。中医学继承了这一观点，认为人不仅是天地生生之德的最高产物，还能够自觉地、理性地学习天地的生生之德，以“仁”为医德，以“生生”作为医者的最高价值追求。

4. 生生之具

《汉书·艺文志》云：“方剂者，皆生生之具也。”方剂即诊断与防治疾病的方法和技术。作为“生生之具”的中医学被视为是一种生发与扶助患者“生生之气”的实践活动。中医学的治病模式一般不采用彻底消灭病邪的对抗疗法，而是采用调节、疏通、扶助等顺应人体生生之气的方法。通过药物、针灸等治疗方式，配合患者在饮食、起居、运动、情志等方面的调节，从而帮助患者恢复或提高抗病能力，激发其生命潜能，以达到康复的目的。此外，还通过调节身体的阴阳，实现防病健身的效果。

中医学是自然界生生之气与人体生生之气相互沟通的桥梁和纽带，其主要方法在于“以调求和”。中医多采用自然手段来预防和治疗疾病，充分调动人体的活力，最终通过人体生生之气的调节而恢复健康。

5. 生生之气

“天地合气，命之曰人”(《素问·宝命全形论》)，“气聚则形成，气散则形亡”(《医门法律》)。中医学认为，人是天地和气的产物，气聚气散决定着生命的形成与消亡。人体之气有三个主要来源，一是父母的先天精气，二是饮食的水谷精气，三是呼吸的自然精气。人体通过饮食和呼吸所获得的后天之气，不断地补给先天之气，从而维持和推动正常的生命活动。《难经·八难》曰：“气者，人之根本也。”这里提到的“气”，即人体的“生生之气”。可见，生生之气作为一种物质基础，能够保证人体的生存、生长等基本功能。生生之气也是人体正气，是人体适应环境、抗击病邪、自主调节、趋于稳态的基础。人体的生生之气旺盛，则身体健康；人体的生生之气衰弱，则身体处于病态。中医养生治病，即在于辨别并依靠生生之气，扶助并调和生生之气，使其由偏到正、由乱到和、由弱到强，从而达到阴阳平和的目的。

6. 生生之效

生生不息是中国传统文化的核心价值取向，中医重视生命的动态功能，而不是静态结构。中医的诊断并不过于依赖无生命的仪器，而是由医生对患者采用“望、闻、问、切”四诊进行辨证论治。中医治疗不提倡损伤元气的抗邪法，而是强调提升元气，激活自我调节能力。中医的这种“生生之效”不仅能治疗已经发生的疾病，还能预防尚未发生的疾病；不仅能减少患者患病的痛苦，还能提高患者抵御疾病的能力；不仅能够最大限度地延长患者的寿命，还能提高患者患病或病愈后的生活质量。中医药对于中华民族的繁衍昌盛发挥着巨大作用。如果没有中医为中华民族的健康保驾护航，很难想象中华民族将如何经受住饥荒、疫病及战争的考验，创造出世界上唯一一个没有中断的灿烂文化。

三、侧重“治未病”的预防观

中医学非常注重预防，早在《黄帝内经》中就有“治未病”的相关论述。其后，《难经》《金匮要略》等医籍对中医“治未病”思想也多有阐发。唐代孙思邈曾对《内经》中的“治未病”理论进行了深化。他在《备急千金要方·论诊候》中提出：“古人善为医者，上医医未病之病，中医医欲病之病，下医医已病之病。”所谓“治未病”，即通过采取相应的措施，以防止疾病的发生、发展、变化。

（一）中医理论中的“治未病”与预防观

“治未病”是中医学的预防思想之一，也是中医基本理论的重要组成部分。“治未病”是指在疾病尚未发生时，或疾病初起时，或疾病已深入但尚未传变时，抑或疾病初愈而尚未复发时，调和人体阴阳平衡，增强机体防病、抗病的能力，做到未病先防、有病早治、既病防变、病愈防复。《素问·四气调神大论》曰：“是故圣人不治已病治未病，不治已乱治未乱，此之谓也。夫病已成而后药之，乱已成而后治之，譬犹渴而穿井，斗而铸锥，不亦晚乎！”意思是说，圣人都是在疾病尚未发生时就开始预防调养，其根本遵循的是顺应四时阴阳，从而保持机体的阴阳平衡。因此，在疾病之初，就应该尽早治疗，以防止疾病的发展和传变。《素问·阴阳应象大论》云：“故邪风之至，疾如风雨，故善治者治皮毛，其次治肌肤，其次治筋脉，其次治六腑，其次治五脏。治五脏者，半死半生也。”病邪入侵人体，遵循着由外到里的发展过程，如果未能早发现、早治疗，疾病就会愈发复杂难治。除此之外，中医学还在医疗实践中发现了疾病的传变规律，从而提前采取措施，防止疾病传变深入。即使病愈，也应谨守养生调摄之道，以防止病情复发。《素问·热论》就说：“病热少愈，食肉则复。”是说热病初愈，尚有余邪未尽，此时若进食难以消化之物，就会使热病复发。

（二）“治未病”下居安思危的忧患意识

中华民族自古以来的忧患意识在传承中，更多地体现为一种厚重的历史使命感及强烈的社会责任感。我们虽然处在一个和平安定的年代，没有战争的喧嚣，但是外部环境复杂多变，也需要我们增强忧患意识，切实提高防范化解各种风险的能力。中医药文化作为中华优秀传统文化的重要组成部分，其中蕴含的“治未病”思想恰是这种忧患意识的体现。

1.“治未乱”和“治未病”

《素问·四气调神大论》曰：“圣人不治已病治未病，不治已乱治未乱。”可以看出，不论是国家“治乱”还是人体“治病”，古人都深刻地认识到其关键在于居安思危，防患于未然。这种预防思想，在当今社会仍然具有重要作用。

治病如同治乱一样，国家要维护自己的主权、安全，要发展就要防范危险，驱除入侵者。同样，人体要健康也需要同病邪顽强抗争。国家同外来侵略者的抗争，如果失败就会导致国民饱受战乱摧残，甚至灭亡。而人体抗邪失败，同样会导致生命垂危，直至死亡。国家将外来侵略者驱逐出国门则民族独立、人民解放。机体驱除病邪则正气恢复，疾病康复。对一个国家来说，“治未乱”的关键在于加强国防力量建设；对人体来说，“治未病”的关键则在于增强自身正气。所以二者预防的根本都是建立在加强自身的内部力量，以增强抵抗外部侵略的力量的思想之上，通过不同的方式方法提升自身的防御能力，从而达到自我保护的目的。

一个国家，只有具有忧患意识、底线思维，才能居安思危，认清世界格局，掌握国际形势，了解竞争对手，客观定位自己，找准潜在的威胁，从而快速做出正确、合理、科学的应对措施，将问题解决在萌芽中，真正实现“治未乱”。一个人，只有具有忧患意识，才能主动了解疾病的诱发因素和症状表现，从而在日常生活中有意识地避开这些因素的影响侵害，或早发现、早治疗，在未病之时强身健体，在病轻之时对症下药，在已病之后增强自身的抗病能力，真正实现“治未病”。

2. 助力健康中国战略

在今天，中医“治未病”理念仍具有重要的现实意义。党的十九大提出“实施健康中国战略”。这是以习近平同志为核心的党中央从长远发展及时代前沿出发所作出的一项重要战略安排。这一战略举措，意在全面提升人民的健康水平，满足人民对美好生活的需要。

中医“治未病”讲求预防为主，以减少疾病的发生。生命是一个持续的过程，对生命进行早期的健康干预，能够直接或间接地影响生命质量。以疾病为中心向以健康为中心的转变，关键是要重视对疾病的预防，这也是推动“健康中国战略”实施的必然选择。科学研究表明，大多数慢性病均可通过改变饮食和生活方式而得到预防。总之，健康中国战略既符合民众对健康的需求，也契合中医“治未病”这一基本理论。个人对自身健康的关注与预防，也有助于健康中国战略的推进与深化。

第三节　传承发展中的思政教育资源

中华优秀传统文化蕴含着丰富的理想信念、道德规范、价值取向、哲学思想等精髓。中医药文化是中华优秀传统文化的重要组成部分，其中也蕴含了丰富的思想政治教育资源，对其进行深入挖掘和整理，可为中医药院校思政课及各类课程思政教育提供理论依据及现实指导。

一、治病救人，医术的传承

党的二十大报告中明确提出，“促进中医药传承创新发展”。在新时代，讲好中医药故事不仅是促进中医药传承发展的现实要求，也是引领学生树立正确的世界观、人生观和价值观，达到以德育人、以文化人教学目标的现实需要，更是传播好中国声音的迫切要求。以下梳理了5位医学家治病救人的医术传承故事，旨在继承和发扬这些优秀医学家追求真理、勇于创新的学术品格和求实精神。

（一）淳于意的实事求是精神

淳于意，临淄（今山东淄博东北）人，西汉初期著名的医学家。汉文帝时期，淳于意曾是掌管粮仓的小官，因此被称为“仓公”。他目睹了许多乡亲因无钱医治疾病而去世，遂产生了学医的想法。于是在工作之余，淳于意四处寻求药方，拜求良医。后来，他投身医学，辞官回乡，专门研究医术。经过长期的学习与实践，淳于意终于成为当时小有名气的医生。在诊治过程中，淳于意总是详细记载每位患者的资料及诊疗过程，并将典型病例的诊治经验和问题教训等都实事求是地进行总结，著《诊籍》，即后世的“医案”。

《诊籍》是中国医学史上第一部医案，也是世界医学史上最早的病历，比西方的病历记载早了数百年。淳于意诊病不分高低贵贱，《诊籍》的内容涉及了当时的王公贵族和平民百姓，包括姓名、性别、年龄、籍贯、职业、病状、病名、诊断、病因、治疗、疗效、预后等。《史记·扁鹊仓公列传》记录了淳于意总结的25则医案，其中包括治愈的15则和未治愈的10则。他所留下的医案，对后世医学研究有着重要的意义。值得一提的是，淳于意在《诊籍》中不仅记录了自己治疗成功的医案，也清晰地记录了误诊的医案。淳于意将自己误诊或治疗不当的病案记录在册，以此警示自己，也用来警示其他医者，诊治时不要犯类似的错误。一个人能够坦然面对自己的失误，并将误诊医案作为教学资源流传，这种思想开明、大公无私、实事求是的精神值得每个人学习。

（二）张仲景的艰苦卓绝精神

张仲景，名机，字仲景，南阳涅阳（今河南省邓州市穰东镇张寨村）人，东汉末年著名医学家，后人尊称为“医圣”。东汉末年，战争和饥荒频仍，不仅百姓的生产生活遭到严重破坏，也导致瘟疫大肆流行。由于疫病不断发生，张仲景便立志学医。当时，他的家乡因疫病流行，家族亲人多死于伤寒。为此，他广泛收集医方，经过数十年的艰苦努力，终于写出了传世之巨著《伤寒杂病论》。书中所确立的辨证论治原则，是中医临床治疗的基本原则。

《伤寒杂病论》是中国医学史上最具影响力的经典医著之一。张仲景全面系统地分析了伤寒的病因、病机、症状、发展阶段及治疗方法，创造性地确立了“六经分类”的辨证论治原则。因原书失佚，后由王叔和等人收集整理，分为《伤寒论》和《金匮要略》两部。随着时间的推移，《伤寒杂病论》一书越发凸显其科学价值，成为后世从医者必读的医籍。清代医家张志聪曰：“不明四书者不可以为儒，不明本论者不可以为医。”现在《伤寒论》和《金匮要略》已成为医学生的必读之书。张仲景之所以能够写出医学巨著《伤寒杂病论》，与他“勤求古训，博采众方”分不开。张仲景以救人为己任，以仁爱为引领，以此指导自己的医疗实践。在《伤寒论·自序》中，张仲景所提及的“爱人知人”精神即是他的仁爱精神。他全心全意地为患者诊病，不分贫富贵贱，“上以疗君亲之疾，下以救贫贱之厄”，在瘟疫肆虐的情况下，张仲景以精湛的医术，救患者于危难之中，体现了一名医者高尚的情操。

（三）孙思邈的探索革新精神

孙思邈，京兆华原（今陕西省铜川市耀州区）人，唐代医药学家，后人尊称为“药王”。孙思邈从小热爱学习，但体弱多病，为延医治病，所费不赀，于是便立志学医。孙思邈的医学之路极具探索精神，为中医学的发展作出了许多创新性贡献。

孙思邈在行医中发现，山区中的贫苦百姓容易得一种叫“夜盲症”的疾病。这种疾病的特征明显，即白天视力正常，到了夜晚却如同麻雀一样，难以看清周围的人或物，所以这种疾病也称“雀盲”。另外，一些衣食无忧的富人容易患脚气病，表现为脚部肿胀，痿软无力。穷人和富人所患疾病的不同引起了孙思邈的关注与思考，他大胆猜测，两种疾病的发生或许与他们的饮食生活习惯有一定的关系。穷人患夜盲症，可能是因为很少食荤，而富人得脚气病，则可能是食用粗粮过少。于是他便尝试让患夜盲症的穷人食用动物肝脏来治疗，让患脚气病的富人食用米糠和麦麸来治疗，结果疗效显著。后经过长期实践，孙思邈得出了一个简单有效的防治方案，即用谷皮熬汤、煮粥来预防脚气病。因为谷皮中含有的维生素 B_1 可以治疗脚气病。这种方法在世界医学史上也是非常先进的，比欧洲早了整整1000年。此外，孙思邈发现，山区居民多易患瘿瘤，即现今所称的甲状腺肿大，而这一疾病在沿海地区却十分少见。为此他采用沿海居民经常食用的海藻、昆布等治疗甲状腺肿大，结果疗效明显。现代研究证实，甲状腺肿大是因缺乏碘导致的，而海藻、昆布含有丰富的碘，这正是山区居民日常生活所缺乏的物质。孙思邈还首创用砷剂治疗疟疾病，比英国人用砒霜制成的孚勒氏早了1000年。他还提出先用草药喂牛，然后用牛奶治疗疾病的思路。由此可见，孙思邈极具探索精神，堪称守正创新的典范。

（四）王惟一的严谨创新精神

王惟一，北宋时期杰出的针灸学家、医学教育家。王惟一最大的医学贡献是总结了宋代以前的针灸发展情况，撰写了《铜人腧穴针灸图经》，铸造了针灸铜人模型。

王惟一所取得的医学成就与他严谨创新的精神是分不开的。北宋年间针灸非常盛行，但由于朝代交替及战乱影响，导致许多针灸学医籍遗失，不少传抄和摘录的针灸书籍错误百出，学医者无法学到针灸经典，应用时错误的穴位定位时有发生。在这种情况下，当时作为翰林医官的王惟一决定编撰一部规范的针灸图谱。他考订针灸经络，“纂集旧闻，订正讹谬”，编撰了《铜人腧穴针灸图经》（简称《针灸图经》）三卷。后来这部医著被作为针灸学官方教材，在全国范围内统一刊行。《针灸图经》完稿后，王惟一担心流传过程中再次出现传抄错误，便创造性地将《针灸图经》刻于石壁上，在大相国寺内建造针灸图石壁堂，使《针灸图经》昭示公众，以便学医者观摩。为方便《针灸图经》的学习，他还创造性地主持铸造了两个标有十二条经脉循行路线及穴位的铜人。他不仅亲自设计铜人，还参与了从塑胚、制模至铸造的全过程。王惟一和工匠们一起攻克了无数技术难关，最终在1027年铸成了两座针灸铜人。铜人体表标有354个穴位名称，所有穴位都凿穿小孔，体内还有木雕的五脏六腑和骨骼。铜人既是教师讲授“人体腧穴课”的教具，又是检查学生腧穴定位的标准。《铜人腧穴针灸图经》和针灸铜人极大地促进了中国乃至世界针灸技术的发展。它不仅是中国针灸史上的里程碑，更被视为“中国医学史上的珍宝”。纵观世界医学史，针灸铜人是最早创制的人体经脉经穴模型，也是世界上最早反映人体内脏及骨骼的解剖模型，开创了直观化教学的先例。正是因为王惟一在医术上的严谨创新精神，才使得针灸学出现飞跃性发展。

（五）王清任的科学求实精神

王清任，直隶（今河北）于田人，清朝著名解剖学家、医学家。王清任的人体解剖学实践是中国解剖学史上的第一次大胆创新。基于对解剖学的观察和医学实践经验，他以科学实践精神撰写了解剖学专著《医林改错》，为我国解剖学的发展作出了巨大贡献。王清任也因此被西方医学界称为中国现代解剖学家。

王清任在研读历代医书时发现，前人医书中所绘图、立言往往自相矛盾。他认为，医生看病，首先要弄清人体脏腑的情况。如果写书不明脏腑，就如同痴人说梦；看病不明脏腑，就与盲人在夜里行走一样危险。于是他立志要弄清楚人体的内部结构。他本着实事求是的态度，秉持着科学实践的精神，终于在1830年著成《医林改错》一书。在书中，王清任不仅对人体结构予以明确，更是把脏腑形态以绘图的方式呈现了出来，具有很高的科学价值。梁启超曾评价他为“诚中国医界极大胆之革命者”。王清任为了“明脏腑”，不顾个人安危，多次深入险地，他的科学实践精神影响着一代又一代医者。

二、医者仁心，医德的传承

救死扶伤的医学不仅仅是一门单纯的应用学科，更是一门蕴含道德与伦理的科学。尊重生命、崇德向善是每一位医务工作者应具有的基本素质。中医名家的医德故事，是中华优秀传统文化在长期的历史发展中所积淀的宝贵精神财富，蕴含着丰富的人生哲理、道德修养，是中医药文化核心价值的重要组成部分。

（一）扁鹊仁心仁术的医德品格

扁鹊，姬姓，秦氏，名越人，春秋战国时期名医，渤海郡鄚（今河北沧州市任丘市）人。扁鹊被尊称为“中国的医圣”和“古代医学的奠基者”。他实事求是的精神和仁心仁术的医德医风堪称表率。

《史记·鹖冠子》记载，魏文王曾求教于扁鹊：“你们兄弟三人都精于医术，那么请问，在你们三兄弟中，谁的医术最高呢？”扁鹊回答：“大哥的医术最好，二哥的医术次之，我是三个人中医术最差的。”他解释说：“我大哥治病，是在疾病发生之前，病人自己还没有意识到身体不适，大哥就能识别发病的先兆，并及时给药预防疾病的发生。他是‘治未病’，但这使他的医术难以被世人认可。我二哥治病，是在病初之时，症状尚不明显，二哥稍加用药就能遏制病情，人们都认为二哥只能治小病。而我治病，都是在病情十分严重、患者痛苦万分时，我在经脉上针刺放血，或在患处敷以毒药以毒攻毒，这样治疗效果比较引人注意，病情改善明显，因而名闻天下。”扁鹊非常谦虚地评价了兄弟三人的医术。

一次扁鹊到虢国行医，赶上虢太子暴毙。扁鹊听闻太子死的经过后觉得十分蹊跷，便主动到虢宫门下求治。扁鹊观察后发现，太子是体内气血突然闭塞而导致的死亡假象。于是他命弟子协助用针砭进行急救，刺太子三阳五会诸穴，不久太子果然醒了过来。这件事传出以后，人们都说扁鹊有起死回生的绝技，是个神医。扁鹊却谦逊地说：“越人非能生死人也，此自当生者，越人能使之起耳。”扁鹊没有借此标榜自己能起死回生，而是实事求是、谦虚地说自己只是把没有真正死去的患者抢救过来而已。除了杰出的医术，扁鹊淡泊名利、仁心仁术的高尚医德医风和实事求是的科学态度是当代中医学子的榜样。

（二）华佗谦逊求真的医德品格

华佗，字元化，沛国谯县（今安徽亳州）人，东汉末年著名医学家，与董奉、张仲景并称“建安三神医”。华佗被后人称为“外科圣手”“外科鼻祖”。他不仅是一位神医，更是一位仁医，后人多称他“神医华佗”。对于有杰出医术的医生，人们多誉其“华佗再世”“元化重生”。虽然被誉为“神医”，但他却始终保持着孜孜不倦的求学精神和不耻下问的谦逊态度。

据记载，一次，华佗给一位年轻人诊治头风病，效果不尽如人意。后来，听闻这名年轻人的病被一位乡野郎中给医治好了，华佗便决心去找那位郎中拜师学艺。担心因自己名声太大，郎中会拒收，华佗便改名换姓去当了学徒。在学徒期间，华佗勤恳努力，最终学到了治疗头风病的技艺。等出师之时，郎中知道这个卑躬谦逊的学徒竟然是远近闻名的华佗时，不由得感叹不已。同时，华佗汲取古代导引之术，创制了一套模仿虎、鹿、熊、猿、鸟等5种动物的动作、姿态来锻炼身体的医疗体育，被称之为“五禽戏”。华佗把体育运动与强体祛病联系起来，开辟了医疗事业的新领域，为人类的健康作出了巨大贡献。华佗不求名利，不慕富贵，用自己的精湛医术，四处奔走为百姓，悬壶济世救苍生。他不随波逐流，不追逐名利，他谦虚谨慎、求实求真的医德品格，是中医药学子的榜样。

（三）董奉乐善好施的医德品格

中医又被称作“杏林”，如果要赞誉医生的医德、医术，可以说他“誉满杏林”。“杏林”一词源于东汉建安时期的董奉。董奉，字君异，东吴侯官（今福州长乐）人，为“建安三神医”之一。据《三国志》记载：“裴注——葛洪神仙传曰：燮尝病死，已三日，仙人董奉以一丸药与服，以水含之，捧其头摇（捎）之，食顷，即开目动手，颜色渐复，半日能起坐，四日复能语，遂复常。”“燮”为七郡总督的绥南中郎将，按当时官吏设置制度，绥南中郎将应有医官服侍，但连专职医官都无法治愈的病，请董奉施治，足见董奉的医术高超。董奉不仅医术高明，而且不求名利，乐善好施，“杏林”故事更是被后世传为千古佳话。

董奉医德高尚，为人治病从不收取费用。他只要求患者在他的住所周围种植杏树。重病者治愈后栽五棵杏树，轻症者治愈后栽一棵杏树。短短几年的时间，患者就种植了10万多棵杏树，成了一大片杏林。等待杏子成熟后，董奉在杏林用草修建了一个谷仓。他告诉人们，如果想买杏子，不必告诉他，只要拿一罐谷物放进谷仓，就可以装一罐杏子。董奉把每年卖杏得来的粮食用来救济贫困及在外赶路缺少路费的人。传说，一只老虎因被骨头卡住喉咙而向董奉求助。董奉把一根竹筒放在手臂上，伸进老虎的嘴里，取出了骨头，救了老虎。为了报答董奉的好意，老虎每天都守护着这片杏林。董奉精湛的医术和不求名利、乐善好施的高尚医德被后人传为佳话。后来，人们将医药界的善事美谈称为杏林佳话，并用“杏林春暖”“誉满杏林”来赞誉医者的仁心仁术。

（四）李时珍执着无私的医德品格

李时珍，字东璧，湖广黄府蕲州（今湖北省蕲春县）人，明代著名医药学家，被后世尊为“药圣”。李时珍自幼酷爱医学，决心弃儒从医。他秉持“治身以治天下”“寿国以寿万民”的理念，研习本草，悬壶济世。自嘉靖四十四年（1565年）起，李时珍先后到全国各地收集药物标本和处方，经历近30个寒暑，三易其稿，最终在明万历十八年（1590年）完成了190多万字的医学巨著《本草纲目》。这部倾注李时珍毕生心血的《本草纲目》，被誉为“中药宝库”“东方医药巨典”，达尔文称其为“中国古代的百科全书”。

李时珍在游历各地研究中草药之余，还经常无偿为当地百姓治病，受到百姓的爱戴。他对待医学执着谨慎，并且宽厚仁爱、不为名利，这种无私大爱值得每一个华夏子孙学习。

（五）吴有性不畏艰险的医德品格

吴有性，字又可，江苏吴县东山人，明末清初传染病学家。明代崇祯十四年（1614年），河北、山东、江苏、浙江等地瘟疫肆虐，因疫病致死的惨状随处可见。由于医者机械地使用《伤寒论》的方子进行治疗，导致“一巷百余家，无一家仅免，一门数十口，无一仅存者”的悲惨局面。

为了了解实情，吴有性深入疫区，不仅跟患者亲密接触，甚至去研究发病的动物，以考证动物是否与瘟疫有关。通过深入研究，吴有性提出了“牛病而羊不病，鸡病而鸭不病，人病而禽兽不病。究其所伤不同，因其气各异也”这一“种属免疫”的观点。吴有性还结合气候、环境、社会因素和预防措施等对瘟疫的发生、发展、传播等进行深入研究，创造性地提出疫病的病因为“戾气”，而非一般的六淫病邪，从而创立了“戾气”学说，并撰写了《温疫论》，开我国传染病学研究之先河，对于世界传染病医学史而言也是一个伟大的创举。正是他不畏艰险、深入疫区的医德精神，使他成为中国古代传染病学的先驱，也因此赢得后人的敬佩与广泛赞誉。

三、尽物之性，医学理想的传承

中医药文化中蕴含着救民济世的理想信念，与“以人民为中心”的价值追求具有内在趋同性。自古救民济世、以天下为己任就是对医者的基本要求。这一要求被传承至今，仍有许多医者在用自己的实际行动践行着，激励广大医学生恪守医生职责，始终以患者为中心，为健康中国贡献力量。

（一）张琪

张琪（1922—2019年），河北乐亭人，著名中医学家、中医临床学家、中医教育家、中医肾病专家，白求恩奖章获得者，第一届“国医大师”荣誉称号获得者。张琪的医学成就来自于勤学苦练。他自幼学习四书五经，少时便能熟读中医经典，后随祖父临床侍诊，20岁时正式踏上悬壶济世的医途。张琪精通中医内科、妇科、儿科等，尤其擅长内科疾病的诊疗。自20世纪60年代起，他将肾病作为主攻方向，研创的宁神灵、泌炎康颗粒、肾炎止血丸、肾炎消白颗粒、参地保肾胶囊、苏黄泻浊丸等制剂被广泛应用于临床，促进了黑龙江省中医研究院肾病专科的发展。面对众多的荣誉及成就，张琪只觉得身上的担子更重了。为了推动中医事业发展，他给患者诊病、给学生上课、带徒弟、研究课题、出书，将宝贵经验奉献给整个中医界。国家中医药管理局赞誉张琪“为我国中医药学术的发展做出了杰出贡献，是我们敬重的一代宗师，学界泰斗”。中国中医科学院称张琪“情注岐黄，风范一品，心系人民，德艺双馨，恩被众生”。

张琪将个人理想追求与国家、民族的前途命运紧紧联系在一起，看到饱受战乱痛苦、深受病痛折磨的人们，便立下悬壶济世之愿。他行医多年，从未离开过临床一线；救人无数，他是患者心中的神医；他把患者当亲人，无论富贵；在中西医均没有好方法治疗肾病的时候，他迎难而上，开中医治疗肾病之先河；在中医备受质疑的时代，他挺身而出，为发展中医建言献策；他把人才看作国力之本，为祖国培养了一批又一批的高级中医人才，助力中医走向世界。

（二）郭诚杰

郭诚杰（1921—2017年），第二届国医大师荣誉称号获得者。他出生于陕西富平县一个农民家庭。少时家贫，其母重病，他每每黎明跋涉，牵牛请医，遂立志学医。行医几十载，他始终坚持辨证论治，且疗效显著。他在针刺治疗乳癖、中风后遗症等方面积累了十分丰富的经验，并形成了独特的理论和针刺手法。郭诚杰在借鉴张仲景“调肝以治四脏”的基础上，创新性地提出了“疏肝和胃、滋肝肾、调冲任”治疗乳癖的学术思想。他创立了乳癖辨病与辨证相结合的诊断方法，将乳癖按“肝火、肝郁、肝肾阴虚、气血双虚”等证型进行论治。郭诚杰高尚的医德和精湛的医术，堪为医家典范和后学楷模。2010年，中医针灸被联合国教科文组织列为“人类非物质文化遗产代表作名录”，郭诚杰作为申请人之一作出了突出贡献。

（三）周学文

周学文（1938—2018年），第三届国医大师荣誉称号获得者。周学文祖籍辽宁辽阳市，1959年开始走上学习中医之路。他以“精诚济世人，俯身做大医”作为自己的理想，立志为中医药事业奉献终身。周学文从医50多年来，诊治的患者不计其数。为表彰他的突出贡献，中华中医药学会授予他“中医药学术发展成就奖”，中华中医药学会脾胃病分会授予他“脾胃病学术杰出贡献奖”。每当谈起他的理想，周学文总是兴奋不已地说：“中医既能‘治已病’，又能‘治未病’，是个大学问。中医需要脚踏实地地去传承、去发展。临床是中医生存的本源，也是发展的本源，要实实在在提高临床能力和水平，切实解决临床重大问题、急诊问题、疑难问题，不仅要能治中国人的疾病，还要能把外国人的病治好，这样中医才能令人信服，世界才能为中医起身喝彩。”周学文作为一名中医人，秉持着中医情，传承着中医志，为实现让世界为中医喝彩的中医梦，而奋斗终身。

（四）张伯礼

张伯礼（1948—），“人民英雄”、中国工程院院士、国家重点学科中医内科学学科带头人、国家“重大新药创制”专项技术副总师、第一批国家级非物质文化遗产项目中医传统制剂方法代表性传承人、第四届国医大师荣誉称号获得者。在张伯礼一连串履历头衔的背后，彰显着这位有着天下情怀医者的坚守与担当。正如张伯礼所说：“国有危难时，医生即战士。”2020年初，一场突如其来的疫情，在全球范围内蔓延。危急时刻，千千万万医护人员驰援救助，中西医优势互补，各尽所能。2020年1月27日，农历大年初三，张伯礼院士临危受命飞往武汉，加入抗击疫情的第一线。持续的过度劳累使张伯礼胆囊炎发作，并进行了胆囊摘除手术。张伯礼笑着说：“这回我把胆留在了武汉，更加与武汉市民肝胆相照了。”在张伯礼的助推下，中医药全程地介入患者治疗。武汉的16家方舱医院均同步配送中药方剂，中药的使用率达到了90%。事实上，这不是张伯礼第一次尝试使用中医药抗击急性传染病。早在2003年，面对“非典”疫情，当时张伯礼担任天津市中医治疗“非典”指挥部的总指挥，他主动请缨，组建了两个独立的中医重症隔离病房，治疗方法是用中药配合西药，结果取得了良好效果。2020年9月，张伯礼被授予“人民英雄”国家荣誉称号，他随后填下了《人民才英雄》这首词：“白甲十万，‘战疫’三月酣。江城生死皆好汉，数英雄独颜汗。”张伯礼院士以诗咏志，让我们看到了一个中医人的情怀，以及对祖国和人民所表现出来的深情大爱。

（五）屠呦呦

屠呦呦（1930—），药学家，中国中医科学院首席科学家、终身研究员兼首席研究员，共和国勋章获得者，博士研究生导师，中国首位诺贝尔生理学或医学奖获得者。疟疾是一种由疟原虫引发的疾病，严重危害着人类健康。长期以来，医学家和科学家一直致力于研发治疗疟疾的药物，以控制肆虐的疟疾。但自20世纪60年代开始，世界各地发现了抗药性疟原虫，表明传统的抗疟药奎宁、氯喹等不再有效，促使世界各国更加积极研究开发新的抗疟药物。1967年，越南战争期间，越南军民受到疟疾威胁，胡志明主席向中国求援。恰逢当时中国也面临疟疾流行的严峻形势，于是国家提出进行抗疟新药研发。在科研人员筛选了4万多种化合物却没有得到满意的目标药物后，项目组决定从我国传统医学中寻找新突破。1969年北京中药所的屠呦呦和余亚纲加入这一项目的“中医中药专业组”。屠呦呦所在的研究小组负责收集整理历代中医药典籍。他们走访名老中医，收集用于防治疟疾的方剂，最终将研究聚焦在东晋医药学家葛洪《肘后备急方》所记载的青蒿上。《肘后备急方·治寒热诸疟方》中记载：“青蒿一握，以水二升渍，绞取汁，尽服之。”屠呦呦带领团队经过反复摸索，最终得到了有效抗疟药物——青蒿素。2011年，屠呦呦获拉斯克临床医学奖。2015年，屠呦呦获诺贝尔生理学或医学奖。在颁奖典礼上，屠呦呦作了题为《青蒿素——中医药给世界的一份礼物》的主题演讲。她说：“当年，每每遇到研究困境时，我就一遍又一遍温习中医古籍。正是葛洪《肘后备急方》有‘青蒿一握，以水二升渍，绞取汁，尽服之’的截疟记载，给了我灵感和启发……并最终突破了科研瓶颈。”屠呦呦锲而不舍的精神和对中医药的传承，有助于中医学子增强中医药文化自信，更好地为人类健康事业服务。

第四章 思想政治理论课与中医药文化融合的理念

中医药文化与高校思政课的融合不仅是思想政治理论课研究的重要方向之一，更是中医药文化与时俱进、传承发展、开拓创新的重要路径。中医药文化作为中华优秀传统文化的重要组成部分，蕴含着中国古代人民深厚的文化底蕴、思辨的哲学理念、伟大的精神传承，是中华民族所创造的智慧财富和精神宝库，具有极高的育人价值。将中医药文化的学习与大学生思政课有机融合起来，实现中医药人才培养质量的提升，不仅与中医药文化的人文价值、高校思想政治教育立德树人的教育目标相一致，更是当前中医药院校思想政治理论课改革创新的重要课题。将思政课与中医药文化进行融合的理念是中医药院校的教学特色，探索两者融合的基本理念、基本原则、基本方法，既能够有效践行教育对社会实践的自觉性，又能够传承和弘扬中华民族优秀文化。

第一节　融合坚持的基本理念

思政课与中医药文化的相互融合是一种教育理念，不论是思政课还是中医药院校专业课，课程教学的第一要务是立德树人。中医药文化的核心价值主要浓缩为“仁”“和”“精”“诚”，这与社会主义核心价值观的部分内容相一致。如何使思政课与中医药文化产生共鸣，实现同频共振，在基本理念上应注重以下六个方面。

一、坚持立德树人的课程目标

1. 在思政课中融入中医药文化，夯实“树人”基础

大学生这一群体是祖国的未来、民族的希望，他们既是文化的继承发

扬者，又是文化的传播弘扬者。中医药院校是培养未来医者的摇篮，能否培养出高质量的中医药学子，关系到中医药事业的发展。这就要求中医药院校不仅要培养学生的专业素质，还要培养他们具有优秀的医德品质。在思政课中融入中医药文化，对于提高学生的医德水平与道德规范具有重要意义，有助于夯实立德树人这一课程目标。作为中医药院校的思政教师，要充分了解中医药文化，将中医药文化带进思政课堂、讲进学生头脑，培养出政治素质过硬、品德高尚、医术精湛的高素质中医药人才。

2. 在中医药专业课中融入思政元素，强化“立德”效果

课程思政主要是将思政教育元素融入专业课程中，以达到立德树人这一目标。将思政元素融入中医药专业课，既体现了高等教育对教育本质属性的回归，也体现了高等教育对课程教学理念的重塑与重构，更凸显了高等教育的政治属性与政治价值。育人为本，德育为先，中国传统的教育方式一直注重育人与成才的有机统一。因此，中医药专业课在课程目标上应坚持以德立身、以德立学、以德施教，要注重加强学生的世界观、人生观、价值观教育，突出中医药文化传承，践行社会主义核心价值观，培养德、智、体、美、劳全面发展的社会主义事业建设者和接班人。同时，要充分结合中医药学科特点，将思政教育中的社会主义核心价值观融入教学中，使中医药专业教育与思想政治教育融合推进，更好地引导中医药学子争做社会主义核心价值观的坚定信仰者、积极传播者和模范践行者。中医药专业课教师要坚持正确的政治方向，坚持“教书与育人相统一、言传与身教相统一、潜心问道与关注社会相统一、学术自由与学术规范相统一”的原则，满腔热情地开展中医药专业教育，使课堂教学成为弘扬主旋律、传播正能量的主阵地、主战场。

二、强化寓德于课的教学内容

1. 以思政课丰富的德育内容，激发中医药学子“大医精诚”的鸿鹄之志

德育教育是贯穿思政课始终的核心理念。北宋政治家司马光说：“才

者，德之资也；德者，才之帅也。”中医药院校的思政课教学，要以培养担当民族复兴大任的时代新人为重点，针对人才培养需要，先要解决好融入什么的问题。

中医药文化是形成和发展于中国人日常生活中富有民族特色的文化，蕴含着丰富的人文精神、科学意识和哲学思想。中医药文化中蕴含着古代医家优秀的医德医风，其中包括医者仁心、生命第一、患者至上等教育资源，将其转化为具体的、多层的、生动的、有效的思政教育载体，是中医药院校教师的任务。这就要求中医药院校的专业课教师要不断更新教育理念，明确课程思政建设要求，深入研究课程思政的内涵，将课程思政的内容恰当地体现在专业课教学当中，彰显中医药专业课程思政的特点。

总之，思政课与中医药文化融合，能够使中医药文化中蕴含的思政课资源得以发挥，丰富思政课的内容，提升思政课的教学效果，增强思政课教学的亲和力、吸引力与感染力。同时，思政课也有助于中医药文化的传播，使中医药文化实现创造性转化、创新性发展，彰显中医药院校思政课教学以文育人、以文化人这一鲜明特色。

2. 中医药的“医者之德”是思政教育的落脚点

医德是中医药文化中的重要内容，是中华传统文化的精华，它包含了儒家思想中的“仁”和道家的“天人合一”等理念。中医药院校的思政课教师要克服只注重认知发展和知识积累的倾向，要深入挖掘思政课中所蕴含的中医药文化资源，将医德教育融入其中，优化教学设计，更新教育内容，提升育人能力，增强思政课的亲和力、吸引力，实现思政课育人效果的最优化。教师在传授专业知识的同时，要注重提升学生的思想道德素质，引导学生树立良好的伦理道德，做到遵纪守法，志存高远，脚踏实地，以自身的专业素养和良好的德行成为中医药事业的栋梁之才。

三、利用多元立体的课程资源

课程资源也称教学资源，是课程信息和教学信息的主要来源，包括一切对课程和教学起作用的人力或物力。中医药院校要提升思政课的教学效果，必须高度重视将丰富的中医药文化转变为思政课的优质资源。如何利用中医药文化达到提升思政课的教学实效呢？第一，注重抽象理论与具体实例的融入。思政课教师在讲授社会主义核心价值观时，可适当列举中医药文化的核心理念和具体事例，让学生能够感同身受。第二，注重发挥中医药实践性的课程资源。中医药院校思政课教师在教学中应聚焦中医药特色资源，如建校史与发展历程，可组织学生到校史馆或中医药博物馆参观，通过了解学校的发展历史，加深学生对所学专业的认识，思考未来职业规划。也可充分利用所在城市拥有的中医药地方资源，将其融入思政课教学，提升学生的自豪感、荣誉感和使命感。

中医药专业课融入思政教育，意味着在全方位、多层次、立体化的课程资源中挖掘育人元素，丰富教学内容，实现知识的传授、价值的引领和能力的提升。

1. 发掘隐性思政资源

中医药本身的价值理念、职业操守、行业规范等都可作为思政资源进行深度挖掘。例如，要加强医者仁心教育，引导学生始终把人民群众的生命安全和身体健康放在首位，将具备高尚医德作为职业理想，并为之奋斗终身。要将中华优秀传统文化中蕴含的生命教育、健康教育、人文教育、职业素养教育等内容加以提炼与升华，使其成为中医药人才培养的鲜明底色。要从中国古代史、科学技术史中挖掘育人元素，培养学生的中医思维，提升创新意识。

2. 利用身边的思政资源

榜样的力量是无穷的，特别是当榜样模范来自学生身边，就更容易引起学生的情感共鸣。中医药专业课教师要提高收集身边典型事例与优秀人物的意识，以“请进来”“走出去”的方式，深入挖掘学生身边的思政资源。如采取邀请模范人物谈感受、典型案例分享、学生模拟情景再现等方式，引发学生对“仁德、仁心、仁人”的思考，提升立德树人实效。

3. 建立多维系统的思政资源

中医药专业课中思政资源非常丰富，可谓涵盖古今，贯通中西。可采取分级、分类、分层的多维系统方法，提升中医药人才的培养效果。所谓分级，就是分级设定思政育人目标，根据专业课程的特点，采用整体与特色相结合的方式，渐次推进育人目标的达成。所谓分类，是确定思政育人重点，形成核心课程融入与拓展课程补充的建构理念，避免全融入与硬融入。所谓分层，是根据思政育人需求，构建思政育人知识网络，设定菜单式内容选择，帮助不同专业的学生强化岗位责任，树立专业自信。

四、采用显隐结合的教学方式

高校进行思想政治教育通常是以思政课为核心，形成“其他各门课都要守好一段渠、种好责任田”的局面。这就需要将思政课程与课程思政进行有机结合，而二者之间的有机结合也充分体现出显性教育和隐性教育相统一的原则。显性教育是指教师组织实施，直接对学生进行道德教育的工作方法。隐性教育是一种无意识的教育方式，是在宏观主导下，通过隐目的、无计划、间接的社会活动，使受教育者不知不觉地受到影响。

思政课作为大学生的必修课，教学目标是对大学生进行马克思主义理论教育，帮助大学生形成正确的世界观、人生观、价值观，是高校所有课程中具有思想政治教育导向功能的核心主干课程。中医药文化具有隐性育人作用。思政课能够利用自身的主干课程地位充分发挥显性教育优势，将中医药文化融入其中，系统对学生进行立德树人教育。中医药院校的专业课程则可以充分发挥隐性教育功能，在综合素质和科学思维的培养中渗透立德树人教育。具体来说，作为高校思想政治教育的主渠道，思政课程是通过系统的课堂教学对学生进行思想政治教育。课程思政则是通过隐性渗透、寓德于课程之中，以润物细无声的方式，使大学生在学习专业知识的同时接受其中所蕴含的思想政治教育。实践证明，课程思政通过将思政元素融入专业课中，潜移默化地完成对学生的教育，增强学生对所学内容的理解。课程思政作为一种隐性教育，能够巧妙地化解学生因对思政课的误解而产生的抵触情绪，将思想政治教育内化于心、外化于行，达到更为深远持久的教育效果。总之，思政课教师要采用不同的教学方法将中医药文化融入教学中，润物无声地提高学生的思想政治觉悟，实现立德树人的目的。

五、注重实效的考核评价标准

任何事物的发展变化都是共性与个性的统一。思政课与中医药专业课必须遵循共性与个性相统一的原则，不仅要注重课堂教学内容的价值取向，而且要遵循学生的学习规律。无论是思想政治理论课，还是中医药专业课其评价都要坚持注重实效。

对思政课和中医药专业课教学，可采取问题导向的方式进行评价。例如，本课程要达到什么教育目标、怎样的教学设计才能实现目标、课程目标的实现效果如何等。具体来说，第一，在评价内容上，要根据教学过程及思政课或专业课的具体情况，从课程分类和教学效果等方面进行考量。例如，在中医药文化融入思政课的过程中，思政课教师可根据年级进行划分。对于大一学生，教师可注重培养对中医药文化基本理论的认知；对于大二学生，教师则应注重培育对中医药文化的情感认同；对于大三学生，教师需注重相关理论的思维逻辑建立；对于大四或大五学生，教师要重视促成学生形成正确的行为。第二，在评价标准上，要以学生的需求为出发点、以学生满意度为标准，以学生反馈作为评价尺度，建立思政课和课程思政动态评价机制，以此作为创新中医药院校思政课和课程思政教学理念的重要依据。第三是在评价方法上，要确保评价过程的客观性、科学性和合理性，以开放的眼光，推动形成多元主体参与评价的发展格局。开展“自上而下”的教学评价，也可采取思政课与课程思政教师互评，多措并举，促进教学水平的提升。

六、凸显特色的师资队伍建设

习近平强调，思政课教师要具有政治强、情怀深、思维新、视野广、自律严及人格正等素质。作为中医药院校的思政课教师，需要具备相应的中医药职业素养。一般来说，职业素养是指对一个行业的文化、精神等所拥有的基本素养。这就要求中医药院校思政课教师要采取不同的方法增强中医药知识储备，学习中医药文化相关内容，提高自身的中医药文化素养。中医药院校可采取各种措施，加强对思政课教师进行中医药文化素养教育。由于思政课教师为非中医药专业出身，中医药文化知识较为薄弱，因此学校应帮助思政课教师提高对中医药文化的认知，增强对中医药文化的认同感与使命感，使教学更加贴近学生，更加具有亲和力。要上好思政课，教师必须掌握马克思主义基本理论，具备丰富的知识、高尚的品格、坚定的政治立场、正确的价值观、活跃的思维、敏锐的洞察力、良好的表达能力等。另外，思政课教师要大胆创新教学形式，有针对性地传播思想、传播真理。思政课是涵养学生家国情怀的主阵地，是抵制和抨击西方错误思潮的主战场，是促进学生成长和发展、满足学生精神需求的主窗口。因此，要用好思政课堂广泛传播马克思主义理论、党的路线方针政策、党的百年奋斗历史、中华优秀传统文化、社会主义核心价值观、中国精神、先进科技文化等，不断丰富思政课的内涵，增强其创新性、时代性，让学生牢牢掌握马克思主义基本理论，不断汲取中医药文化的营养，明辨是非曲直，成为一名思想正、专业强的医学人才。

另外，课程思政教学能否有效推进，取决于教师的素质和能力是否得到提升。作为教师，要坚持教育者先受教育，努力成为中国特色社会主义理论的坚定支持者和中医药文化的传播者。对于中医药专业课的教师来说，不仅要传授专业知识和专业技能，还要将思政内容融入其中，并具备多种能力和素质。一方面，要具备一定的马克思主义理论知识，了解马克思主义的立场、观点、方法，掌握马克思主义中国化的最新理论成果，明晰党和国家的大政方针，尤其是与中医药事业发展相关的路线、方针、政策等，将其作为恰当融入的基本前提；另一方面，要具备过硬的政治素质、高度的责任心与使命感，做到知行合一，保证两者能够有效融合。

第二节　融合坚持的基本原则

习近平指出，做好高校的思想政治工作，要因事而化、因时而进、因势而新，要遵循思想政治工作规律、教书育人规律、学生成长成才规律。这为中医药文化与思想政治理论课相互融合指明了方向。思政课在中医药院校中承担着厚植学生优秀道德品质、培养学生爱国主义情怀、培育学生“大医精诚”社会使命的重要职责。教师在将思政课与中医药文化进行融合的过程中，要从科学性、合理性、适度性等基本原则出发，培育学生的思想道德素质与科学文化素质。

一、基本原则确立的依据

蕴含着丰富人文精神、道德规范、哲学智慧等的中医药文化，是中华民族在长期的历史发展、生产生活中为防治疾病、维护健康形成的中华优秀传统文化之精华，是以文化人、以文育人的优秀典范。中医药院校思想政治理论课与中医药文化相融合，将落实立德树人根本任务贯穿教育的全过程，既能够为打造特色鲜明的课程教学找到切入点，又能促进不同学科之间协同育人的开展，增强中医药院校人才培养能力，提高人才培养质量。

（一）人才培养的需要

中医药文化来源于中国人民长期的生产生活实践，并随着社会的发展、时代的进步而不断丰富，在不同的时期有不同的内容和表现形式。中国特色社会主义进入新时代，对高等教育如何更好地发挥思政课立德树人的作用，提出了更高的要求。高等中医药院校作为新时代传承中医药文化、培养中医药高级人才的主阵地，既“要做好中医药守正创新、传承发展工作，建立符合中医药特点的服务体系、服务模式、管理模式、人才培养模式，使传统中医药发扬光大”，又要紧抓思政课程建设和创新工作，解决好为谁培养人、培养什么人、怎样培养人这一教育的根本问题。教育部、国家卫生健康委员会、国家中医药管理局联合发布的《关于加强医教协同实施卓越医生教育培养计划2.0的意见》提出："医学教育要主动适应新要求，以创新促改革，以改革促发展，着力培养大批卓越医学人才。"因此，将思政课与中医药文化相融合，是基于人才培养的需要，符合中医药文化的发展规律。

（二）课程建设的需要

1.思政课与中医药文化融合有助于思政课的改革创新

中医药文化孕育、形成、发展于中国传统文化的土壤，汲取了中国传统文化的精华，是能够涵盖并超越中医药本身的文化形态。除医学内涵以外，中医药文化还蕴含着丰富的文化、社会、生态、伦理等价值观，与思政课的融合能够充实思政课的内容，提升思政课的育人目标，推进思政课的改革创新。比如中国古代哲学中的宇宙学说、"天人合一"思想、"形神合一"思想，《周易》中的阴阳学说，以及儒家仁学思想等，都是建立在中国哲学、史学、文学等基础之上的对抗疾病、寻求健康的文化，集中体现了中华民族的思维方式、价值取向、行为规范和精神风貌，蕴含了丰富的思政资源，能为思政课建设提供丰富的来源。又如仁爱、济世等思想，规定了医者的职业道德遵循，体现了医者对生命的尊重与关爱。再如《备急千金要方·大医习业》记载的"上医医国，中医医人，下医医病；上医医未病之病，中医医欲病之病，下医医已病之病"，其已超越了医学本身，上升到社会治理和国家治理的高度。

2.思政课与中医药文化融合有助于中医药的传承发展

中医药文化既包含物质层面的文化，例如中医药人才、中草药等，也包含精神层面的文化，如中医药文化中蕴含的思想观念、哲学观点、道德品质、人文精神等。中医药文化的精神内涵与马克思主义的世界观、方法论具有一致性，是思政课与中医药文化融合的重要前提。中医药的经典理论或诊疗方法，其中有很多与马克思主义理论及思想政治教育相契合的内容，如"天人合一""阴阳调和""整体和谐"等观点。此外，中医诊治思维蕴含的辨证施治、适度原则等，与马克思主义唯物辩证法具有内在契合性。

（三）立德树人根本任务的需要

党的十八大以来，以习近平同志为核心的党中央高度重视思政课与其他各门课程在立德树人中的协同作用，提出了一系列新思想、新战略、新举措，为高校各门课程落实立德树人根本任务提供了重要指导。2019年，习近平在全国学校思想政治理论课教师座谈会上的讲话中指出："中华民族几千年来形成的博大精深的中华优秀传统文化，我们党带领人民在革命、建设、改革过程中锻造的革命文化和社会主义先进文化，为思政课建设提供了深厚力量。"2021年，习近平在庆祝中国共产党成立一百周年大会上的讲话中强调："坚持把马克思主义基本原理同中国具体实际相结合、同中华优秀传统文化相结合。"2022年，党的二十大报告中强调："以社会主义核心价值观为引领，发展社会主义先进文化，弘扬革命文化，传承中华优秀传统文化，满足人民日益增长的精神文化需求，巩固全党全国各族人民团结奋斗的共同思想基础，不断提升国家文化软实力和中华文化影响力。"这些为发挥好思政课的立德树人作用提供了科学指南，也为思政课与中医药文化融合给予了科学指导。

"大学之道，在明明德，在亲民，在止于至善"（《礼记·大学》）。这既彰显了中国古人对于道德修养的重视，又表明了道德修养在古代圣贤人生道路上的重要意义。正因如此，一个国家的强盛、一个民族的兴旺、一个人的发展都离不开"德"。中华民族自古以来便形成了以"德"为核心的优秀传统文化，其中蕴含的内在德行是中华儿女的共同价值追求。思想政治教育在教育目标上的根本指向和最终追求就是立德树人，与中国传统文化所追求的培养"君子""圣人"的理想人格目标具有共同的价值取向。思政课是立足于中国实际，并顺应时代需要，在传承和弘扬中华优秀传统文化的基础上立德树人、培根铸魂的课程，代表着中华民族独特的精神标识。思政课将马克思主义基本原理与中国具体实际和优秀传统文化相结合，用符合中国人的思维方式、中国人熟悉的语言阐述马克思主义。思政课独特的精神内涵与中医药文化固有的精神内涵高度一致、同源契合，两者的融合是高校落实立德树人根本任务的现实需要。

二、融合坚持的六项原则

思政课与中医药文化的融合，有助于实现中医药院校思想政治教育的创新发展，搭建协同育人平台，实现思政课与课程思政的同向同行。思政课在与中医药文化融合的过程中，要坚持六项基本原则，以保证两者融合的实际效果。

（一）方向性原则

方向性原则，是指在思政课与中医药文化融合的过程中，要始终与我国的社会发展要求相一致，坚持正确的育人方向不动摇。

1. 坚持立德树人大方向

党的十八大以来，以习近平同志为核心的党中央，明确提出将立德树人作为高校的根本任务，这为中国特色社会主义高等教育事业发展指明了方向。习近平强调，“高校立身之本在于立德树人”。“立”的是政治觉悟、道德品质、文化素养；“树”的是德、智、体、美、劳全面发展的社会主义事业建设者和可靠接班人。因此，中医药院校在推进思政课与中医药文化融合的过程中，要将立德树人作为大方向来抓，紧扣立德树人根本任务，把价值观引导与知识传授、能力培养放在同等重要的位置。中医药院校的思政课教师要不断增强思想政治教育的荣誉感、责任感、使命感，自觉地将大学生思想政治教育与中医药文化相结合，创新教学方法，增强课程育人的感染力。

2. 坚持社会主义办学方向

我国高校坚持的是社会主义办学方向，高校的思想政治教育，具有引导大学生树立共产主义远大理想和中国特色社会主义共同理想的重要责任。因此，不论是思政课融入中医药文化，还是中医药专业课融入思想政治教育，都要保证社会主义办学方向不动摇，这是实现课程育人目标的前提和基础。思政课程承担着对大学生进行系统教育的责任，要引导大学生正确认识马克思主义的科学性与真理性，深刻理解马克思主义的理论与现实意义，坚定共产主义远大理想与中国特色社会主义信念。面对各种社会思潮的侵扰，如民族虚无主义、历史虚无主义等，思政课教师要坚持“红色”的政治底色，做好大学生的思想引导和价值引领工作。中医药专业课教师要在厚植大学生爱国主义情怀、引导大学生坚定“四个自信”方面发挥优势，加强学生对中医药创新发展的大政方针的理解，提升对党和国家的热爱之情，鼓励其积极投身于新时代中国特色社会主义现代化建设之中。

3. 坚持“三全育人”方向

“三全育人”即全员育人、全程育人、全方位育人，是中共中央 国务院《关于加强和改进新形势下高校思想政治工作的意见》提出的要求。2016年12月，习近平总书记在全国高校思想政治工作会议上指出：“要坚持把立德树人作为中心环节，把思想政治工作贯穿教育教学全过程，实现全程育人、全方位育人，努力开创我国高等教育事业发展新局面。”党和国家十分重视高校在育人方面的重要作用，强调要将思想政治教育贯穿于人才培养的各个环节。思政课要发挥“三全育人”的引领作用，通过课程教学使大学生深化对中医药文化的理解和认同，勇做弘扬和践行中医药事业的时代先锋。同时，中医药专业课也要发挥“三全育人”的助推器作用，借助学科所拥有的大量案例，引导学生弘扬求真务实、积极探索、勇于创新的科学精神，使其积极投身于中华民族伟大复兴的中国梦之中，为中国医药事业发展贡献力量。思政课与中医药专业课的协同作用，有助于“五育并举”，即促进德育、智育、体育、美育、劳育全面发展，培养学生早日肩负起为国奋斗的伟大使命。

（二）求实性原则

求实性原则，是指在思政课与中医药文化融合中教师应秉持一切从实际出发、实事求是、坚持理论联系实际、知行合一的原则。毛泽东曾对实事求是给出过明确定义：“‘实事’就是客观存在着的一切事物，‘是’就是客观事物的内在联系，即规律性，‘求’就是我们去研究。”在思政课与中医药文化的融合中要坚持求实性原则，核心就是要使融入的内容，符合思想政治工作规律、教书育人规律和学生成长成才规律。

1. 符合思想政治工作规律

要发挥中医药院校党委的领导核心作用、院（系）党组织的政治核心作用和基层党支部的战斗堡垒作用，充分发挥工会、共青团、学生会、学生社团等组织的联系服务、团结凝聚师生的桥梁纽带作用，把思政课与中医药文化的融合教育贯穿于各项工作和活动之中，促进师生的全面发展。

2. 要符合教书育人规律

在思政课与中医药文化融合的育人过程中，课程实施的主体是思政课教师。教师要在课程教学中践行“融合教育”理念，密切关注学生对思想政治教育融入中医药文化的理解情况，根据学生的接受程度，及时调整教学内容，对于融入效果进行反思，促使融合教育的有效实施。

3. 要符合学生成长成才规律

教师要以医学生能力培养为导向，加强理论教学与实践教学的融合，在融合教学过程中使用案例式、研讨式等教学方法，引导学生结合理论所学，开展与动手、动脑相关的实践活动，让学生主动参与、主动融入实践的各个环节，培养学生的马克思主义思维方式和理论联系实际的能力。另外，要注重多平台融合聚力，协同育人。习近平总书记强调：“要运用新媒体新技术使工作活起来，推动思想政治工作传统优势同信息技术高度融合，增强时代感和吸引力。”思政课教师要善于利用各种平台，具备有效整合各种教育教学资源的能力，打造线上线下教学互动、校内校外资源共享的协同育人模式，提高课堂教学效率，优化课堂讲授内容，丰富虚拟实践路径，强化师生交互效果，拓展实践教学空间。

（三）主体性原则

主体性原则，是指教师在两者融合的过程中，应重视学生的主体地位，考虑学生的整体与个体需求，提升学生学习的自觉性、主动性和积极性，从而实现思政课与中医药文化相融合的最终目的。思政课理论性较强，学生往往会忽视其重要性。如何帮助学生端正学习态度十分重要。教师要提高对学生主体地位的认识，通过激发其内在思想需求，培养其创造能力，使其自觉养成正确的道德素质、政治素养和业务能力，促进其全面发展。如何在融合中体现学生的主体地位呢?

1. 两者融合建立在学生需求基础上

不论是在思政课中融入中医药文化，还是中医药专业课融入思政元素，都是在对大学生进行思政教育、专业涵养教育和品德养成教育。而对学生的教育工作是一项长期的、系统工程，所以在两者融合的过程中要以学生的需求为出发点，了解学生真实的学习需要。要多关注家庭和社会对学生的影响，努力构建一个以家庭教育为基础、以学校教育为关键、以社会教育为延伸的全方位、多层面、宽领域的教育体系，真正了解学生所需，实现思政课与中医药文化的真正融合。

2. 多种方式促进学生成为两者融合的参与者和践行者

首先，要建立合理的主体激励机制，这是对学生进行有效激励的基础。思政课与中医药文化的融合教育要建立切实可行的激励机制，并全面落实。要建立健全融合教育的考核、监督、奖惩等制度，并严格按照制度执行，切实将制度落实到融合教育当中。要综合运用多种激励手段，形成多元的、优势互补的融合教育激励机制，如运用目标激励法、物质激励法、荣誉激励法、榜样激励法、关怀激励法等。其次，运用的激励手段要与教育目的相一致。在思政课与中医药文化的融合过程中，要通过一些外部刺激，提高学生接受教育的积极性、主动性和有效性，达到思政课与中医药文化融合教育的目标。需要注意的是，采用的激励手段不能有违教育目的，而应有利于调动学生学习的积极性，使学生真正成为两者融合的参与者和践行者，更好地达到教育目的。

3. 跟踪反馈

以学生不同阶段的融入反馈，作为评价融入效果的标准。在经济全球化进程日益加速的背景下，外来文化以更加迅猛的态势汹涌而至，致使一部分大学生的思想意识和道德认知发生了变化。所以，在融合过程中，要实时跟踪反馈，根据不同的年级调整融入内容。通过反馈，了解学生是否能够正确认识专业优势，能否参与世界文化对话及中西医文化交流，促进中医药文化的传播。

（四）示范性原则

示范性原则是指在思政课与中医药文化融合的过程中，教师不仅应注重用自己的规范行为去影响学生，还应适当运用中医药发展过程中的榜样人物和事件对学生进行教育，促进其道德水平的提高。

思政课与中医药文化融合的过程也是教师用自己的行为对学生进行示范与启迪的过程。因此，示范性原则要求思政教师和中医药专业课教师要以身作则、为人师表。作为教师，要加强理论学习和自身人格修养，努力提升自己的道德水平和专业素质。要身体力行、躬身实践，带头践行社会主义核心价值观念和道德规范，不断提高思政课与中医药文化融合的实效性。

在教学中，教师应充分发挥榜样人物的示范作用，对学生进行思想教育、道德教育及价值引导。中医药文化伴随着中华文明的产生而产生，在几千年的发展历程中有许多洗涤心灵、震撼人心的大医故事。如神农尝百草、扁鹊行医普度众生、张仲景德艺双馨、华佗行医不畏权贵、孙思邈大医精诚、朱丹溪抱病出诊、李时珍历经艰难等，这些名医是几千年来中医人竞相效仿的榜样。在现代，也涌现出了无数中医楷模，如“医验俱丰，德高望重”的蒲辅周、“想人所想，急人所急”的刘炳凡、“苍生大医，中华骨魂”的郭春园等，他们以精湛的医术、高尚的医德成为现代医家的楷模。这些榜样人物是思政课丰富的示范素材。

（五）创新性原则

中医药文化作为中华优秀传统文化的重要组成部分，是中华优秀传统文化在中华民族生存与发展的根和魂。若我们丢掉传统，抛弃根本，中华民族就等于失去了在多元文化交融的世界文明中赖以生存的根基和命脉。正如习近平所强调的：“抛弃传统、丢掉根本，就等于割断了自己的精神命脉。”中医药文化与思想政治教育进行融合，其本身就是一种创新。遵循创新性原则就是指在思政课与中医药文化融合的过程中，应该跳出思想藩篱，确立在创新中发展、在发展中提升的意识。

1. 坚持批判继承与创新发展相结合

继承是发展的基础，没有对优秀传统文化的继承，弘扬优秀传统文化就无从谈起。没有对优秀传统文化的延续，优秀传统文化的发展就成了无源之水、无本之木。另外，发展是传承的目的，对中医药文化的传承，必须把握时代脉搏，紧跟时代步伐，与时俱进，开拓创新，继承发扬，这样才能发展优秀的中医药文化。对中医药文化的继承要在创新中继承、在推陈中出新，创造出既符合时代精神又符合时代特色的中医药文化。因此，在思政课与中医药文化融合的过程中，要正确处理这样一对关系，即中医药文化继承与发展之间的关系。对中医药文化的发展，要不断革除陈旧的、过时的、不适合现代社会发展的内容，不断推出体现时代精神的中医药文化。中医药文化植根于中华传统文化，其中精华与糟粕并存。所以中医药院校在开展思政课与中医药文化融合的教育中，教师应教会学生鉴别传统文化中的精华和糟粕，坚持批判继承与创新发展相结合，帮助学生汲取中医药文化中的优秀精神，使中医药文化教育落到实处。

2. 在融合中找准切入点，善于创新

中医药文化中蕴含着无数思想精华和道德精髓，我们要认真汲取、大力传承、发扬精华，使中医药文化在新时代继续绽放耀眼的光芒。习近平强调：“不忘本来才能开辟未来，善于继承才能更好创新。”因此，我们要创造性发展中医药文化，努力结合新的实践条件和时代要求，实现中医药文化对社会主义建设的促进功能。中医药文化与思想政治教育的融合既不是对原有课程内容的否定，也不是对原有课程内容的任意添加，而是找到融入的切入点，以创新为抓手，努力营造创新环境，提升学生的创新意识，培养其创新能力。在融合中，要去除中医药文化中不合时宜的糟粕，发扬精华部分，同时学习并吸取其他医药文化中值得学习借鉴的地方，以马克思主义思想为指引，发展中医药文化，保持其时代性、先进性和创新性。

（六）适度性原则

适度性原则，是指两者在融合过程中，既要避免因融入不当而造成的硬融入，更要杜绝因融入把握不当而造成的无效融入或全盘融入。要以“你中有我，我中有你，你不是我，我也不是你”为基本标准，在融合过程中，要处理好思政课与中医药文化的关系。思政课不能讲成中医药文化课，不能因为过度重视中医药文化而轻视思政课。要从提高思政课学术内涵的角度出发，坚持思政课的“学术性”，挖掘中医药文化中的“思政味”，提升协同育人效果。

1. 坚持思政课的学术性

新时代高校思政课承担着学生对马克思主义基本原理的理解、对马克思主义中国化重大理论成果的研究及深入贯彻落实习近平新时代中国特色社会主义思想等的重任，要将思想政治教育的前沿研究成果融入课堂教学，体现较强的学术性。在教学过程中，思政课教师要时刻关注学生的思想动态，了解学生的想法，提高教学的针对性和教师的亲和力。在进行知识传授时，要以学生能够听懂的方式讲授思政课的理论知识和前沿动态，使思政课既保持专业学术性又发挥教育有效性。

2. 挖掘中医药专业课中的思政元素

中医药专业课既包括中医药学，也包括现代科学，不同学科所蕴含的思想政治教育资源是不同的。要立足于中医药专业课的自身特色，充分发挥课堂主渠道的育人作用，在中医药知识传播中强调社会主义价值引领，提炼其中所蕴含的价值范式及德育元素，找准思政元素融入中医药专业课的切入点，注重中医药相关知识点与思政元素的内在联系，实现对中医药学子的精神引领。

第三节　融合坚持的基本方法

高校思政课与中医药文化融合能够增强文化自信，帮助高校更好地实现立德树人目标，促进中医药文化的传承，实现创造性转化和创新性发展。中医药院校在开展思政课与中医药文化融合的过程中，应采取恰当的教学方法，以有效提升教育效果，实现教育目标。

一、理论融合法

理论融合法，是指两种或两种以上的理论在其核心思想不变的前提下，在内容框架中实现部分整合、通约的方法，是教育者与受教育者在有目的、有计划地进行马克思主义理论与中医药文化学习中所采用的方法。人的行为会受到思想理论的支配，人的实践活动离不开理论的指导。有了正确的理论引领，才会找准方向、确定目标。而当人们掌握了一定的理论后，就会逐渐内化内在的精神力量，形成理想信念、道德品质、情感意志等。因此，中医药院校的思政课与中医药文化的融合更应注重理论层面的融合。

1. 以理论教学为基础

中医药院校的思政课与中医药文化进行融合，首先要注重理论教学。中医药院校思政课教师要有意识地运用中医药文化的核心价值观、名医医案、中医药发展历程等丰富教学中涉及的理论观点，适当增加党的中医药方针政策，运用辩证的观点分析问题，增强学生对马克思主义理论与中医药文化相结合的理解，增强思想政治教育的感染力和震撼力，激发中医药学子的文化认同感。

良好的融合不仅可以丰富中医药专业课的教学内容，还可以提升课程的思想深度，帮助学生建立职业自信。比如在讲授闻诊时会提到“郑声”这一临床表现。在中医学中，“郑声”是指语言不断重复、声音较为低弱，出现“郑声”往往意味着患者病情危重，这种声音通常出现在临终之时。其实“郑声”与传统文化有着紧密的关系。它原指在春秋战国时期郑国的音乐，在当时，因与孔子等人提倡的雅乐不同，所以受到儒家的排斥。《论语·卫灵公》有言：“放郑声，远佞人。郑声淫，佞人殆。”在孔子看来，“乐而不淫，哀而不伤”是标准。当人的行为超过了正常的限度，就不符合“礼”的规范，而缺少了美的观感。艺术中包含的情感必须是有节制、有限度的感情状态。这里蕴含了“度”的内容。在日常生活中，任何事情也要把握一个“度”，“适度”而不“过度”。水满则溢，月盈则亏，要不断保持中正平和的心情及“不以物喜，不以己悲”的态度，这种“适度”不仅是我们的个人情感，更是行为习惯。只有如此，才能避免情志“过”或“不及”带给我们的伤害。这是中医药文化中所蕴含的思政元素的范例。

2. 以学术研究为重点

目前，学术界对两者的融合研究尚未形成相对成熟的理论，对中医药文化与思政课的融合原则、基础、机制、路径、方法的探讨还处于初级阶段，对两者融合的研究意识和愿望还不够强烈，相对权威的研究成果不多。为此，学术界应从理论层面研究两者的契合点，加大对思政课与中医药文化相融合的学术研究力度，探索构建两者相融合的课程体系，形成一批基础理论研究专著。另外，思想政治教育工作者可在教育教学研究过程中适当融入中医药理论研究的相关内容，逐渐形成一批基于中医药院校教育教学特点和规律的研究成果，构建起思想政治理论课与中医药文化相融合的学术研究体系。

3. 以理论培训为渠道

理论培训不仅要面对学生，也要聚焦教师。可利用中医药文化论坛等，定期举办思想政治教育与中医药文化教育兼容的专题讲座，提升教师的融入意识和融入效果。比如，可定期邀请医德医风高尚的专家进校园为学生举办讲座，提高学生的学习能力，培养学生高尚的道德风貌，形成良好的行为规范。

二、实践融合法

实践融合法即在组织、引导学生开展各种实践活动中，不断提高思政课与中医药文化互相融合的方法，也是一种在改造客观世界的同时改造主观世界的方法。只有将思政之“盐”与中医药文化之“汤”有效融合，使其渗透到课堂教学的各个环节，才能体现其教化和引领作用，实现立德树人、润物细无声的融合目标。实践融合法的理论根据来自马克思主义的认识论。实践是检验真理的唯一标准，一个人的世界观、人生观和价值观，归根到底是要通过社会实践得以形成、发展并最终得到检验的。实践是认识的来源，只有通过实践，人们才会形成正确的思想。离开了实践，人仅仅通过理论或是直观、被动的反映，只能认识到事物的表面，无法认识到事物的本质，也就难以形成正确的思想。随着教育教学水平的提升，实践教育的方式方法也是多种多样的，这里以实现思政课与中医药文化的融合为目标，列举几种实践方法。

1. 以大赛为引领的实践融合法

在比赛的引导下，我们可以更有效地传承中医药文化，弘扬工匠精神。中医药院校可以通过组织学生参加各类比赛，将中医药文化及思想政治教育融入赛前准备、比赛过程和赛后总结的全过程，这不仅有助于中医药学子积累中医药相关知识和实践经验，也能培养中医学子严谨求实的工作态度，形成团队合作精神和精益求精的工匠精神，从而实现两者的融合。

2. 以社团为载体的实践融合法

思政课与中医药文化的相互融合，既要依托于第一课堂的教学优势，也要注重发挥第二课堂的作用，即发挥社团组织的优势。学生社团是校园文化的传播载体，也是第二课堂的主要力量，因此可将大学生社团作为两者融合的重要载体。可以定期开展学习交流、举办医学竞赛、邀请名医讲座，帮助学生提高学习中医药知识的能力，推动校园文化建设。要营造良好的校园文化氛围，在实践活动中充分挖掘中医药文化中的教育资源，让学生感受中医药文化的熏陶，坚定中医药文化自信，培养爱国主义情怀，激发中医学子对中医药文化、中华优秀传统文化乃至中华文化的热爱之情。

3. 在社会实践中融入中医药文化

为了让学生切实感受不同的企业文化和企业精神，每学期可以安排学生参观中药制药企业，通过第一现场见证药工的精湛技艺、领略制药人的职业风采、感受工匠精神，让学生了解制药人必备的诚信价值观与职业责任感。同时，在重要的医学节日或校园文化日等特殊日子，可举办丰富的中医药文化活动，让学生亲身感受中医药文化的魅力。

4. 通过新媒体，丰富思政课与中医药文化相融合的教育途径

在网络科技迅速发展的今天，高校的实践教育活动会更多地使用网络

等新媒体技术。中医药院校可以通过广播、电视、报刊、微信、微博、QQ群、APP 等电子服务平台，加强实践融合教学的宣传，构建新媒体综合服务网络，帮助大学生深入了解要学习的内容。

5. 加强中医药校园文化活动，促使学生积极参加，提升育人效果

中医药院校可成立思政活动基地，对学生感兴趣的活动进行策划。活动内容可包括爱国主义教育、职业素质培养等，在活动中让学生既感受到中医药文化的魅力，也能够认识到中医药文化传承发展的精髓，从而自觉弘扬中医药文化。此外，可举办以学习扁鹊、李时珍、张仲景等古代医学家精神为主题的演讲比赛，选取优秀的医务人员等与大学生进行交流，合理运用形式多样的宣传方式，达到实践融合的效果。

三、比较融合法

思政课与中医药文化在教育教学上既有相通之处，也有不同之处。加深对思政课与中医药文化关系的认识，比较二者的异同，探索二者的融合机制，有助于中医药院校的教育教学改革和新医科建设。

1. 学科背景比较

思政课隶属于马克思主义理论学科，是运用马克思主义的理论与方法，研究人的思想品德形成、发展和规律，培养正确的世界观、人生观和价值观的课程。中医药文化作为中华优秀传统文化的重要组成部分，其中蕴含着丰富的哲学思想和人文科学。目前，中医药院校中的中医药文化教育主要由医学人文相关学科教师承担。由此可见，思想政治教育与中医药文化之间存在明显的差异。两者融合要以立德树人为着眼点，在差异中寻找共通之处，构建两者相互贯通的体系，实现两者价值取向的一致性。

2. 教育目标比较

中医药院校承担着为中医药事业培养高素质人才的任务，以服务中国特色社会主义医疗卫生事业为出发点。医学生学习中医药文化是为了传承中医人文精神，发扬优秀医学家美德，培育当代医学职业道德和职业精神。中医药院校思政课的教学目的也是帮助学生树立职业精神和道德规

范，培养中医药事业的继承者和接班人。因此，不论是对学生进行思想政治教育还是开展中医药文化讲授，其根本目的都是提高学生的思想道德修养和职业素养，两者在教育目的上是一致的。

3. 教育内容比较

思政课和中医药文化都要受到社会主义核心价值体系的引领。其中，践行社会主义核心价值观是思政课的核心内容之一，而社会主义核心价值观在中医药文化中主要表现为医学伦理准则、医学人文精神和医德医风。也就是说，思政课与中医药文化的核心价值观是一致的，在教育内容上是可以相互融合的。

四、典型融合法

典型融合法是通过典型的人或事进行示范，引导学生提高思政课与中医药文化融合认知的一种方法。典型融合法一直是思政课教学的重要方法，能够给学生以价值引领。正如习近平所强调的："崇尚英雄才会产生英雄，争做英雄才能英雄辈出。"因此，典型融合这种独特的、具有引领示范作用的、能够感化育人的方法，不仅会坚定学生不畏艰险的决心和团结一心的信心，更会对社会产生巨大的影响力和感召力。

1. 以典型人物为引领

中医药始终伴随着中华文明的发展而发展。在几千年的发展中涌现出无数感人至深的名医，如扁鹊、华佗、张仲景、李时珍。在现代社会，也有无数的中医楷模，如诺贝尔生理或医学奖获得者屠呦呦、人民英雄张伯礼，他们精湛的医术、高尚的医德，为思政课与中医药文化相融合提供了丰富的素材。教师在授课中，可以融入这些典型人物，引导中医药学子以"大医"为榜样，树立远大目标。

2. 以教育基地为示范

两者融合可充分利用中医药实践基地和思政课实践基地，如中医药文化科普宣传教育基地、中医药博物馆、中医药校史馆等，让学生在了解典型事例的同时，树立勤求古训、博采众方的求学精神和大医精诚、医者仁心的奉献精神，自觉接受思政教育。

五、激励融合法

所谓激励，是指激发与鼓励。激励融合法，就是通过自我教育和他人激励，激发学生的主观学习动机，鼓励学生朝着正确目标努力的方法。通常来说，激励教育的过程，就是激发学生的内在动力、调动学生的积极性与主观能动性的过程。

1. 自我激励

随着社会、科技和网络的发展，大学生的价值取向出现多元化，其世界观、人生观、价值观也在一定程度上受到影响，主要表现为自主意识越来越强，因而自我激励逐渐成为高等教育的一种重要方式，这也是大学生自身发展的内在要求。自我激励相对于传统的教育方式，具有很强的意识能动性。学生通过自我激励，不仅能够促进思政课与中医药文化的有效融合，还能促进中医药人才的培育及中医药事业的发展。

首先，宣传自我激励理念。中医药院校可结合不同年级学生的状态，帮助其认识两者融合对未来职业发展的重要性，对自我进行正确认知，既不骄傲自大，也不妄自菲薄。

其次，进行自我激励实践。自我激励实践可根据学生的年龄及自我教育能力，按照不同的年级提出具体内容和实现目标，运用不同的方式和载体，循序渐进，实现大学生的自我发展。

具体来说，第一阶段："朋辈模式"。大一新生刚刚进入大学校园，面对周围环境和学习生活尚处于懵懂阶段，人际交往能力与协调沟通能力有所欠缺，对中医学理论尚未入门。这一阶段，可选择大二年级的优秀学生对其进行"一对一"朋辈帮助，使其更快地熟悉大学生活，提升综合能力，培养专业兴趣，从而形成自我激励。对于大二学生来说，"一对一"朋辈帮助也是一个自我激励的过程，能够有效促进朋辈群体之间相互学习、相互激励、相互促进。

第二阶段："社团模式"。中医药院校对大二、大三年级的学生要着重提高其对中医药文化的认知，使其掌握中医思维，同时注意提高综合素质和技能。在大二、大三年级，专业课会逐渐增加，要想掌握扎实的中医基础知识和专业技能，学生就必须学会“自我充电”。学生可充分利用具有中医药专业性质的社团，将其作为培育自我激励能力的有效载体。学生可根据自己的兴趣和喜好有选择地加入，并积极参与各项活动，提升专业素质。

第三阶段：“良师模式”。中医药院校的学生在大四、大五阶段，要着重提升自己的中医临床实践能力，进行医德医风和职业发展的自我激励。中医药院校通常在学生大四年级或大五年级进入医院，开始为期两年左右的实习生活。在这一阶段，学生多会面临实习时间与考研时间相冲突等问题。因此，这一阶段学生学会自我激励格外关键。应鼓励学生与名医、侍诊医生、任课教师、辅导员等进行交流，在“良师模式”下获得成长。

最后，总结自我激励效果。学生通过思考、总结、反思等进行总结，以实现在知识与技能、情感与价值等方面的收获。这不仅能使学生对自我激励有较深的认识，还会促使其养成融合学习的思维和习惯，从而在日常学习和生活中有意识地进行自我激励，促进专业进步和能力提升。

2. 他人激励

将他人激励模式应用于高校思政课是一种非常有效的手段。他人的激励和影响，有助于学生明确自己的发展方向，培养在挫折和困难面前永不放弃的品质，强化职业责任感。在具体应用过程中，教师应注意自己的言行，确保激励模式与融合教育之间的良好协调，帮助医学生健康成长。古语云：“其身正，不令而行；其身不正，虽令不从。”这充分说明了个体人格的作用，中医药院校的思政课与中医药文化融合工作同样如此。要想进一步提高融合教育的说服力和有效性，就必须借助人格的力量。教育者必须保持言行一致、身先示范、以身作则。人格的力量不可小觑，其能够散发出强大的影响力和感召力，不受时间与空间的限制。同时，人格的力量也会对个体心理及行为产生影响，使其对具备人格力量的个体产生认可和信服，并将其作为模仿的对象。人格力量与其他因素相比，所能体现出的激励作用更加明显且有效。因此，中医药院校的教师必须树立正确的价值观念，始终保持正确的言行举止，为学生树立良好的榜样，充分发挥教师的人格魅力，实现教师言传身教下的激励融合教育。

思想政治理论课融入中医药文化的路径

根据教育部印发的《新时代高校思想政治理论课教学工作基本要求》的通知，本科阶段主要开设“思想道德与法治”“马克思主义基本原理”“中国近现代史纲要”“毛泽东思想和中国特色社会主义理论体系概论”等课程，本章以这四门课程为例，探讨思政课融入中医药文化的路径。

第一节　不同课程的理论融入

将中医药文化融入思政课，就是要立足于思政课理论本身，找准中医药文化的融入点，提升思政课的亲和力、针对性与鲜活性。

一、“思想道德与法治”课程的融入

“思想道德与法治”这门课程（以下简称“德法课”），是对大一新生开设的第一门思政课。这门课的主要教学任务在于引导大学生树立正确的人生观，追求人生理想，实现人生价值，继承中华民族优良道德传统，弘扬中国精神，提升思想道德素质和法治素养。该课程需结合专业特点，从思想上、心理上引导大学生完成角色转换，使“德法课”实实在在地被大学生接受。将中医药文化融入“德法课”，形成极具特色的四部分内容，即“青春之问，逐梦中医”“医心不改，筑梦中国”“医者仁心，大医精诚”“以法为本，依法治医”，有助于培养能够担当时代重任的中医药人才，为中医药文化事业的蓬勃发展奠定良好的思想道德基础与法律基础。

（一）“青春之问，逐梦中医”

“青春之问，逐梦中医”的教学内容对应“德法课”教材第一章“领

悟人生真谛、把握人生方向”，重点围绕“什么是人生观、如何坚持正确的人生观、如何创造有意义的人生”这三个问题融入相应的中医药文化内容。

1. 人生观的基本内容

领悟人生真谛就离不开对人本质的把握。马克思指出，“人的本质不是单个人所固有的抽象物，在其现实性上，是一切社会关系的总和。”在讲授“人的本质”这一问题时，可以引入《黄帝内经》中关于人是怎样产生的重要论述，所谓“天覆地载，万物悉备，莫贵于人。人以天地之气生，四时之法成”，表明人是天地之气所产生的，并且在天、地、气三大事物中，人的地位是最重要的，以此引导学生正确认识人的本质。

2. 树立正确的人生观

讲授时可以名医传记为基础，运用典型案例，使理论更加生动形象。如孙思邈认为，要树立治病救人、不慕名利的高尚人生观，一生潜心钻研，摒弃狭隘的、以自我为中心的人生观。他在《备急千金要方》中写道，“于名于利，若存若亡；于非名非利，亦若存若亡”，围绕这一名言，向学生讲解正确人生观的基本内容，引导学生树立正确的人生观。讲述李时珍自幼学习医学，博览群书，遍读古今经史百家书籍，一生勤奋学习，致力于成为一名济世救人的医者的事，告知学生，个人的主观努力在很大程度上决定着人生价值的实现，鼓励学生通过学习、锻炼，不断提升自身的综合素质和能力，努力实现人生价值。

3. 创造有意义的人生

在讲到辩证看待人生矛盾时，可以引入中医药文化中阴阳协调的养生观。如张志聪在《黄帝内经素问集注·卷二》中提到，“本者，本于阴阳也”，认为疾病是阴阳失调的结果，治疗的目的就在于恢复阴阳相对平衡。利用这一理念，引导学生辩证看待人生矛盾，将中医智慧灵活地应用于实际生活，对于人生中的顺逆、得失、苦乐等要正确认识和对待，走好人生之路，实现人生价值。教师还可以结合王吉民先生“矢志不渝研究医史、为祖国医学歌功争声誉、将中国医学史研究作为自己的终身事业”的案例，帮助学生思考并理解如何创造有价值的人生，升华本节课的主题，教育当代大学生要勇担新时代赋予的历史使命，与历史同向、与祖国同行、与人民同在，在服务人民、奉献社会的实践中实现自己的人生价值。

（二）“医心不改，筑梦中国”

“医心不改，筑梦中国”的教学内容对应“德法课”教材第二章“追求远大理想，坚定崇高信念”和第三章“继承优良传统，弘扬中国精神”两章内容。教师应教育学生树立崇高的理想信念，坚定实现“中医梦”的信心，脚踏实地，志存高远，以“中医梦”助力中华民族伟大复兴的“中国梦”。

1. 坚定理想信念

理想信念是人精神世界的核心，在讲授教材第二章“理想信念的重要性”的相关内容时，可引入全国道德模范、国医大师张伯礼的案例。张伯礼从事中医工作50多年，他认为“中医讲究‘精气神’，人活着就得有个‘精气神’，状态源于心态，而保持良好的心态需要心怀理想，有理想的人，就有内生动力，干活就有激情”。这有助于学生准确理解理想信念的重要性及作用。张伯礼的理想是“传承发扬中医药，为百姓健康服务”。他践行着对党和人民的庄严承诺，用一次次的逆行坚守，生动诠释了如何坚持个人理想与社会理想的有机统一，由此引导学生深刻理解社会理想与个人理想不是彼此孤立的，它们之间相互联系、相互制约、相互影响。

2. 强调爱国主义

在新时代爱国主义的内涵中，其中一个方面是强调要爱祖国的灿烂文化，促进祖国优秀历史文化的传承和发展。中医药文化与中华优秀传统文化一脉相承、同根同源，是中华优秀传统文化中的瑰宝。在讲授爱国主义的基本内涵时，要将中医药文化与中华优秀传统文化两者的关系分析清楚，在学生充分了解和尊重中医药文化的基础上，进一步向学生讲授中医药文化所蕴含的哲学思想、思维方式、价值理念等，增强学生传承、弘扬中医药文化的主动性和积极性。同时，可以将“爱国奋斗行业典型人物”系列宣传活动中的爱国奋斗中医人的先进事迹融入爱国主义授课内容中，向大学生展示新时代中医药人的独特风采，鼓励他们用实际行动传承好、发扬好、利用好中医药文化。

3. 中国精神

当代中国精神集中体现在社会主义核心价值观中。人无精神则不立，国无精神则不强。中国精神是中国人民在几千年历史进程中用勤劳与智慧铸就的。在讲授中国精神内涵时，可以屠呦呦成功发现青蒿素为例，以她身上凸显的中国精神来体现以改革创新为核心的时代精神。青蒿素是从中医药学这一伟大宝库中挖掘出来的，这种大胆的改革创新，从本质上说，显示了中医药的神奇力量，也融合了现代医学技术。屠呦呦对青蒿素研究的不懈追求，对中医药学的潜心研究，是中医药文化中"悬壶济世""妙手仁心"的生动体现，为解决人类健康问题贡献了中国智慧和中国方案。她不仅令中国精神生辉，更让这种精神闪耀全世界。

（三）"医者仁心，大医精诚"

"医者仁心，大医精诚"与"德法课"教材的第四章"明确价值要求，践行价值准则"和第五章"遵守道德规范，锤炼道德品格"两章内容相对应，体现了践行"医者仁心"的中医药文化价值观念和遵守"大医精诚"的职业道德。

1. 社会主义核心价值观

在讲授此内容时，首先，要帮助学生厘清中医药文化核心价值理念与社会主义核心价值观的关系。"仁、和、精、诚"作为中医药文化的核心价值理念，与社会主义核心价值观十分契合，有助于学生加深对社会主义核心价值观内容的认识和掌握。其次，可引用《灵枢·岁露论》中提到的"人与天地相参也，与日月相应也"，阐释中医药文化中蕴含的以人为本理念、"天人合一"思想、人与自然和谐相处等思想，强调尊重自然规律、认识自然、保护自然的重要性，而且在一定程度上与社会主义核心价值观中的文明、和谐等内容相一致，与生态文明观相契合，从而加深学生对社会主义核心价值观内涵的理解。最后，列举中医药领域践行社会主义核心价值观的优秀代表，让中医学子明确对中医药文化核心价值理念的守护也是对社会主义核心价值观的践行。例如，国医大师邓铁涛行医80余年，在抗击“非典”中为中医立功的故事；“医之大者，为国为民”——全国道德模范张伯礼的抗疫事迹，教育学生在思想上和行动上把践行社会主义核心价值观作为自己的社会职责，鼓励其弘扬和传播中医药文化核心价值观，不断推动中医药文化薪火相传。

2. 职业道德

在讲授职业道德这部分内容时，可聚焦中医医德。例如，引入唐代医家孙思邈的《大医精诚》。这篇经典文章清晰地论述了有关医德修养的内容：一是“精”，即精湛的医术；二是“诚”，即高尚的医德修养。文中对医生的劝慰和要求言辞恳切，充分表明了中医药以医德高尚、医者人心、诚信求真为精神追求，体现了中医药文化中所蕴含的中华民族优秀的道德品质和独特的思想理念，帮助学生树立正确的医德观。另外，可将扁鹊“上门行医、谦虚谨慎”，华佗“拜师学艺、不耻下问”，董奉“不求名利、乐善好施”等医德医风典故融入内容讲授，引导学生认识这些古代名医忠于职业的高尚医德医风和实事求是的科学态度，他们是后世医家效仿的楷模。此外，应进一步剖析古代医德医风名言警句的深层含义。如《黄帝内经》中的“上医医国，中医医人，下医医病”，张仲景提出的“进则救世，退则救民。不能为良相，亦当为良医”。这些都生动体现了救死扶伤、治病救人的医德理念，以此教育学生要遵守职业道德规范。

（四）“以法为本，依法治医”

“以法为本，依法治医”对应“德法课”教材第六章“学习法治思想，提升法治素养”的内容。法治素养与思想道德素质一样，都是大学生成长成才的根本要求。本章可适当以中医药相关法律为例进行深入解读，并对典型医疗案件进行深度剖析，引导学生“以法为本，依法治医”。例如，以《中华人民共和国中医药法》为切入点，结合其出台的背景、制定和颁布的过程、实施的意义等，凸显国家中医药法制建设的成就以及对新时代中医药发展所具有的重要意义。也可融入《中华人民共和国医师法》的基本内容，让学生明确法律对医生的相关要求，坚持依法行医。还可融入

《中华人民共和国执业医师法》，帮助学生了解依法取得执业医师资格或者职业助理医师资格的相关要求。在学生们初步了解这些法律的基础上，选取医疗实践中的典型案例，如医师执业资格的案例、医疗纠纷、医患冲突、暴力伤医案等，对其进行法律分析，让学生明确在处理这些问题时应遵循的法律原则，提高学生的中医药法治素养和自觉守法的意识。

二、“马克思主义基本原理”课程的融入

中医药文化融入“马克思主义基本原理”课（以下简称“原理课”），从内容上看，契合点较多。因为中医药文化中的阴阳论、元气论、五行论等深邃的哲学理论与马克思主义哲学理论具有关联性，中医思维也与马克思主义哲学思维关系密切。因此，将中医药文化融入“原理课”，就要发掘马克思主义哲学中关于人、身体、意识等论述对中医药文化发展的意义，研究中医药文化理论中有关“仁、和、精、诚”等理念和方法对当代思想政治教育工作的价值。

（一）唯物辩证法与中医药辨证思想

唯物辩证法是马克思主义哲学的核心组成部分，是人们认识世界和改造世界的根本方法。中医药文化作为中华优秀传统文化的杰出代表，在长期的发展过程中也逐渐形成了自己独特的世界观和方法论，其中蕴含着丰富的辩证法思想。

在讲授“联系和发展具有普遍性”这一原理时，可将中医学的系统观、整体观融入课程内容当中。中医学的系统观和整体观认为，人体是一个有机的整体，各组成部分是相互联系、不可分割的，在功能上相互协调、互为作用。同时，人体内部也是和谐统一的，即五脏一体论。《黄帝内经》中所讲的“天人合一”思想，表明人与环境也具有统一性和联系性，中医治病必须遵循整体观念，从局部治疗到整体治疗。由此引导学生要善于用联系和发展的观点看问题、办事情，分析事物之间相互影响、相互制约的关系，善于运用客观事物之间的联系促进事物的良性发展。毕业后从事医疗卫生职业也要坚持联系与发展的观点，并且自觉培养高尚的职业道

德，在做好本职工作的同时，将个人价值与社会价值结合起来，为社会作出更大的贡献。

唯物辩证法的基本规律，即对立统一规律、质量互变规律、否定之否定规律。在讲授“质量互变规律”时，可将中医“治未病”思想融入其中。质量互变规律揭示了一切事物、现象发展过程中量变和质变的内在关系及其相互转化，要求重视量的积累，关注事物细微的变化，对于消极因素要做到防患于未然。而中医“治未病”的核心思想就在于防患于未然，包括未病先防、有病早治、既病防变、瘥后防复，可以很恰当地解释“质量互变规律”的内涵。在讲授“对立统一规律”时，可以紧密联系中医阴阳学说与五行相生相克。如讲授“矛盾的特殊性”时，要坚持具体问题具体分析，可以融入中医辨证论治方法，适当插入相关医疗案例，通过分析案例，加深学生对具体问题具体分析这一方法论的理解。在讲授“两点论与重点论的统一”时，可以引入“标本兼治”原则，强调既坚持原则性，又体现灵活性，视病情变化采取针对性治疗措施，做到治病求本，以此教育学生分析问题和处理事情时既要全面统筹，又要善于抓住重点。

（二）辩证唯物主义认识论与中医药哲学思想

在讲授“实践对认识的决定作用”时，可以联系“神农尝百草，日遇七十二毒，得茶而解之”的典故，以及李时珍为编写《本草纲目》深入实际采集药物标本的故事，帮助学生深刻领悟“实践出真知”的道理。还可以联系屠呦呦“从中医药中发现宝藏，用一棵小草改变世界”的故事，阐明马克思主义哲学中实践与认识的辩证关系。

在讲授“实践是检验真理的唯一标准”时，可以引入“天士力复方丹参滴丸赢得与美国药企合作”的案例，并向学生做进一步解释。在中药走向国际化的艰难过程中，复方丹参滴丸之所以能够与美国药企合作，是因为它通过了美国 FDA 三期临床验证，经过实践检验，最终解决了中药治疗的不确定性难题。由此表明，实践是最公正、最权威的“审判官”，是检验真理的唯一标准。

在讲授“真理的绝对性与相对性的辩证关系”时，可以引用胡维勤

《将中医进行到底》一书中对“西医很强大！中医很伟大”的阐述。20世纪以来，中医存废之争一直没有停止过。中医虽然伟大，但仍有其局限性，西医虽然很强大，但也有解决不了的问题。最后表明，中西医不可相互取代，从而反映真理问题上的辩证法，任何真理都是绝对性与相对性的统一,二者相互联系、不可分割。

三、“中国近现代史纲要”课程的融入

“中国近现代史纲要”课（以下简称“纲要课”）展现了自1840年以来中国人民为了争取国家独立、民族解放，实现国家富强和人民富裕的愿望所进行的艰苦卓绝的斗争。近代以来，中医药文化发展的历史进程与国家命运紧密相关，“明镜所以照形，古事所以知今”。对高校学生而言，了解近代以来为实现中华民族伟大复兴中国梦所经历的艰难困苦，了解近代以来中医药学者为改变国家命运、推动中医药文化发展呕心沥血，可以提升他们“知史鉴往”的能力，增强投身新时代中医药振兴与发展的积极性和主动性。将中医药文化融入“纲要课”，由于涉及内容与“毛泽东思想和中国特色社会主义理论体系概论”课在中华人民共和国成立后期存在事件交叉，故以旧民主主义革命时期和新民主主义革命时期为重点。

（一）从鸦片战争到“五四运动”前（1840—1919年）

从鸦片战争到“五四运动”前，对应“纲要课”教材的第一、二、三章内容。

在讲授第一章“中国封建社会的衰落”时，可以对中国古代中医药文化的发展状况进行整理。比如，在中国几千年的历史中涌现了许多著名的医药学家，如扁鹊、华佗、张仲景、孙思邈、李时珍等，可在课程中融入他们的人生经历、奋斗历程、辉煌成就等，帮助学生了解中国古代中医药文化的发展历史与成就，引导学生学习古代医药名家精益求精的敬业精神和工匠精神，以及带给大学生敬业修身的人生启迪。在讲授“反抗外国武装侵略的斗争——民族意识的觉醒”时，可以融入“林则徐在禁烟期间与清代名医何书田交往”的事例。通过描述两人之间交往的故事，展现林则

徐为禁止鸦片既做了军事上的准备又有帮助民众戒毒的措施。而中医何书田的建议恰逢其时，为林则徐根治鸦片之害提供了中医药帮助，进而升华了本节课的主题。这些不仅体现了中医学家在国家危难之时发挥的重要作用，还反映了中华民族反抗外来侵略的觉醒意识。

在讲授第二章“不同社会力量对国家出路的早期探索”时，可以融入不同阶级代表人物对中西医的看法。比如，洋务派代表人物李鸿章、张之洞对待中西医的不同态度。李鸿章主张中西医汇通，客观上促进了西医在中国的发展，而张之洞秉持“中学为体，西学为用”，认为中医较之于西医应处于主体地位。通过对二者的不同态度进行对比分析，帮助学生更好地理解洋务运动对近代中国各方面的影响。又如，早期维新思想家郑观应对中西医问题提出了较为客观的见解。他主张改革中医教育，学习西医，实现中西医结合，而不是简单地淘汰中医、全盘西化。该案例既可以反映郑观应追求中国独立富强的爱国思想，又能在一定程度上反映出维新派反对封建君主专制的民主思想。以维新派代表人物关于中西医的看法为线索，有助于学生更好地理解“维新运动的兴起和夭折”这一内容。再如，晚清学者吴汝纶对待中西医的态度，他主张否定中医、拥抱西医，其也可用于“维新运动”的讲授，可以反映出在近代中华民族面临严重危机之时，中医药也面临严峻考验。

在讲授第三章“辛亥革命与君主专制制度的终结”时，可以联系孙中山“弃医从政”，从“医人”到“医国”的转变，以及鲁迅弃医从文、章太炎的中医情怀等。要联系近代中国严重的社会危机这一背景，引导学生正确分析个人选择与国家命运的关系，深入理解辛亥革命爆发的历史背景及产生的历史影响。

（二）从“五四运动”到中华人民共和国成立（1919—1949年）

从“五四运动”到中华人民共和国成立，对应“纲要课”教材的第四、五、六、七章内容。

在讲授第四章“新文化运动与思想解放的潮流”时，可融入“新文化运动时期中西医文化冲突”的内容。通过对冲突的解析，帮助学生理解新文化运动的重要作用和局限性，启发学生要坚守中华优秀传统文化，发扬中医药文化中的精华，坚定文化自信，而不是盲目崇拜西方文化。此外，可融入因梁启超而引发的“百年医案”，这也是当时中西医之争的一个缩影。梁启超对中医的态度反映了新文化运动的局限性。还可融入“恽铁樵‘弃文从医’，主张‘汇通中西’”的事例，引导学生正确看待近代医学变革与中华民族命运之间的关系，激发学生为实现中华民族伟大复兴而奋斗的爱国情怀。

在讲授第五章“中国革命的新道路”时，可以联系“长征路上的民间中草药和乡村中医”这一案例，向学生讲述在艰苦卓绝的战争年代，中医药对红军的健康和救护所起到的重要作用，教育学生要弘扬长征时期红军这种创造条件、充分挖掘中医药宝库的奋斗精神。还可引入中央苏区时期主张中西医结合，培养中医人才的案例，引导学生认识近代倡导中西医结合的原因背景及重要作用。

在讲授第六章“中华民族的抗日战争”时，可引入全面抗战时期“中医抗战纾国难”的事例，包括成立战时救护队和救护医院、将中医纳入国家战时医疗卫生体制、改进中医诊断并服务战时救护、柴胡注射液的诞生结束了中药无注射剂的历史。通过列举这些历史事实，使学生了解在战火纷飞的年代，中医药主动担当，为抗日军民的战地救治和身体健康作出的重要贡献。

讲授第七章“为建立新中国而奋斗”时，可以联系解放战争背景下双黄连汤剂的发展情况。双黄连汤剂由金银花、连翘、黄芩、柴胡、金莲花等中药材熬制而成，临床用于抗流感、抗感冒，为了服用方便而将其制成口服液。通过案例的讲授，提高学生学习近现代史的兴趣，进而达到增强思想政治理论课的亲和力和针对性的目的。

四、“毛泽东思想和中国特色社会主义理论体系概论”课程的融入

“毛泽东思想和中国特色社会主义理论体系概论”课（以下简称“概

论课”）融入中医药文化，可以聚焦社会主义革命和建设时期、改革开放和社会主义现代化建设时期、中国特色社会主义进入新时代三个历史时期。

（一）社会主义革命和建设时期（1949—1978年）

社会主义革命和建设时期对应“概论课”教材的第三、四章内容。

在讲授第三章“社会主义改造理论”时，对资本主义工商业的改造，可以融入“常德市吉春堂中药店的社会主义改造”“北京同仁堂老字号的社会主义改造”“中药产业改造”等案例。通过解析案例，让学生较为深刻地认识资本主义工商业改造的三大特点，从而对社会主义改造的历史经验有更为深刻的理解，明确我国采用和平改造方式的意义，准确把握社会主义改造的鲜明中国特色。在讲授这一部分内容时，也可列举社会主义改造时期“一代名师施今墨”“国医大师吴阶平”“治医一生何世英”的事例，以此加深学生对社会主义改造这一内容的理解。

在讲授第四章“社会主义建设道路初步探索的理论成果”时，可以引用毛泽东关于中医的论述：“几年来，都解放了，唱戏的也得到了解放，但是中医还没得到解放”。毛泽东倡导中医药学，为中医药的发展奠定了坚实基础。毛泽东主张用辩证思维认识中医，充分肯定了中医的优点，但也指出了其历史局限性。他希望批判继承，扬长避短。教师通过讲授，启发学生学会运用辩证思维看待问题，使其了解中医药在社会主义建设中的艰难发展历程。

（二）改革开放和社会主义现代化建设时期（1978—2012年）

改革开放和社会主义现代化建设时期对应“概论课”教材的第五、六、七、八章内容。

在讲授“邓小平理论”时，可以联系“刘维忠提出的走中医特色的甘肃医改之路”这一内容，增进学生对走中医特色的甘肃医改之路的了解，帮助学生理解解放思想、实事求是的思想路线及邓小平的改革开放理论，明确甘肃特色中医医改之路存在的阻力，使学生更好地理解走中国特色社会主义道路并不是一帆风顺的，需要不断深化改革，更需要一代代人的努力与奋斗。还可引入“在这一时期，湖北省抓住机遇，适宜制定政策推动中医药发展”的案例，让学生感受湖北省中医药发展因为突出强调依靠科学，所以在中草药科研、教育、人才各方面都有了较大的发展，生产力获得进一步解放，并且未来还有更为广阔的发展空间，使学生进一步理解邓小平“社会主义根本任务是发展生产力”的观点，对“科学技术是第一生产力”有更为准确的把握。

在讲授“三个代表”重要思想时，可以融入“江泽民发展中医药的思想”，使学生认识到“三个代表”重要思想是对毛泽东思想、邓小平理论的继承与发展，是中国特色社会主义理论体系的重要组成部分，进而理解“三个代表”重要思想的历史地位，加强对中国优秀传统文化的认识，自觉投身到中医药文化发展的实践中去。

（三）中国特色社会主义进入新时代（2012年至今）

中国特色社会主义进入新时代对应“概论课”教材的第十章内容。在讲授“生态文明建设”时，可以联系第九届世界中医药大会的主题，即“发展中医药对人与自然和谐发展作出的贡献”，帮助学生理解中医药的理论与实践，明确发展中医药事业将有利于人与自然和谐共生，从而形成“人与自然和谐发展”的共识，加深对建设生态文明、美丽中国重要性的理解，引导学生积极参与到建设美丽中国的伟大实践中去。

在讲授“健康中国战略”时，要突出习近平关于中医药的重要论述。习近平在2016年考察江中药谷制造基地时指出，“小康提速，康也包括健康，要全民健康”，中医药“在全民健康中应该更好发挥作用”。2017年，党的十九大报告将“坚持中西医并重，传承发展中医药事业”纳入健康中国战略。由此可见中医药对推进健康中国战略具有重要意义，引发学生深入思考在新时代应如何推动中医药文化发展，明确自身应承担的传承和弘扬中医药文化的责任和担当。

在讲授“文化自信”时，可引导学生科学认识中医药文化与中华优秀传统文化的内在联系，理解中医药文化的内在价值和独特魅力，真正体会中医药文化所蕴含的强大生命力，对中医药文化在新时代建设文化强国的战略意义进行阐释，引导学生树立中医药文化自信，增强推动中医药文化创造性转化、创新性发展的自觉性。

第二节　不同课程的教学方法融入

选择恰当的教学方法是保证中医药文化融入思政课教学效果的关键。中医药文化融入思政课要选择符合思想政治教育特点、教育教学规律和中医药人才发展规律的教学方法，突出教师的主导作用和学生的主体地位，不断提升思政课的亲和力和针对性。现列举6种行之有效的教学方法。

一、专题研讨式

所谓专题研讨式教学方法，是指教师指导若干名学生，针对某一特定专题，进行进一步交流和探讨，从而在对知识整合的基础上，完成对知识的构建，并理解和掌握理论知识的方法。专题的设定要以四门思政课统编教材为基础，但又不局限于教材内容，要紧密结合现实社会中的热点问题，注重理论联系实际，充分体现针对性和现实性。这种教师当“导演”、学生当“演员”的新型教学方法，突破了传统思政课课堂教学模式，有利于弥补教材内容的不足，加强师生、生生之间的互动与交流，激发学生的学习积极性和主动性。这种教学方法有利于创设师生、生生之间平等和谐的教学氛围，体现教学过程的民主化，形成和谐共进、教学相长的局面，从而增强思政课教学的实效性。运用专题研讨式教学法可分为课前准备、课上讨论、课上总结三个阶段。

例如，将中医药文化融入“德法课”，在讲授第六章“学习法治思想，提升法治素养”中关于“自觉遵法学法守法用法”时，可以社会上时有发生的“医患纠纷、医疗纠纷”为例，将专题研讨式方法贯穿于课堂教学始终，组织学生开展专题研讨。

1. 课前准备阶段

教师将学生提前分成若干小组，并选出小组组长。教师要同班委会成员和各小组组长进行个别协商或小范围开会，收集并掌握小组成员的学习交流意向，尽可能完整收集研讨问题的相关信息。教师对开会提出的问题进行筛选，并结合教学目的和课程要求，在课前布置好“医患纠纷、医疗纠纷”这一研讨主题，并安排好小组汇报顺序，提出查找“医患纠纷、医疗纠纷”相关资料的方法和要求。

2. 课上讨论阶段

由教师引导学生充分发挥主观能动性。先由组长组织成员在各自小组内，对“医患纠纷、医疗纠纷”这一主题展开10分钟的自由讨论。小组成员各抒己见，教师需在自由讨论时，注意引导学生思考以法律的手段如何缓解甚至解决医患纠纷和医疗纠纷、如何培养法治思维等。在各小组达成一致结果后，教师组织各组组长确定专题研讨发言的代表。各组发言的代表，按照顺序进行5分钟的汇报，教师在汇报后分别进行简短评价。教师的评价要围绕本节课的讨论主题，并在评价的过程中引导学生掌握医疗纠纷的解决方式。

3. 课上总结阶段

此阶段是系统学习理论知识的阶段，因前期课堂讨论可产生事半功倍的效果，故学生对理论的感悟会更深。这时教师可结合各小组的汇报情况进行最后总结，凝聚焦点，归纳重点，突破难点，最终明确：当前解决医疗纠纷、构建和谐医患关系，首要的是树立法治思维、采用法治方式。实践证明，医疗纠纷和医患纠纷是难以完全避免的，但只要树立法治思维，采用法治方式，就能有效缓解甚至解决医患纠纷和医疗纠纷，保障医患双方的合法权益，维护医疗秩序。同时提醒学生应依法行使权利和义务，妥善处理学习、工作、生活中遇到的法律问题和各种矛盾，这也是提高自身法律素养的有效途径。

二、探究目标式

探究目标式教学方法，是指在课堂教学过程中以教师为主导、以学生为主体，将教学目标作为教学的核心内容，以主线的形式贯穿课堂教学全过程的教学方法。探究目标式教学方法，能够凸显目标性，更好地把握教学中的重点和难点，突破传统教学模式的限制，通过解决学生身边的现实问题，而使学生加深对知识的理解，从而提高学生学习的积极性和参与度，以及解决实际问题的能力。运用探究目标式教学方法要注意体现可操作性、层次性、针对性、实效性，在思政课课堂教学中，可分为情景设置、目标展示、独立探索、目标评价四个阶段进行实施。

例如，将中医药文化融入“原理课”，在讲授第二章“实践与认识及其发展规律”中，关于“实践决定认识”时，可以采用探究目标式教学方法，分四个阶段进行实施。

第一阶段情景设置。情景设置要与学生所学习的“实践决定认识”这一内容相一致。也就是说，要把学生引入到通过“实践决定认识”这个知识点来解决实际问题的情景中来。教师可将“李时珍为编写《本草纲目》躬亲实践，深入山林采集药物标本”的故事融入其中，提出问题，引发学生结合情景思考“实践与认识两者的关系”，帮助学生理解李时珍注重实践和调查研究，并不断总结经验，最终成为守护人民健康的忠诚卫士，编写出中国医学史上不朽名著《本草纲目》。他的故事充分体现了实践对认识具有决定作用。

第二阶段目标展示。围绕“实践决定认识”这一知识点，指导学生选择适当的小目标，并逐步完成最终目标。最重要的是让学生理解实践对认识具有决定作用这一基本原理，并能通过事例加之说明，包括深入理解实践是认识的来源、是认识发展的动力、是认识的目的、是检验真理和认识真理的唯一标准，提高学生的理解能力和逻辑思维能力，特别是从具体到抽象、再从抽象到具体的思维能力，引导学生树立实践意识，积极参加社会实践。

第三阶段独立探索。在这个阶段，学生通过独立思考来理解“实践决定认识”这一知识点，为理论知识的学习打下基础。教师可围绕知识点，鼓励学生通过自己操作的方式完成学习目标。如将中医药文化与“实践决定认识”这一原理结合起来，促进学生独立思考，完成实践内容。中医药文化产生于生产生活过程中，又在生产生活中得以不断完善，这表明实践是认识的来源、是认识发展的动力。中华民族屡遭天灾、战乱和瘟疫，但却能一次次转危为安，其中中医药功不可没，由此表明实践是检验真理的唯一标准。目前，中医药仍在为人民健康服务，通过对实践是认识的目的的学习，培养学生坚定为人民健康服务的意识，端正学习态度。在这个阶段，教师既是问题的提出者，又是学生的合作者，在学生遇到困难的时候，要及时提供帮助。学生通过集体讨论、相互沟通、分工协作，从而实现学习目标。

第四阶段目标评价。课堂教学的效果如何，关键在于目标设定是否合理。目标定得过高，超过了学生的理解力，则学生难以理解；目标定得过低，则难以发挥效果。学习效果由完成目标的情况来衡量，需要做到事先让学生进行自我评价、总结，然后再由教师进行提升和归纳，以助于理论知识和目标能够落地落实。

三、案例分析式

案例分析式教学法，是以案例为基础的教学方法，是指教师根据教学目标设计案例，通过对一个具体的案例进行描述，引导学生围绕案例进行分析和讨论，最后做出归纳与总结，以弥补教学中存在的不足，进而巩固教学效果。案例分析式教学法要求教师要从大量的案例资料中选择出适当的案例，而学生也要对教师提供的案例资料进行积极参与和分析讨论。这不仅可以帮助学生在相互交流讨论中提高自身分析问题的能力，也能及时从教师和同学中得到反馈。案例分析式教学法运用真实、具体的案例，采取生动形象的表现形式，将教学内容传授给学生，给人以身临其境之感，更加直观易学。同时也能够汇聚集体的智慧和力量，课堂教学不是教师的“独唱”，而是同学与教师共同交流讨论的“大合唱”。学生在课堂上也不是仅限于听老师讲授，而是积极参与，共同探讨问题，通过集思广益，提升教学实效。案例分析式教学可以分为三个阶段：案例布置与分组讨论、课堂分析与总结归纳、课后作业与知识巩固。

例如，将中医药文化融入“纲要课”，在讲授第四章“中国共产党的成立和中国革命新局面”中，关于“新文化运动和五四运动”时，可以运用此方法。以中国近代史上发生的“梁启超医案”为例，将案例分析式教学法贯穿课堂教学始终，组织学生进行案例讨论。

第一阶段案例布置与分组讨论。受课堂教学时间的限制，在课堂上布置案例内容既浪费时间，又不利于学生充分查阅资料，故教师要在课前一周左右的时间内完成“梁启超医案”案例布置工作，包括在布置案例时，将学生分成若干学习小组，要求各小组主动提出与案例相关的问题，并着手做好资料的查阅和搜集。案例分析式教学法要求学生主动进行思考，通过查阅大量资料，进行课前分组讨论，形成“学习共同体”。学习小组一般可分为4～6人一组，规模不宜太大。小组讨论为每个学生提供了参与交流、相互合作、表达想法的机会，有助于提高学生学习的积极性和主动性，培养团队合作精神，同时也能锻炼语言表达能力。

第二阶段课堂分析与总结归纳。课堂分析时要尽量采用讨论式，即教师对“梁启超医案”进行简要描述后，鼓励学生按照顺序进行提问和发言，教师仅仅作为主持人，巧妙引导讨论，引导学生思考从“梁启超医案引发的中西医论战说明近代以来的中国面临什么样的问题”“梁启超为什么要为协和医院辩护”等，并进行引导性讲解，为学生提供思路。对于学生提出的疑问，教师要进行归纳总结，但要控制每次总结的时间不宜过长。在学生讨论时，教师应注意学生提出的问题，发现其中的闪光点，以便及时调整案例教学重点。在归纳总结时，教师要注意点评学生的观点和存在的问题，并注意根据教学内容得出完整的结论：“梁启超医案”是当时中西医之争的一个缩影，同时也是新文化运动背景下的一个文化事件。梁启超作为国学大师，有着深厚的国学根底，知道传统文化中也有精华，但他又是新文化运动的支持者、参与者，为尽快革故鼎新，破除封建残余，因此不惜让传统文化受到深重责难。这反映出新文化运动蓬勃发展起来后“科学”的强势。不过，梁启超对待中医的态度也反映了新文化运动的局限性。

第三阶段课后作业与知识巩固。这一阶段要求每位学生根据课堂讨论获得的信息和结论选择一个或两个侧重点，总结归纳并撰写出报告，字数为1000～1500字，并在课后进行进一步思考，即“新文化运动与中华传统文化之间的关系”，以巩固课堂学习的效果，培养学生分析问题及解决问题的能力。

四、问题链引导式

所谓问题链引导式教学方法，是指在思政课教学过程中，教师依据教学目标将教学内容设置成以提出问题为切入点，以培养学生的思维能力为主线，以师生的互动合作为基础，进而分析、解决问题的教学方法。作为一种与时俱进的教学方法，问题链引导式教学方法注重培养大学生的问题意识和实践能力，在教学实践中形成并不断地发展完善。在运用问题链引导式教学方法时要注意“三个贴近”：一是问题链的设计在坚持正确的政治方向、牢牢守住底线和原则的基础上，要注意密切贴近社会生活实际，注重关注社会热点问题；二是问题链设置的关键要密切贴近教材实际，兼顾思政课教材重点和难点，防止出现偏离教材的情况；三是密切贴近学生的思想实际，掌握学生的关注点，找准教材内容与学生思想之间的结合点。问题链引导式教学方法包括以下三个阶段：创设问题情景、问题的分析、问题链的总结应用。

例如，将中医药文化融入“概论课”，在讲授第七章“科学发展观”中关于“科学发展观的基本内容”时，可以采用问题链引导式教学方法。

第一阶段创设问题情景。立足于文化建设的内容设置问题，并重点把握这部分内容。科学发展观的基本内涵为文化建设指明了方向。科学发展观的第一要义是发展，体现在文化建设上，表明文化是一个国家和一个民族的灵魂，必须不断地传承和发展。以人为本是核心，说明文化建设必须以满足人民群众的精神需求为主要内容。基本要求是全面协调可持续。这要求文化建设必须充分吸收、尊重和借鉴古今中外的优秀文化元素。以此为基础，教师可以提出如下问题：谈到中国文化，同学们会想到什么？进而提出，“中医药文化作为我国优秀的文化资源，其特殊性体现在哪里”，引导学生了解中医药文化，增强中医药文化自信，增强民族自豪感。教师还可以进一步提出问题，如“为什么要树立高度的文化自觉和文化自信”“如何提高我国文化软实力，推进社会主义文化强国建设”等，引导学生逐步深入理解科学发展观的基本内容与文化建设的关系。

第二阶段问题分析。对于以上问题，教师可由浅入深、层层分析，分析时必须将科学发展观的基本内容作为一个有机整体，在准确而完整传授知识的同时，更要进行思想引导。比如，在介绍中国文化时，要表明我国有着悠久的历史和深厚的文化资源，具备相对雄厚的物质基础，人民群众对文化的需求在快速增长，文化发展迎来了难得的机遇。通过分析，引导学生重视树立文化自觉和文化自信的重要性，思考提高我国文化软实力、建设社会主义文化强国这一历史任务的艰巨性。

第三阶段问题链的总结应用。教师可在讲授理论知识的基础上对学生进行价值引领，使学生深刻认识社会主义文化是在传承中华优秀传统文化的基础上而形成的先进文化，要以主动担当的精神，推动文化发展进程，推动社会主义文化强国建设。

五、头脑风暴式

头脑风暴式教学方法是指教师将具有不同知识结构、思维方式和生活经验的学生们集中在一起，通过集体讨论，引导学生就某一特定内容畅所欲言，充分发表意见，教师在最短时间内获得最多想法和聚集最多观点的教学方法，是一种名副其实的集思广益的方法。头脑风暴式教学方法适用于解决没有固定答案或没有参考答案的问题，以及根据现有法规政策不能完全解决的实际问题。采用这一方法，可以让学生在轻松愉快的氛围中，思维互补、想法交换、知识共享、互帮互助，在学习的过程中，取长补短，共同进步，培养学生的创造性思维，拓宽解决问题的思路，提出更多创造性的问题解决方案，以达到解决实际问题的目的。头脑风暴式教学方法可以分为三个阶段：设置明确的分析议题、分组讨论、结果总结。

例如，将中医药文化融入“纲要课”，在讲授第四章“新文化运动”中关于“中西医文化冲突”时，可以运用这一方法，以帮助学生更深入地理解在新文化运动冲击之下中国传统医学所面临的困境。

第一阶段设置明确的分析议题。议题设计既要密切结合“纲要课”的教学目的和要求，又要符合学生的知识结构和思想实际，难易程度要适中，充分考虑学生的思维逻辑能力和反应能力。议题设计还应当生活化、简单化、具体化，贴近学生的情感意愿和现实生活，把教学内容转化为阶梯式、递进式、发散式的问题，使学生对知识的理解感悟，通过理论联系实际由浅入深。运用头脑风暴式教学可设置“中医与西医二者比较哪个更具优势”这一议题，让学生根据议题，分析背后的原因，主动表达想法。

第二阶段分组讨论。教师根据班级学生的人数和特点确定分组方案，可将每组人数定为6人。然后组织学生进行“头脑风暴”。学生根据教师要求，每5分钟在纸上写出两种中医有优势或西医有优势的原因（具体数据可依据实际情况灵活改变），然后根据顺时针或逆时针方向将个人的原因分析传递给下一位同学，与此同时还可收到上一位同学列出的原因。教师根据学生回答的情况继续循环往复，直到学生想不出原因为止，结束讨论环节。

第三阶段结果总结。待循环结束后，根据每组的原因分析情况，将每组提出的原因进行归类，形成相关原因分析图。根据原因分析图，为学生们预留一定的思考时间，教师对原因分析图进行现场解析，对其中的要素做出客观的评价，以保证结果总结的客观性。采用头脑风暴法，一方面可使学生明确新文化运动时期中西医的文化冲突和中西医各自的优势，另一方面能坚定学生为传承和发展中医药文化的信心，树立中医药文化自信，调动学生学习的积极性和主动性。

六、任务驱动式

任务驱动式教学方法，是指师生以共同思考问题、完成任务为主的互动式教学方法。在整个教学过程中，学生处于主动学习的状态，在教师的指导下，学生基于已有的理论知识，根据自己对当前任务的理解，提出方案，解决问题，完成任务。这一教学方法最显著的特点是“以任务为主线贯穿于教学始终，教师为引导，学生为主体”，是一种学生积极参与、自主协作、探索创新的新型教学方法。学生在教师的指导下，能够独立分析和研究任务，有效提升自身的独立自主能力。实践证实，这种教学方法行之有效，已在众多高校思政课教学中得到推广和应用，使思政课教学效果得到了改善和优化。其主要包括创设情境，确定任务，自主学习、协同合作，效果评价四个阶段。

例如，将中医药文化融入“概论课”，在讲授第十章“五位一体”中关于“坚定文化自信，建设社会主义文化强国”时，可以运用此方法。

第一阶段创设情境。教师需创设与当前学习主题内容相关的、尽可能真实的学习情境，将对“国家中医药管理局局长王国强关于中医药文化自信的文章”的解读融入学习主题，引导学生带着具体“任务”进入学习情境，使学习过程更加形象化和直观化。

第二阶段确定任务。在创设的情境下，选择与当前“坚定文化自信，建设社会主义文化强国”这一主题密切相关的问题作为学习的中心内容，比如，中医药文化与建设社会主义文化强国、树立文化自信之间的关系。基于以上实际情况，在教学方法的设计上可以“坚定文化自信，建设社会主义文化强国”为主题，以完成以下四个教学目标为任务：一是中医药文化与中华优秀传统文化的关系；二是中医药文化的科学价值；三是中医药文化与建设社会主义文化强国、树立文化自信之间的关系；四是如何坚定中医药文化自信，建设社会主义文化强国。

第三阶段自主学习、协同合作。这一阶段由教师按照以上四个教学任务，将学生分为四个小组，分别完成相应的任务。各小组成员分工明确，由教师向学生提供有关线索。每个小组指定一名组长，组织小组成员搜集相关资料，组织观看《正道沧桑——社会主义500年之文化强国》等一系列相关视频，围绕“坚定文化自信，建设社会主义文化强国”这一主题展开讨论，引导学生之间进行讨论和交流，充分发挥每个学生的独特优势，通过组内不同观点的交锋，集思广益，加深每个学生对当前要完成任务的理解。每个小组选出一名同学汇报完成上述任务的情况，根据各小组资料收集的情况和现场表现情况，在课上公开评选出最佳小组。

第四阶段效果评价。一是对学生是否完成当前任务进行评价；二是对在完成任务的过程中学生自主学习及团结协作能力进行评价。评价的目的是让学生清晰理解中医药文化是中华民族的瑰宝，使学生了解中医药文化与建设社会主义文化强国、树立文化自信之间的关系，明确我国必须以高度文化自信推动中医药文化发展，实现创造性转化、创新性发展，认清大学生弘扬中医药文化的使命与担当。

第三节　不同课程的实践融入

高校思政课是实现“立德树人”根本任务的关键课程，其中，实践育人以实践活动为载体，是高校“立德树人”的重要途径。将中医药文化融入思政课程，开展实践育人活动，是在教师的指导下，学生亲身参与的。理论学习与实践活动相结合的动态教学过程，其形式多种多样，总体上可归纳为3种类型。

一、课堂实践

课堂实践教学是高校最重要和最基本的实践教学活动，是思政课实践教学的“第一课堂”，是开展校内实践活动和社会实践活动的基础与前提，是提高教学水平、提升育人质量的关键环节，主要包括以下几类活动。

（一）语言与课堂讨论类

语言与课堂讨论类实践活动主要包括案例分析、材料阅读、专题演讲、课堂问答、小组讨论、课堂辩论等。

例如，将中医药文化融入“德法课”，可以开展中医药文化经典著作诵读课堂实践活动。中医药文化经典著作是中医药文化的瑰宝，富含哲理，寓意深厚。开展中医药文化经典诵读活动，教师可在课前向学生推荐阅读书目，包括中医四大经典《黄帝内经》《难经》《伤寒杂病论》《神农本草经》以及《中医文化精神》《中医文化的复兴》《中医名人传》等现代书籍。这些著作均蕴含着极其丰富的理论知识和育人思想，学生可自主选择阅读书目，并在课上进行诵读分享。

然后是课堂诵读环节。教师可有计划、分步骤地组织学生进行诵读，规定每位同学的诵读时间，在诵读的过程中引导学生关注中医药文化理论和中医名家的成长成才故事，着重突出中医名家的理想信念、职业素质、道德品质等元素，激发学生的学习兴趣，提高学生的人文素质，鼓励学生学习中医药文化，坚定职业理想。此外，教师还可在课上进行评价和总结，待全体学生诵读结束后，教师进行总结，并可要求全体学生课后撰写读书心得，阐述读书感悟。同时，可表扬在中医药文化经典著作诵读活动中表现突出的同学，以产生激励效应，通过诵读中医药文化经典，激发学生学习中医药文化知识的热情，恪守职业道德，树立远大理想，为中医药文化的传承与创新贡献力量。

将中医药文化融入“纲要课”，可开展中医药文化专题演讲课堂实践活动。该实践活动可分为四个步骤进行。一是专题设置。教师要充分考虑课程标准要求和教学对象特点等因素，设定若干专题。专题的设置要具有一定的实践性、开放性、自主性，注重培养学生的创新意识、提升学生的创新能力、拓宽学生的思维空间，保证学生学有所思、思有所悟、悟有所得。二是分组与选题。以授课班级的人数为依据，将学生分为5～7人的小组，以小组为单位，通过团队合作的方式开展专题演讲。分组后，各小组成员协商进行专题选择，如中医存废之争、医患关系、健康中国战略、中医药文化自信等，以提升团队的协作能力。三是小组讨论与成果撰写。各小组围绕选定的专题进行讨论，讨论内容分配给各个组员，使组员们分工协作，协同探讨，在反复查阅资料的过程中开阔视野。各小组将专题研究讨论的结果以论文、研究报告、课件展示等形式在班级内部进行交流。四是专题汇报演讲。每个小组推选1名代表发言，以演讲的形式在课堂上展现自我、阐述讨论结果、发表观点，以培养学生的发散思维，以及信息处理能力和临场发挥能力。其中，前三个步骤是学生利用课下时间完成的，准备时间1周左右，专题汇报演讲是在课上进行的，每组设定时长5分钟左右。

（二）图片与音视频展播类

高校思政课大多采用多媒体进行教学，所以，图片与音视频展播类课堂实践活动普遍适用于高校的思政课教学。教师在授课过程中，通过图片、音频、视频等展示教学内容，在一定程度上增强了思政课教学的感染力。

例如，将中医药文化融入“概论课”，在讲授“文化自信”时，可以设计音像展播课堂实践活动。课堂实践活动包括四个环节。一是音像展播。在观看视频之前，教师要向同学们介绍该视频反映的事件和事件发生的背景，围绕第十章“文化自信”的内容，选择纪录片《中医》相关片段组织学生观看。该记录片从不同角度和维度记录中医，使学生能够直观地了解优秀的中医药文化。二是提出问题。根据视频播放片段，引导同学们就“为什么说中医药文化是中华优秀传统文化、如何增强中医药文化自信”等问题进行深入讨论，初步探讨弘扬中医药文化、坚定中医药文化自信的措施。三是写观后感。视频播放后，组织学生结合“文化自信”教学内容，自拟题目，撰写观后感，字数要求500～600字，并要求30分钟内完成。四是点评分析。教师在课堂上对学生的观后感进行点评，点评要紧紧围绕是否体现了“文化自信”这一主题，是否表明了中医药文化与中华优秀传统文化的关系，是否指出作为一名大学生应如何增强中医药文化自信，评价要做到客观公正、公开透明，最后将评价结果计入学生思政课实践教学成绩。

将中医药文化融入“德法课”，在讲授第五章“职业道德”时，可以设计图片展播课堂实践活动。课堂实践活动包括三个环节。一是图片展示。选取国医大师图片，如王琦、张琪、尼玛、张伯礼，并在图片上配以人物简介，借助图片提升视觉体验和感染力，使学生对所选取的国医大师有初步了解。二是教师讲解。教师对国医大师的主要事迹进行深入讲述，通过故事讲述进行情景再现，使学生深刻领悟国医大师的敬业品德和崇高的职业理想，达到良好的育人效果。三是互动问答。教师根据人物图片中的信息和讲述的主要事迹，设计国医大师事迹互动问答题，将班级同学进行分组，以小组为单位进行整体考核，设必答题和抢答题，必答题每题1分，抢答题每题2分，10分为上限，答对全员加分，答错不扣分，以积分的形式，激励学生积极参与互动问答环节，最后将互动问答分计入学生思政课实践教学成绩。教师可在班级内选出监督员和记分员，对互动情况进行监督，并完成最后的积分核算工作，保证该环节的公平公正。

（三）情景模拟与角色扮演类

情景模拟与角色扮演实践教学活动的特点在于学生自导自演，让学生在掌握课本知识的基础上，通过“现身说法”的过程深入理解教学内容，在课堂上充分展现自我，引导学生主动思考，提高独立发现问题、思考问题、解决问题的能力。

例如，将中医药文化融入“纲要课”，可围绕“长征路上的中医药力量”这一主题，开展角色扮演实践活动，具体环节如下。

一是组建扮演团队。在每个教学班组建若干角色扮演团队，以小组为单位开展活动。每个小组由6～8人组成，分别扮演红军和医务人员，展现长征路上中医药对红军健康和伤员救护所发挥的作用，弘扬长征时期红军充分发掘中医药宝库的精神。

二是发挥学生的积极性。教师提前将实践活动主题布置给学生，保证学生有充足的准备时间。各小组分工协作，小组成员根据自己的兴趣特长主动参与其中，如制作视频、制作音频的任务可以由计算机办公软件应用水平较高的同学承担，剧本撰写可由文字综合能力较强的同学承担，小组成员间互动、交流、合作，共同分析、归纳、讨论和总结课程内容。

三是活动评价。选择5～7名学生和任课老师组成评委会，评价各小组的演出效果和每位扮演者的现场表现能力，指导教师进行客观公正的评价，既要找出学生在此次实践活动中的亮点，又要及时发现并提出所存在的问题。全组成员的得分相同，最后计入“纲要课”成绩。

二、校园实践

高校校园是思想政治教育的“第二课堂”，校园活动为思政课实践教学提供了有效载体。将校园实践活动与学生的特点有效结合，有助于培养学生的学习兴趣和良好的思想品德修养，有利于挖掘学生的创造潜力，实现知识创新与应用相结合。中医药文化融入校园实践活动可聚焦以下三类。

（一）校内调研与研讨类

要想使学生将社会主义核心价值观内化于心、外化于行，就必须了解学生的思想状态。因此，根据学生的实际情况，结合思政课教学内容，组织学生进行校内调研与研讨，是开展思想政治教育的一种常规性活动，是有效实施思想政治教育的一种校园实践教学形式。其主要包括校内调研、时事研讨、团体辅导等形式。

例如，将中医药文化融入“德法课”，在讲授第五章“遵守道德规范，锤炼道德品格”时，可设计校内调研。校内调研是校园实践教学的一种非常重要的形式，主要是采用问卷、访谈等形式，对调研对象进行调查，收集材料、分析材料、发现问题，进而提出解决问题的方法和途径。学生通过调研，可反思和规范自身的思想和行为，提高自身素质，促进全面发展。这里以“大学生医德”调研为例，简单介绍校内调研的方法、步骤，以及调查问卷和调查报告的撰写。

1. 教师的任务

教师的任务主要有四项。一是校内调研的整体设计与指导。根据“德法课”教学大纲要求以及教学计划规定的教学时间，科学设定实践活动的环节与步骤，讲解校内调研实践活动的实施过程及一些技术问题。二是活动组织。教师将班级学生分为调研小组（包括选出组长、指导学生确定组名和设计口号等），指导各调研小组确定调查研究主题，帮助学生制订调研方案，组织交流。三是审阅报告。教师收集各组调查报告并进行审阅，给出修改意见，发还各调查小组修改完善。四是成绩评定。根据学生参与实践活动的具体情况、调研成果及其展示情况进行等级评定，结合小组等级评定结果进一步对组内每个成员的实践活动情况进行评价。

2. 学生的任务

学生的任务主要有四项。一是学习领会实践活动要求。参与实践活动前，学生需认真听取教师讲解实践的环节、步骤及技术性问题，为顺利开展调研、完成调研任务打下坚实基础。二是确定主题。每个小组在教师指导下，经过讨论确定一个调查主题，并设计相应的问卷调查表，制订操作性强的调查方案，交教师审定、修改和完善。三是完成调研。以1周为时限，各调查小组利用课余时间先完成问卷调查工作，再用1周时间，在讨论、分析、总结问卷调查结果后，完成调查报告的撰写。四是成绩评定。在对其他小组的评定中，每个人积极发表意见并打分，力争使小组成绩评定体现每个人的意见，做到客观、公正、合理。

3. 注意事项

一是教师与学生之间、小组成员之间要在调查过程中相互协作。二是加强交流。除了小组成员之间要及时交流外，最重要的是与调查对象之间的交流。只有交流，才能获得有效信息，才能获得对知识的意义建构。三是分析思考。校内调研有利于增强学生学习思政课的主动性和积极性，有助于学生理解和消化医德理论，把医德认知上升为医德情感，并在实践中强化这种情感，从而树立正确的职业观，以及为中医药事业不懈奋斗的职业精神。

（二）知识与校园竞赛类

知识与校园竞赛类实践活动深受高校大学生的喜爱，也是便于广泛开展的实践教学活动之一。它既能丰富校园文化生活和思想政治教育实践活动的内容，又能提升学生的人文素养、职业素养和思想道德素质，通过以赛促教，更好地展示大学生良好的精神风貌。此类实践教学活动通常包括知识竞赛、文艺竞赛、体育竞赛等活动。

例如，将中医药文化融入“概论课”，在讲授第八章“习近平新时代中国特色社会主义思想及历史地位”时，开展“我的中医梦”摄影竞赛校园实践活动，以帮助大学生深刻理解“中国梦”的内涵，进而努力实现自己的“中医梦”。摄影竞赛实践活动设计思路如下。

1. 设定摄影竞赛主题

将竞赛的主题定位“中医之美，美于杏林”，用朴素的画面分享追梦故事，畅谈圆梦历程，以风光摄影、人物摄影、特色作品等形式来展现主题。

2. 作品要求

一是作品提倡创作风格多样性，彩色、黑白不限，所有作品必须由投稿本人拍摄，要求原创，作者还应保证其参赛作品不侵犯第三人的合法权益，包括著作权、肖像权、名誉权、隐私权等。二是发表的图片及言论仅代表个人观点，自行承担相应的法律责任。三是展示主题必须为以上规定题材，每人作品数量限1幅。四是要求每幅作品必须附有名称、主题及说明，还要标明相机或手机型号、拍摄时间，但作品画面上不得添加任何信息。五是必须为电子投稿，提交的摄影作品格式应为JPEG，文件量不超过3M。每幅作品以“作者姓名+作品名称”的形式进行命名，在规定时间内提交到指定邮箱。

3. 时间安排与参赛人员

可在长假之前布置竞赛任务，自活动启动之日起开始接收参赛作品，长假之后开始进行评比展示。在授课学年，参加“概论课”学习的学生均可参加。

4. 摄影竞赛程序与总结评价

由教师与学生组成5～7人的摄影竞赛作品评委会，按照不同主题分别评比打分，按得分由高到低排序。每个主题排名在前十的作品，在校内进行公开展示。总结评价要点为内容与主题是否吻合、摄影艺术水平的高低、摄影作品是否经过后期处理（如果有应加以说明）、作品的真实性（如果不是自己的作品，视为不及格）。作品的最后得分，计入“概论课”实践活动成绩。

（三）社团与组织活动类

社团与组织活动类实践活动是思政课实践教学的一种有效形式，是对课堂教学内容的拓展和延伸。它可以强化学生在思政课教学中的所学所得，主要包括主题观影、主题班会、集体学习、社团活动等形式。

教师可在校内开展主题观影活动，因为影视艺术作品有着天然的教育价值和不可替代的育人功能。实践活动的具体思路如下：一是选择活动主题。根据教学内容选择影视资源，比如，中医药文化近现代发展历史是中国近现代史的缩影，“纲要课”可以选择体现中医药文化发展历程的影片，使学生更深切地感受中医药文化的博大精深和跨越时空的持久生命力，感知中医药文化无处不在的魅力，进而深刻领悟“纲要课”的重要性。可以选择的影片如电影《精诚大医》《国医》，纪录片《本草中华》《中医中国》《岭南中医药》《河南中医1958》，电视剧《促醒者》等。二是确定活动目的。通过此次观影，一方面让学生对中医药文化有更加全面的认识，促进中医药文化的传承与发展，加强中医药文化的宣传与普及，进一步体现思政课在引导学生坚定中医药文化自信、树立正确医德方面的重要意义。同时引导学生正确看待近代医学变革与中华民族命运之间的关系，激发学生为实现中华民族伟大复兴而奋斗的爱国情怀，为人民健康事业贡献力量。三是活动总结。观影结束后，以小班为单位，集中对影视作品开展讨论，让学生发表对中医药文化发展历程的理解和感悟，积极表达自己的看法和感受，并撰写一篇1000字左右的观后感，交由任课老师，最后评选出优秀作品并给予奖励。

三、社会实践

社会实践教学是指在学生进行课堂理论教学的前提下，在课堂之外、校园之外，在真实的社会环境中开展的实践活动，与课堂实践活动和校园实践活动相比，社会实践具有更强的实践性，可利用周末、节假日、寒暑假等时间开展。社会实践通常包括以下3种类型。

（一）参观与社会考察类

这一类社会实践活动主要包括参观中医药博物馆、名医纪念馆、制药厂、中医药文化教育基地、药材基地等。

中医药文化是中华文明的瑰宝，有着悠久的历史。中医药博物馆承载着传承中医药文化、保护收藏中医药历史文物的重任，将中医药文化融入“纲要课”，可以开展参观中医药博物馆社会实践活动。教师带领学生走进中医药博物馆，使学生在感受深邃的中医药文化的同时，逐渐加深对中国近现代历史的认识。以上海中医药博物馆为例，实践活动具体情况如下。

一是设计目的。组织学生参观上海中医药博物馆，全方位沉浸式体验鲜活的中医药继承、发展、创新的历史和实现中医药现代化的过程，使学生加深对中医药文化这一优秀传统文化的理解，了解上海，了解中医药文化，开阔视野，培养对中医药文化的情感和认同，体验近代中医药发展史的悲壮，增强思想政治教育的亲和力和实效性，增强“纲要课”的吸引力和感染力。通过参加社会实践活动，培养大学生的独立自主能力，引导大学生践行社会主义核心价值观，牢固树立“四个自信”和为实现社会主义文化强国而努力的理想信念。

二是实施方案。教师提前向学生介绍实践项目，告知参观地点和注意事项。报名学生需配合带队教师安排，遵守安全纪律。

三是评价。优秀（9~10分）：能积极参与实践活动，态度认真，纪律意识强，心得体会内容充实，图文结合。良好（7~8分）：能积极参与实践活动，态度比较认真，纪律意识较强，心得体会内容比较充实，列举了一些图片。合格（6分）：能参与实践活动，态度比较认真，小组分工较合理，心得体会内容一般，照片模糊或无照片。不合格（0分）：不认真参与实践活动，纪律意识差，心得体会抄袭或未交。

四是纪律要求。因为实践活动是在校外进行，所以要严格纪律，由任课教师全程带队，并负责纪律和安全。学生以小班级为单位，必须严格服从带队教师安排，要严格按照出发和返校规定的时间、地点乘车，全程不得擅自离开。参观时要严格遵守博物馆相关规定，不得大声喧哗和随意走动。参观结束后，按要求撰写实践心得体会，字数要求1000~1500字，并要求拍照，打印参观照片，贴在学习心得上，由任课教师负责收集，其中优秀文稿将作为专项实践教学活动成果装订成册。

（二）网络与微视频活动类

当前，以微视频为主要载体的“微课”是深受学生欢迎的新兴教学模式，让学生参与微视频的制作，是达到教学目标行之有效的实践教学方法。学生通过制作微视频，能够提高运用马克思主义世界观和方法论分析问题、解决问题的能力，提升理论水平和逻辑思维能力，并通过微视频制作来感悟人生价值，追求崇高理想。

例如，将中医药文化融入“原理课”，可以开展微视频制作实践活动，这里以第二章“实践与认识及其发展规律”为例，设计微视频制作的实践活动。

教师根据教学内容安排学生走入社会大课堂，走进中医药产业的田间地头、工厂车间，感受中医药文化的魅力，收集具有中医药文化特色的素材来支撑微视频的拍摄。明确“实践与认识及其发展规律”这一主题和教学目标，并注重引导学生记录相关重点和难点，激发学生的创作兴趣，以保证微视频的制作质量。活动要求如下。

一是创作组织。微视频创作以小组为单位开展，在每一个教学班里组建若干小组，每小组成员由8～10人组成，组内必须有明确的分工。

二是拍摄要求。内容要反映中医药社会热点问题，把握时代特征，符合社会主义核心价值观要求，体现学生积极向上的精神面貌、丰富多彩的日常生活，展现学生对“原理课”的理解和体会。拍摄工具可以运用智能手机、DV、数码相机等设备，时长为3分钟左右，拍摄格式为mp4、avi、mpeg、mov，视频大小为400M左右，视频提交以“微视频作品名称＋班级＋联系方式”为命名方式，提交到任课教师指定邮箱。

三是注意事项。必须为原创作品，不得剽窃他人的作品；不得含有色情、暴力、违法等不良内容；不能含有涉及民族问题、宗教问题、种族歧视的内容；创作中所出现的文字、语言、场景、背景等不得与中华人民共和国法律法规相抵触。

四是评价分析。视频提交后，教师从四个方面进行评价（表5-1）。作品的最后得分为全体组员的得分，并计入思政课实践教学成绩。

表5–1 评价分析标准

分值(分)	标准
画面质量(10)	评价该作品的清晰度、整体性,如画面、音质是否流畅等
艺术创意(15)	评价该作品的内容创意,如是否在剧情方面进行过艺术加工,最后剧情呈现时的艺术欣赏价值如何
制作效果(25)	评判该作品的技术性,如剪辑是否能很好地呈现剧情,特效是否能够配合整部作品,配乐是否适合
主题立意(30)	评判该作品的内容是否符合主题,如能否在剧情方面升华主题,能否让主题深入人心

(三)实践与志愿服务类

青年志愿者活动伴随着社会的发展,其活动内容和形式也在不断深化和拓展,具体活动方式主要有帮困扶贫、支教扫盲、环境保护、社区服务、社会公益,是大学生思想政治教育的有效载体之一,可将其与"弘扬中华优秀传统文化"专题教学联系起来,开展"概论课"的社会实践活动,使学生既能在实践活动中实现自身的社会价值,又能通过志愿服务活动传播中医药文化,从而坚定中医药文化自信,为振兴中医药事业、建设健康中国贡献力量。具体设计思路如下。

一是人员安排。首先,青年志愿者活动至少要配备一名指导教师,负责统筹一切相关工作,指导实践活动。其次,安排一名队长,主要职责是密切联系指导教师和各服务小组,统筹计划好各组的主要工作,带领成员开展好志愿服务活动,帮助志愿者提高服务意识、服务能力和综合素质。再次,各组选出一人为组长,负责组织开展该组的实践内容,定期进行小组交流、总结,加强小组成员之间的联系。

二是服务内容。主要以学校周边社区为中心开展志愿服务工作,为广大群众的精神文明建设和生活服务,包括宣传中医"治未病"思想,开展中医药健康知识普及活动和中医药文化宣传活动。

三是实施方案。首先,前期准备。教师根据具体的服务内容,提前联系所服务的社区或对象,就志愿者活动的时间、内容、形式与活动范围等问题达成一致。其次,活动策划。由学生制订具体的活动方案,并上交指导教师审核批准后实施。再次，志愿培训。根据志愿者活动内容的需要，明确志愿者的岗位职责，对每位志愿者都要做到先培训后上岗，以确保每位志愿者都明确自己所在岗位需要提供的服务内容。最后，总结提升。活动结束后，每个志愿者要认真撰写心得体会，要求字数不少于1000字。同时，以活动小组为单位将材料整合，形成一篇不少于5000字的小组工作报告，并派各小组代表在课上进行汇报。

中医药文化增进育人功能的有效途径

文化育人是高校思想政治工作的重要内容，中医药文化作为我国优秀传统文化的精髓部分，是高校文化育人工作的重要支撑，是社会主义核心价值观的营养源泉，有着天然的育人功能。如何增进中医药文化的育人功能，是值得思考的问题。可从打造中医药文化类课程思政入手，使每门中医药文化类课程都能与思政课同向同行，形成协同育人效应，构建中医药文化育人评价体系，为检验中医药文化育人活动的效果和实现程度提供参考。

第一节　打造中医药专业课课程思政体系

推进课程思政建设，是落实习近平在全国高校思想政治工作会议上强调的“守好一段渠，种好责任田，使各类课程与思政课程同向同行，形成协同效应”的重要举措。2020年5月，教育部印发的关于《高等学校课程思政建设指导纲要》进一步明确，要结合各专业特点，分类推进课程思政建设，有机融入课程教学。打造中医药专业课课程思政体系，要突出中医药文化的特色，结合专业课特点、思维方法和价值理念，深入挖掘其中所蕴含的思政元素，整合育人资源，强化顶层设计，加强育人队伍建设，优化教学过程，健全管理体系，使每门专业课都能发挥协同育人效应，增强中医药文化育人功能。

一、强化顶层设计

中医药专业课的思政建设是一项系统工程，需要加强组织领导，建立相应的制度体系，加强顶层设计，全面规划，增强中医药文化的育人功能，提升教学效果。

（一）加强中医药院校党委的统一领导

习近平强调："高校党委对学校工作实行全面领导，承担管党治党、办学治校主体责任，把方向、管大局、作决策、保落实。"在深入推进中医药专业课课程思政建设过程中，高校作为主阵地，党委是第一责任人，是指挥手、方向标，需发挥统筹兼顾全局、直接领导的重要作用。

1. 中医药院校党委要加强对课程思政建设重要性的认识

习近平指出："加强党对教育工作的全面领导，是办好教育的根本保证。"党对我国教育工作具有全面领导、全局保障的作用，中医药院校党委也要肩负起为党育人、为国育才的政治使命，紧紧围绕着立德树人的根本任务，全面贯彻落实全员、全过程、全方位的育人理念，把握中医药专业课课程思政建设总目标、总方向。同时，党委要提高认识，把推进课程思政建设摆在战略高度，不仅要把它作为学校教学的一项重要任务来完成，更要自觉地把它作为一项重要的政治工作来抓，发挥政治领导核心作用，强化中医药院校培养中医药优秀人才的主阵地作用，为中医药专业课程思政建设提供保障。

2. 强化中医药院校党委对课程思政建设的主体责任

在课程思政建设中，中医药院校党委要牢固树立主体责任意识，主动承担起立德树人的任务，高度重视中医药课程思政建设，狠抓落实。党委要以党的二十大精神为引领，认真学习全国高校思想政治工作会议精神，深刻领悟《高等学校课程思政建设指导纲要》精神，贯彻落实教育部的课程思政相关政策文件要求，结合学校的办学特色和办学定位，从教学体系、教育主体、评价体系、激励制度和条件保障出发，制定相关的政策措施，为中医药专业课的课程建设、教材建设、师资培训和教学改革提供政策保障。校领导和教学管理干部要充分理解上级的政策文件精神，在学懂、学深、悟透上下功夫。学校应成立以校党委书记为领导的课程思政工作小组，分管思政工作和教学的校领导要明确分管责任，组织协调全校开展试点工作，完善各部门常态协作和分工负责机制，建立责任清单，细化工作台账，形成思想统一、职责明确、上下协同、执行有力和监督有效的课程思政育人体系。此外，要做好服务保障工作，包括教学设备、教学用具等硬件设施，以及师资力量、资金支撑、科研支持等软件设施，确保课程思政建设在党委的统一规划和宏观领导下有效落实。

（二）强化教学主管部门的协调管理

中医药院校教学主管部门的主要作用在于协调管理，在具体实施上下功夫。例如建立激励制度、完善管理制度、落实监督制度等，目的是采取更加有力的措施推动中医药专业课的思政建设有效开展。

教学主管部门应对课程思政建设进行统筹规划，明确建设目标，细化实施细则，优化教学设计，以提升教师的育人能力和育德水平为目标，定期组织开展培训工作。可采取理论学习与实践实训相结合的方式，组织中医药专业课教师学习党和国家的重要会议精神和课程思政相关政策，充分了解对中医药事业传承发展产生影响的重要事件。课程思政建设有赖于制度的设计与完善，要建立教学管理制度，制定课程思政建设方案，指导并协助完成人才培养方案的修订，在人才培养的知识目标和能力目标的基础上，凸显中医药课程思政的育人目标。

教学主管部门要加强对课程思政工作的监督检查，落实日常教学检查和督导工作。将定期检查与不定期抽查相结合，确保专业课的课程思政与思政课的协作育人同向同行。此外，教学管理部门还应采取有效措施，对专业课教师开展有关课程思政的研究给予支持，可设立相关的专项课题，并提供一定的经费支持，鼓励教师积极开展课题研究，制定课程思政成果奖励办法，调动广大教师参与课程思政建设的积极性。

（三）落实二级学院的主体责任

二级学院是中医药院校立德树人的最前线和主阵地，是课程思政建设的落实单位。只有明确二级学院的主体责任，加强组织领导，课程思政建设才能落实、落细、落地，并凸显成效。

1. 中医药专业所在院系要肩负谋划和推进本专业课程思政建设的职责

（1）做好课程备课

应组织教师以教研室为单位，定期开展集体备课，围绕建设本学科课程思政这一任务，共同挖掘其中所蕴含的思政元素，开发课程思政教学资源，研讨教学方案，设计教学内容，创新教学方法，交流教学经验，具体到每一点、每一个细节，切实做到落地落实，提高专业课的课程思政教学质量。

（2）打破课程壁垒

可通过开展学院全体教师教学研讨会、教学经验交流会，举办学院课程思政教学大赛等方式，集思广益、取长补短，促进各专业课交流课程思政教学经验，分享课程思政教学案例，整合课程思政教学资源，提高教师的课程思政教学能力。

（3）建立课程遴选机制

学院要结合各专业和各门课程的特点和实际情况做出整体规划，先聚焦专业，确定专业的课程思政目标，再聚焦课程，使每门课程围绕各自专业的课程思政目标进一步细化落实。最后有计划地开展课程思政建设，逐步实现二级学院各门专业课程的全覆盖。

2. 马克思主义学院要与各二级学院结对共建

马克思主义学院要发挥好“领头人”的作用，引领专业课的课程思政建设高质量发展。要与二级学院加强合作，主动参与二级学院的课程思政建设，相互交流、相互促进、良性互动，打造协同育人共同体，形成协同育人大格局。各二级学院也要加强与马克思主义学院的密切合作，专业课教师要自觉与马克思主义学院思政课教师进行交流，主动寻求帮助。例如，有关中医药专业课的课程思政课题，二级学院的教师可邀请马克思主义学院的教师加入，对课程思政的概念、特征、内容等进行深入探讨，从理论和实践层面对课程思政建设存在的问题、原因、实施措施等进行剖析，团结合作，形成教育合力，制定出适合本门课程思政建设的方案，推进中医药院校的课程思政建设向纵深发展。

二、加强队伍建设

教师是教书育人的主体，是中医药课程思政建设的中坚力量。《高等学校课程思政建设指导纲要》指出："要推动广大教师进一步强化育人意识，找准育人角度，提升育人能力，确保课程思政建设落地落实、见功见效。"因此，要增强中医药文化育人功能，加强课程思政育人队伍建设十分重要。学校需从思政课教师和专业课教师的角度出发，组建育人队伍。

（一）发挥思政课教师的引领作用

在课程思政体系建设中，思政课应发挥核心引领作用，思政课教师应当扮演好引领角色，使思政课与各类专业课共同承担好"守好一段渠，种好责任田"的重要任务，推动中医药专业课的思政建设。

1. 提升思政课教师的中医药文化素养

思政课教师的中医药文化素养，是专业教育与思政教育有效融合的必要前提条件。然而术业有专攻。目前，大多数思政课教师不具备中医药文化知识积淀，很难将中医药文化有效运用到实际教学当中。习近平曾对思政课教师提出这样的要求，要"以透彻的学理分析回应学生，以彻底的思想理论说服学生，用真理的强大力量引导学生"。因此，打造一支具有中医药文化基本素质的思政课教师队伍十分必要。思政课教师要努力弥补中医药文化知识的不足，知晓中医药文化的形成与发展历程、基本理论、逻辑体系及相关政策法规等，在此基础上，保证教学的思想性、知识性和趣味性，合理设计思政课教学内容，在思政课教学中讲好中医药文化典故，组织学生参加中医药文化情景教学和专题讲座，宣传中医药榜样人物的感人事迹，推进思政课与专业课的有机结合。思政课教师要向医学生传递家国情怀、社会责任和理想信念等，引导医学生在思想上认同、在实践中躬行。

2. 提高思政课教师的教学亲和力和针对性

中医药文化能否在中医药院校思政课教学中得到有效实施，关键在于思政课教师对中医药文化的认知和掌握程度。这直接影响中医药文化资源在思政课教学中的运用质量，甚至决定着思政课的教学效果。因此，思政课教师要有目的、有计划地学习和掌握中医药文化基本知识，在教学中结合实际，针对学生的思想特点和认知差异，发挥其主导作用和学生主体作用。思政课教师要与学生进行平等对话和自由交流，主动关心学生，紧紧围绕他们关注的社会热点问题，积极探索行之有效的教学新方法、新思路，采用问题式、情景式、互动式、案例式等方法，进行有针对性的思政课教学。思政课教师要强化自身的使命感和责任感，不断提高自身的综合素质，做到“六个要”（政治要强、情怀要深、思维要新、视野要广、自律要严、人格要正）标准，坚持“八个相统一”（坚持政治性和学理性相统一、坚持价值性和知识性相统一、坚持建设性和批判性相统一、坚持理论性和实践性相统一、坚持统一性和多样性相统一、坚持主导性和主体性相统一、坚持灌输性和启发性相统一、坚持显性教育和隐性教育相统一）原则。要认识到课程思政是思政课的拓展、深化与补充，主动参与课程思政建设，不断提升思政课教学的亲和力与针对性。

（二）提高专业课教师的价值认同与育人能力

1. 提升专业课教师对课程思政重要意义的认识

教育部颁发的《高等学校课程思政建设指导纲要》指出，“课程思政这一战略举措，影响甚至决定着接班人问题，影响甚至决定国家长治久安，影响甚至决定着民族复兴和国家崛起”，具有重大战略意义。目前，不少专业课教师对课程思政的了解还不深入。为此，中医药院校要对专业课教师进行课程思政相关培训，采取多元的培训方式，如邀请课程思政的专家进行学术讲座、举行课程思政专题研讨会和分享交流会、开展线上和线下培训等，以提高专业课教师对课程思政的目的、内容、核心要素及建设路径的认识，提升专业课教师对课程思政价值的认知，激发其开展课程思政的自觉自信，从思想上认识开展课程思政的重要性。

作为专业课教师要积极转变教育理念，创新教学方法，增强自觉意识，强化责任担当。在进行专业课教学时，要充分挖掘其中所蕴含的思政元素，对专业知识体系或知识单元进行再梳理、再设计、再完善，提高教学效果。

要让专业课教师认识到，课程思政并不是单纯的“课程+思政”，也不是简单地开设一门课，或增设一项活动，其本质是将思政元素融入专业课教学的各个环节。它所强调的“思政”，更多的是一种价值观和方法论，反映的是一种情感和意志层面的正向引领，而非传统的理论灌输。因此，中医药专业的课程思政建设不仅不会干扰课堂教学，反而更有利于培养学生的中医思维，提升学生的职业道德修养和人文素养。

2. 提升专业课教师的育人能力

专业课教师的育人能力是影响课程思政建设的重要因素，构建一支政治素质过硬、专业理论较强、道德品质良好的高素质课程思政育人队伍，对于提升育人能力、确保课程思政工作落地落实、见功见效十分重要。

（1）强化专业课教师的马克思主义理论素养

对于思政课教师而言，提升马克思主义理论素养应当在“真学、真懂、真信、真用”马克思主义理论上下功夫。作为专业课教师，要坚信马克思主义是科学的理论体系，是与时俱进的理论体系，在实践中不断焕发着生命力。专业课教师要系统学习和掌握马克思主义基本原理、基础理论和马克思主义中国化的最新成果，深刻领悟习近平新时代中国特色社会主义思想的内涵，并学以致用，能够运用马克思主义基本观点和方法解释历史现象，分析现实问题，指导社会实践。中医药院校要对专业课教师进行马克思主义理论知识培训，采用讲座、学术会议、集体研修和教学实训等形式，提高专业课教师的马克思主义理论水平，增强专业课教师的“四个自信”和“四个意识”，坚定建设中医药专业课课程思政的自信。

（2）增强专业课教师的师德修养

习近平在中国人民大学考察时对广大教师提出殷切希望：“培养社会主义建设者和接班人，迫切需要我们教师努力成为精于‘传道授业解惑’的‘经师’和‘人师’的统一者。”专业课教师不仅要做好“经师”，更要涵养德行，学做“人师”，善做“人师”，不断提升自身的师德修养。专业课教师要深刻理解教育部等七部联合印发的《关于加强和改进新时代师德师风建设的意见》要求，提高遵守师德规范的自觉性，弘扬高尚的师德师风，爱岗敬业，严谨治学，遵守规范，严于律己，躬身实践，善于反思，以身作则，率先垂范，做学生为学、为事、为人的榜样。

（3）提升专业课教师的学习能力

育人必先育己，立己者方能育人，教育者先受教育。专业课教师只有熟悉所讲授的课程内容，并将思政元素融入其中，才能更好地将理论知识传授给学生。专业课教师要主动参加各类培训，主动学习，自觉学习。可借鉴复旦大学的“集中研讨提问题、集中备课提质量、集中培训提素质”的“三集三提”课程思政能力提升模式，通过多种形式的理论学习，对学生进行正确的价值引导，主动了解大学生的思想动态，不断提高课程思政的育人能力。

（三）加强思政课教师与专业课教师协同育人

课程思政建设的主体在于课程，关键在于教师，更在于思政课教师与专业课教师的协同育人。归根结底，课程思政要靠教师去落实，需要专业课教师与思政课教师同向同行，共同贯彻落实立德树人根本任务，实现全员、全过程、全方位育人。

对于专业课教师而言，他们对所讲授的中医药专业课有很深的理解，但思想政治素养与能力有限。因此，专业课教师要充分发挥自身优势，在教好专业课的同时，还要做好教书育人工作，做立德树人的践行者。中医药院校要努力构建专业课教师与思政课教师互动模式，组建专业课教师与思政课教师互动教学团队，搭建共建、共享、共慧平台，如课程思政教学资源共享平台、教师能力培训平台、网络集体备课平台等。专业课教师要主动与思政课教师结成科研团队，共同探讨如何将思想价值引领贯穿到中医药专业课的教学大纲、教学设计、课堂教学、教学评价与反馈等教学全过程，探讨如何在知识传授过程中引导学生坚定中医药文化自信，正确认识自身的时代责任和历史使命，把远大抱负落实到推动中医药文化事业发展中，为推进健康中国战略作出贡献。

对于思政课教师而言，他们有着学科优势和长期从事思想政治教育的经验，但中医药文化知识则有所欠缺。因此，思政课教师除了讲好思政课外，还要积极参与专业课的课程思政建设规划，帮助专业课教师提高思想政治觉悟，引导专业课教师结合思想政治工作规律、教书育人规律与学生成长规律，因事而化、因时而进、因势而新，实现专业课程与思政课程同向同行。

三、整合教学资源

整合课程思政教学资源是开展课程思政教学的必要前提，中华优秀传统文化、红色医药资源、职业道德精神、地方特色资源中都蕴含着丰富的思政元素。

（一）中华优秀传统文化

中医药文化深深植根于中华优秀传统文化，是中华优秀传统文化的杰出代表，是在中国传统文化的土壤中萌生、发展与成熟的，刻有中华优秀传统文化的烙印。中医药所蕴含的“阴阳学说”“五行学说”“精气学说”“天人合一”等哲学思想，与我国传统文化的阴阳、五行、易学等同源相生，是儒家、道家、佛家等传统文化形态的重要凝结。中医药文化与中国优秀古典文学也是相互渗透的，例如《红楼梦》中的“冷香丸”，《西游记》中的“王不留行等九味中药”。此外，中医药文化蕴含着丰富的自然科学精神，如《黄帝内经》便贯穿着理性精神、实证精神和求真精神。因此，充分挖掘中医药专业课程中蕴含的中华优秀传统文化元素，将其作为课程思政的首选教学资源，有助于提高大学生的专业认同，提升大学生的中医药素养和人文素质，增强中医药文化自信，增强做优秀中医药人才的志气、骨气和底气。

（二）红色医药资源

习近平多次强调要把红色资源利用好、把红色传统发扬好、把红色基因传承好。中医药院校担负着立德树人的重要使命，要注重发挥红色资源，尤其是红色医药资源在育人方面的独特功能。红色医药资源是党领导人民群众在长期斗争中所形成的宝贵物质财富和精神财富。挖掘红色医药资源中与中医药专业课内容相关的红色素材，引导学生自觉接受“红色医药文化”和“红医精神”的熏陶，弘扬优良传统，赓续伟大精神。比如，向学生讲述中国共产党领导医务人员和根据地人民在艰苦环境下，积极开展医疗活动，创办后方医院、战地医院、卫生学校等，不断发展壮大红色医药卫生事业的感人故事，以及苍术、三七、当归等药材产地的抗日故事。又如，在“非典”疫情和新冠疫情中，中医药的运用以及医护人员展现出的高尚家国情怀和拼搏奉献精神，不仅充分展现了中华民族百折不挠的民族精神，也凝聚了中医药人守正创新、乐于奉献的奋斗精神和人民至上、生命至上的坚定信念。这些都可作为激励大学生发展中医药事业、承担新时代责任的鲜活素材。

（三）职业道德精神

《高等学校课程思政建设指导纲要》指出，课程思政建设要加强职业理想和职业道德教育，引导学生深刻理解并自觉实践各行业的职业精神和职业规范。因此，课程思政要把职业导向、职业文化、职业道德、职业精神等作为教学的重点内容。

中医药文化博大精深，蕴含着丰富的人文思想，带有浓厚的人文色彩，中医药人在长期与疾病斗争的行医实践中所孕育形成的职业信念、行为规范和医德医风，其精髓是“医为仁术、仁者爱人”，这与社会主义核心价值观相契合，其内涵中蕴含着丰富的思政资源。比如，《神农本草经》《本草纲目》等典籍皆有职业道德、职业观念的论述，还有“大医精诚、医乃仁术、济世仁民、报国修身”的职业信念，以及“修合无人见，存心有天知”的职业行为规范，这些都可以作为课程思政建设的重要资源，以此教育学生深刻理解大医精诚的“职业观”，自觉遵守中医药职业规范，增强职业责任感，培养学生形成遵纪守法、爱岗敬业、无私奉献、诚实守信、开拓创新的职业品格和行为习惯。

（四）地方特色资源

学校是承载文化的高地，高校所在的地域蕴含着丰富的、独具地方特色的思政资源。中医药专业课的课程思政可结合学校所在地的地方文化特色和实际情况，以学校所在地的人文历史、风俗习惯、思维方式和语言特点为依据，挖掘和整合课程思政教育资源。例如，浙江中医药大学结合当地特色资源，结合中医药院校学生的思想特点和成长规律，在讲授中药炮制法时，导入新课。从解释杭州胡庆余堂“戒欺”匾额的由来到播放药店师徒传承的纪录片，把学生带到了“不敢省人工、不敢减物力”的场景，形象而深刻地向学生展示了诚信的重要性，润物细无声地将道德、品格、理想信念等思政元素渗透到专业课教学中。另外，所在地区具有光荣革命传统和丰富红色文化资源的高校应着力加强对红医文化资源的挖掘和运用，结合英雄人物、历史事件等，弘扬优良革命传统，传承红色基因，对学生开展爱国主义情怀、艰苦奋斗精神、无私奉献精神等培育。例如，福建中医药大学与武夷山市洋庄乡小浆村在张山头红军墓和红军中医院建立教学实践基地，专业课教师把红色医药资源融入课堂教学中，把课堂打造成红色教育基地。此外，中医药院校还可以结合本校特色资源开展课程思政，以彰显学校办学特色、办学理念，实现课程育人。

四、优化教学实施

要科学推进课程思政工作，就要发挥好其在价值引领上的独特优势，遵循专业课的特点和教学规律，深入挖掘其中所蕴含的思政资源。要明确育人目标，找准育人角度，完善教学内容，改进教学方法，强化教学评价，逐步实现从“大水漫灌”到“精准灌溉”，优化课程思政教学过程，打通思政教育与课程思政协同育人的“最后一公里”。

（一）教材编写

1. 突出课程思政教材的政治导向

教材是课程思政建设的重要依托，是育人育才的必要载体。教材建设是国家意志的体现，要严把教材编写内容的政治关。中医药课程思政教材必须符合党和国家的教育方针、政策，以立德树人为核心，要始终坚持马克思主义的指导地位，坚持不懈地弘扬社会主义核心价值观，引导学生遵循正确的政治方向，树立正确的价值取向和学术导向。所编写的课程思政教材不仅要体现中医药文化精神、文化知识、道德行为规范和价值取向，还要在教学目标、教学内容、教学案例等方面融入思政元素，注意挖掘理论知识背后的思政育人价值，整合优势资源，编写出高质量的教材。教材的编写要考虑学生的学习能力，要立足于中医药文化的普及，帮助学生全面系统地了解中医药文化。要注重内容的实用性、科学性和时代性，要与大学生的日常生活、思想趋向息息相关，要有较强的说服力和感染力，既要重视对理论的深度阐释，又要便于受教育者理解和接受。

2. 做好教材编写保障工作

中医药院校应设立教材建设专项经费，出台教材编写专项经费使用管理办法，明确经费使用原则，规定经费使用范围，严格经费使用程序，并做好监督检查工作，保证课程思政教材建设的投入。相关院系要结合学校教材建设规划，进一步确立教材编写的政治标准和学术标准，根据院系教材建设需要，设立配套经费。随着课程思政建设的深入推进，课程思政教材不断推出。例如，2020年由中国中医药出版社出版的《医学类专业课程思政教学案例集》，是全国中医药行业高等教育“十三五”创新教材。该教材总结了浙江中医药大学在医学相关专业课程中有效开展思政教育实践的教学优秀案例，为医学类专业课教师开展课程思政提供了丰富的教学内容与教学方法。天津中医药大学实行以课程思政建设为主要内容的“筑梦班”特色培养模式，由马克思主义学院思政课骨干教师团队将4门思政必修课的核心原理进行提炼、整合，最后编写出《课程思政元素读本》，作为课程思政理论教材。

（二）教学设计

好的教学设计是确保课程思政教学有效实施的关键。中医药专业课的课程思政教学设计，需考虑教学目标、教学内容、教学方法3个方面。

1. 教学目标设计

教学活动是以教学目标为导向的，且始终围绕教学目标的实现和教学内容的完成而展开。中医药课程思政的教学目标设计一定要符合中医药院校思政教育的基本目标要求。一是必须具有明确、具体、科学、规范的原则。二是教学目标要具有完整性，要与课程目标整体方向一致，要包含该课程的重要成果，构成完整的体系。课程目标要从知识和能力、情感态度和价值观、思政三个维度进行设计，课程思政教学目标设计要注重启迪学生的中医智慧，培养学生的中医思维，引导学生积极弘扬中医药文化，自觉传承中医药理论与技术。教师要引导学生感悟中医药治疗方法在临床实践中的价值，牢固树立运用中医药理论处理临床问题的意识，使学生重视和谐医患关系的构建，引导学生感受中医药文化的魅力，坚定中医药文化自信，理解中医药文化承载的科学精神以及为人类健康作出的巨大贡献，厚植学生的爱国情怀。三是教学目标必须充分体现学生的主体地位，更多地关注学生的特点，从学生的年龄、需要、兴趣爱好、知识水平和理解能力出发，尊重差异性，将教学目标具体化。

2. 教学内容设计

课程思政教学设计的前提是对专业课的教学内容进行梳理，并结合中医药专业的课程特点、思维方式和价值理念，深入挖掘专业课中所蕴含的思政元素，并有机融入课程教学中。教学内容的设计要立足整个学科理论，充分考虑能否传递中医药文化理论及价值观，充分考虑大学生的知识结构、能力素质、心理特点和接受程度，用实例阐述教学内容的重点和难点，科学合理设计教学内容。

3. 教学方法设计

中医药文化的传承和弘扬在于不断学习，学习的根本在于教学，而教与学重在方法。中医药专业的课程思政，要结合学生的思想实际和知识储备情况，立足于学生的社会生活与经验进行教学方法设计。教师的教学方法包括理论讲授法、专题教学法、案例教学法、比较分析法等，互动方法包括小组讨论、学生分享、问题链教学法、情景模拟教学法等，实践方法包括实地参观、考察等。

（三）教学反思

教学反思是中医药课程思政教学实施的关键一环。授课教师要通过教学反思，清晰把握所讲课程的思政建设目标、核心内容和教学方法，不断优化教学过程，提高教学质量。

1. 反思核心内容是否抓准

中医药专业课承担着用科学的价值观引导学生认知世界、改造世界的教学任务，与思政课一样，在社会主义核心价值观的引领下，担负着立德树人的重要任务。但与思政课不同的是，专业课教师并非系统地对学生进行马克思主义理论教育，而是以学科基础理论、基本知识为支撑点，传递给学生的是中医药理论及其所蕴含的价值观。它要求教师将思政元素自然地融入课程教学中，而不是“表面化”“硬融入”，是要结合学科特点，因势利导，重在以科学的专业理论和正确的价值观育人，达到春风化雨、润物无声的育人效果。因此，中医药专业课教师必须做到因课制宜，客观、全面地反思是否抓准了该课程教学的核心内容。

2. 反思教学方法是否合理

教学方法是服务于教学目标的。课程思政的教学方法形式多样，采取适宜的教学方法，有助于教学效果的提升。课程思政的教学方法一般需具备以下特征。一是适度原则。中医药文化自古以来就强调“度”，即做事不偏不倚不为病。《黄帝内经》中的“久视伤血，久卧伤气，久坐伤肉，久立伤骨，久行伤筋”，并称“五劳所伤”，用于课程教学，亦有其借鉴意义。中医药专业课的思政教学内容要适度，绝不能冲淡理论教学。教学方法要灵活多样，注重发挥学生的主体作用。二是注重理论联系实际。例如，山东中医药大学张蕾老师在讲授“中国医学史”时，谈到人类疾病史，便将历代医家认识疾病、战胜疾病的实例与新冠疫情紧密联系，帮助学生审视生命与自然的关系，从而敬畏生命，尊重自然，提升对大自然的认知。教学中教师需紧扣生活实际，以中医药专业课为载体，将中医药文化知识放到生活实践中去检验。

3. 反思教学目标是否明确

中医药专业课的思政教学目标要以知识传授与价值引领相结合为原则进行设立，要从知识目标、能力目标和思政目标三个方面入手。要特别注意课程思政目标的设立与思政课步调一致，围绕中医药专业课的性质和特点，在遵循课程本身教学规律的前提下，保持自身的独立性和差异性，充分吸收思政课的教学经验，与思政课同向同行、相得益彰。教学目标的设立要坚持以德立身、以德立学、以德施教，培养学生形成良好的品德，引导学生树立正确的人生观、世界观和价值观。

第二节　开展具有中医药文化特色的育人活动

开展具有中医药文化特色的育人活动是增进中医药文化育人功能的有效路径，可从校园文化建设入手，营造良好的校园文化育人氛围，进一步打造具有中医药文化特色的育人活动，开展中医药文化榜样示范教育活动，以增强中医药文化育人效果。

一、营造校园文化育人氛围

每个高校都有独特的校园文化，这是一种无形的育人力量，中医药院校要坚持从校园文化建设入手，把中医药文化渗透到校园文化建设中，使其成为校园文化建设的组成部分，营造校园文化育人氛围，发挥校园文化春风化雨、润物无声的育人作用。

（一）培育人文环境

校园人文环境是文化的天然载体，潜移默化地影响学生，浸润着学生的心灵。培育具有中医药文化特色的校园人文环境，可以分为硬环境和软环境。

1. 硬环境

硬环境体现为校园内的所有实体，包括基础设施、教学设备等。

（1）校园内的雕像、建筑物要蕴含深厚的中医药文化底蕴，中医药院校可在校园内建造中医药先贤的雕像，设立展示中医药杰出人物的生平事迹展板，使学生感受中医药人物的魅力，进而领悟中医药文化精神。

（2）在教室、食堂、宿舍的走廊或墙壁上张贴中医药名家的简介、书画作品、名言警句、育人语录等，展现名师大家的思想风格和崇高精神，将中医药文化融入学生的日常学习和生活中，使学生时刻置身于中医药文化浓厚的育人氛围中。

（3）在校园内张贴、悬挂中医药文化宣传标语或横幅，用简洁明快、意义鲜明的文字宣传中医药文化的功能。

（4）在条件允许的情况下，中医药院校可建设中医药文化主题公园，精心设计主题公园的景观。在园内种植中草药，建有以中医药先贤的名字命名或带有中医药文化特色的小路，以实景营造中医药文化氛围，使学生们在园中学习、休息时，就能受到中医药文化的熏陶。比如，云南中医药大学的校园道路和宿舍楼都独具中医药文化特色，以“一条小路一位医学大家，一幢宿舍楼一味中药”，警醒中医药学子“一身白褂一份责任”。

2. 软环境

校园人文软环境同样具有潜在的育人作用。

（1）用校训表现学校的中医药文化思想，提炼中医药文化的精髓。校训是一个学校的灵魂，承载着学校的历史文化积淀，体现出一所学校的办学传统和教育理念，比如，黑龙江中医药大学秉承“勤奋、求真、博彩、创新”的校训精神，以弘扬中医药文化精华、造福人类健康为己任，以大医精诚、止于至善为依归。

（2）校徽、校旗可以作为充分体现中医药文化深厚底蕴的育人载体，充分彰显学校的文化理念和办学特色，高度凝练学校的人文精神。

（3）校歌也是学校教育理念和优良传统的集中展现，是独特的风格和个性的表现，也可以体现中医药文化思想精髓、价值观念。总而言之，要深入挖掘校训、校歌、校徽、校旗中蕴含的中医药文化元素，发掘育人功能，使学生在潜意识中接受中医药文化的熏陶，从而提升自身的中医药文化素养。

（二）组建社团组织

社团组织是大学生以具有某些相同或相近的特征为出发点，如特长爱好、个性需求、想法与意愿等，自愿组成的群众性组织。社团组织是中医药院校校园文化建设的主要阵地，已日益成为校园中医药文化育人不可或缺的载体。中医药文化社团组织主要包括中医药文化宣讲社团、中医药文化传播及推广社团等。

1. 组建中医药文化宣讲社团

组建中医药文化宣讲社团要选择政治素质高、文化修养高、理论功底深厚的专业教师担任指导教师。比如，成都中医药大学的社团组织——中医药文化传播者协会，邀请教师进行指导，并积极开展中医药文化讲师培训。指导教师带领学生制定社团工作计划，监督做好社团建设工作及学生思想工作，指导学生有效开展社团活动。与此同时，要加强中医药文化宣讲社团建设，加强社团宣传，扩充社团规模，在每学年社团纳新和举办品牌活动的基础上，定期推行“社团风采展示日”，积极宣传社团的特色活动成果，提升社团的知名度和影响力，促进校园中医药文化宣讲社团的健康发展，发挥好中医药文化育人功能。

2. 组建中医药文化传播及推广社团

中医药院校可通过医史展览、组织社团成员整理史料及展览讲解，使学生近距离接触中医药文化历史，了解藏品背后的故事。学生可结合所学专业，制作短视频，使悠久的中医药文化故事得到广泛传播。

可定期举办演讲与辩论赛，在弘扬中医药文化知识的同时，为学生提供提高专业素养的机会，使学生充分展示自我。

可定期组织中医药文化知识讲座或竞赛，在宣传中医药文化的同时丰富学生的课余生活，在趣味学习中，提升学生的综合素养，提升育人效果。

组建社团组织时要注意以下几点：一是要规范对社团组织的管理。加强对社团组织的管理是社团制度化、持续化、稳定化发展的重要前提，也是发挥中医药文化社团组织育人功能的重要保证。社团组织要在符合高校有关社团管理的规章制度下，设立健全的组织机构，按照学校制定的总体活动方案，设立明确的活动宗旨和活动内容，做好社团活动的总体策划和整体安排。同时，要加强对社团组织管理人员竞选工作的监督。比如，河南中医药大学的蒲公英校园文化志愿宣讲团竞选就采取个人演讲方式，采用无记名投票，并抽取部分讲解员全程监督计票。整个竞选坚持民主、公正原则，保证了宣讲团的质量。二是要加强对社团组织的支持。中医药院校要加大对学生社团的支持力度，为社团组织建设提供强有力的保障，包括在政策、资金、资源上予以帮助。要充分考虑社团组织的活动和管理经费，划出专项资金用于社团的活动支出与日常管理。同时，尽最大可能为学生提供活动设施和实践场所，为学生社团组织发展提供必要的物质保障。

（三）开展主题活动

校园主题活动是中医药文化育人的重要形式。中医药院校可开展主题鲜明、形式多样、内容丰富的中医药文化育人活动，帮助大学生在主题活动中汲取中医药文化的营养，主动接受中医药文化的熏陶和浸染。

1. 学术研究与交流活动

学术研究与交流活动具体包括专题报告会、理论大讲堂、主题讲座等。中医药院校可聘请校内外中医药文化学科领域的专家、学者、名医进行专题报告或理论演讲。这种形式规模较大，氛围严肃，主题鲜明，生动形象，现场的问答环节，以启发式和提问式的互动交流可引发学生思考，激发学生对中医药文化的探索之心。这些专家、学者具有丰富的中医药文化理论知识和经验，既能从理论高度讲授与中医药文化内涵、价值等相关的内容，又能紧密联系实际，契合大学生的思想实际，增强中医药文化的理论性和价值性，使中医药文化兼具理论的说服力和育人的亲和力。

2. 专题竞赛活动

中医药院校要有计划、有组织地面向学生开展以传承中医药经典、传播中医药文化为主题的知识竞赛、经典诵读竞赛、征文比赛等活动，认真做好组织筹备工作，安排专门负责人员，做好校内初赛选拔和学生组织工作，明确实施方案，包括活动内容、参赛对象、活动流程、相关要求等，通过中医药文化专题竞赛，让学生领略中医药文化之美、感受中医药文化之魅，从而夯实中医药文化底蕴，确保中医药文化育人取得实效。

3. 文艺活动

文艺活动要善于运用音乐、舞蹈、戏剧等喜闻乐见和易于被大学生接受的艺术形式，运用舞台艺术的表演手法，突出“仁、和、精、诚”的中医药文化核心理念，增强中医药文化的育人效果。比如，湖北中医药大学原创情景舞蹈《中医魂》，以艺术的形式，弘扬“求真求实、发掘创新”精神，真实地反映了中医药文化的本真。南京中医药大学创排的《问脉千年》话剧，切准中医药文化发展之脉，跟随李时珍的脚步，穿越时空，使学生见证了中医药文化的成就。需要注意的是，文艺活动专业性较强，需要团队精心策划和专业教师的悉心指导，并要求学生之间、学生与教师之间要团结协作、凝心聚力。

二、打造中医药文化育人品牌活动

（一）建设宣传教育基地

博物馆、图书馆、校史馆等宣传教育基地对促进中医药院校专业教育和素质教育有着十分重要的意义。中医药文化性质的博物馆、图书馆、校史馆都是中医药文化育人的理想场所，也是开展探究式、参与式、实践式特色育人活动的重要场所。

1. 中医药博物馆

中医药博物馆植根于中医药文化的深厚土壤，是展示宣传、传播普及、传承创新中医药文化的最好方式之一，也是中医药文化育人最有效的载体之一。中医药院校可通过加强中医药博物馆建设，以大量的典藏标本、模型、实物等资料，发挥对课堂教学的辅助功能。博物馆内可面向学生开设“人文实践”课，组织形式多样的品牌活动。北京中医药大学博物馆主办的中药辨识大赛、博物馆文化周、博物馆讲解大赛等，寓教于乐、以赛促教，不仅提高了学生的参与度，还实现了良好的育人效果。在互联网高度发达的时代，中医药院校可利用新媒体技术，打造中医药文化数字博物馆，开设线上虚拟展厅，设置相关链接和版块，实现信息共享，提升大学生的交互体验，更好地发挥博物馆的育人功能。

2. 中医药图书馆

图书馆是中医药院校文化育人的重要平台和阵地，不仅具有最基础的收藏展陈功能，更是集人才培养、宣传教育、文化传承功能于一体。中医药院校应加强中医药文化特色图书馆建设，要为学生提供优质的馆藏资源，既包括纸版文献也包括电子文献，在馆内还可创建特色阅读空间。黑龙江中医药大学十分重视图书馆建设，创建了“杏林博雅书斋”“岐黄特藏文库”等5个特色阅读空间，面向全校师生开放。图书馆可邀请具有深厚中医药文化积淀的知名学者开展中医药文化讲座，举办中医药文化主题展览，开设电子阅览室，方便学生自主学习中医药文化知识。

3. 中医药文化校史馆

中医药院校的校史馆，必然极具中医药文化特色，是中医药文化育人不可或缺的重要平台之一。校史馆可利用声光电等传播媒介直观地展示学校的办学特色、人文环境和发展历程，使学生能够身临其境地感受中医药文化的氛围。校史馆可开设教师风采专题展，让学生在参观中领略优秀教师身上所体现的中医药文化魅力，激发学生主动学习中医药文化知识。

（二）创建育人载体媒介

在网络与新媒体快速发展的时代，伴随着“微文化”的蓬勃发展，大学生逐渐成为“网络原住民”，是对互联网最熟悉、最热衷、最活跃一个群体。因此，网络与新媒体日益成为众多高校开展育人活动的重要载体。

中医药院校可充分利用网络平台这个载体，对医学生加强中医药文化教育。在学校官网可设置中医药文化特色模块，及时发布国家和地区关于中医药文化传承、创新、发展的相关政策，使学生了解中医药文化的建设成就和未来发展趋势。中医药院校还可建立专门的中医药文化网站，在网站上设立校园论坛，鼓励学生们进行交流与互动，方便学生查询中医药文化方面的资料，利用网站对中医药文化进行传播。学校可设立与中医药文化相关的微信公众号、小程序、微博账号等，定期推送与中医药文化相关的优质文章，鼓励学生积极关注并收藏、点赞和转发。中医药院校还可借助抖音、快手等短视频平台，定期上传中医药故事小视频。可举办“中医药文化短视频大赛”，面向全校师生进行短视频征集，使学生在潜移默化中接受中医药文化教育。值得注意的是，无论是网络平台，还是新媒体社交平台，都要做好信息维护和监督工作。要指派专业技术人员对网络平台、中医药文化网站、微信公众号、抖音账号等的运行状况进行监管和维护，保证中医药文化育人质量。在互联网上，学生不仅是网络文化的消费者，也是网络文化的生产者和提供者，要鼓励学生积极参与网络监督管理，发挥学生群体的正向舆论引导作用，坚决抵制诋毁和污蔑中医药文化的不当言论，营造良好的网络育人环境。

（三）打造文化精品课程

打造中医药文化育人品牌活动，需要有精品课程意识。中医药文化精品课程并不是一蹴而就的，而是在长期的沉淀积累和反复实践的过程中形成的。中医药院校应坚持多措并举，集中力量打造中医药文化育人精品课程。

1. 打造精品在线课程

慕课是面向全社会免费开放以教与学并重为主要特征的新型网络课程模式。中医药院校打造中医药文化精品在线课程，可以采用慕课这一模式，立足于慕课的教学理念，制定中医药文化慕课建设规划与方案，建设在线学习平台。可以视频的形式开展中医药文化课程教学，并配合相应的即时在线测试，以检验学生的学习情况。在此基础上，可利用大数据的分析软件，促进授课教师优化教学内容，方便学生及时调整自身的学习方法和学习计划。教师还可利用多种在线工具和软件，提高学生的学习兴趣和学习质量，使中医药专业课程的育人取得成效。

微课作为一种新兴的教学方式，具有十分广阔的应用前景，也可用于中医药精品课程建设。微课具有促进学生自主学习中医药文化知识的显著优势，能够为学生提供自主学习的氛围，按需选择学习，既可查缺补漏，又能巩固知识，满足学生对中医药文化知识的个性化学习需求。

2. 打造精品线下课程

首先，要组建一支高质量的师资队伍，组建由中医药学院士、中医药文化教学名师、名家和教授等组成的讲师团，讲授中医药文化知识。还可邀请中医医院的一线医护人员为学生讲授中医药文化知识。在学生学好专业知识的基础上，拓宽学生的知识面，使其了解中医药行业动态，领悟中医药文化精髓，坚定中医药文化自信。

其次，要整合优质课程资源，坚持多元立体、与时俱进、理论与实际相结合的原则。中医药院校要从中医药相关学科的基础理论、基础知识、基本技能入手，深入社会实践，挖掘中医药的行业规范、职业操守和价值理念。比如，上海中医药大学推出了《岐黄中国》系列课程。该课程整合各学科领域的优质资源，邀请行业专家向学生普及中医药文化和行业发展等方面的知识，拓宽大学生的专业视野，使学生从价值、心理、思维、审美、治理等视域理解中医药文化，提升岐黄学子的文化自觉，牢记初心，主动承担中华民族伟大复兴的历史使命。

三、开展中医药文化榜样示范教育活动

中医药院校应积极开展中医药文化榜样示范教育活动，使学生将中医药榜样人物的先进事迹和崇高精神内化为努力奋进的方向，外化为干事创业的行动，增强中医药文化育人的效果。

（一）强化学生对榜样示范教育的认知

1. 提升对榜样人物的认知水平

中医药院校教师应让学生知晓榜样人物的标准，了解榜样示范教育的相关理论，并努力将理论知识内化于心、外化于行。医学生要了解榜样示范教育的内涵，明确榜样人物的特征，提升对榜样示范教育的认知。

2. 加强对榜样的情感认同

在中医药文化育人工作中采用榜样示范方法，有助于学生树立正确的价值观，强化对榜样的情感认同。随着新媒体的广泛应用，学生的需求呈现个性化发展趋势，价值观亦呈现多元化的特点。教师要教育学生坚持正确的价值观，提高辨别能力，要将具有良好医德医风的人物作为榜样，既要学习其精湛的医术，更要学习其优秀的品质。此外，学校需注意选取生

活中真实的、与学生联系紧密的榜样，比如距离基层群众最近、最"亲民"的赤脚医生、乡村医生等，用他们的亲身经历感染学生，使学生产生情感共鸣，从而强化对榜样的情感认同，使他们更好地向榜样看齐，促进自身全面发展。

3. 提高对榜样的践行能力

教师要教育学生重视社会实践，走出校门、走向社会，做到知行合一，在小事、实事上下功夫。要帮助学生将课堂上的理论知识运用到社会实践中，将理论转化为实践行动。要鼓励学生不仅要提升对榜样的认知能力，强化情感认同，还要从自身做起，积极投身社会实践活动。医学生可以主动参加志愿者活动，宣传普及中医药文化知识，如到社区、农村、社会福利救助机构等，为群众提供健康咨询、康复辅导、义诊等服务，以实际行动向中医药榜样人物看齐。此外，学生可以从同辈群体中选出医德模范作为榜样，与他们进行交流沟通，可以模仿他们的行为，学习他们良好的行为习惯，进而提高自己的综合素质和医德修养，增强全心全意为百姓健康服务的意识。

（二）遵循榜样示范教育的实施原则

榜样示范教育方法在高校中医药文化育人工作中的运用应遵循一定的原则，以增强榜样示范教育的影响力与吸引力，提升中医药文化育人的效果。

1. 坚持主体性与引导性相结合

文化育人工作是以学生为主体的，因此要尊重学生的主体地位，提高学生的主体意识。学生的主动性与积极性直接影响中医药文化榜样示范教育的效果。如果忽视了学生的主体性，就难以发挥良好的育人作用。榜样示范教育的过程是一个由外化转为内化的过程，因此中医药院校要始终坚持以学生为中心的理念，重视对学生个性的培养。教师应结合学生的思想实际和个性需求，转变角色，换位思考，引导学生主动学习和效仿中医药榜样人物，使榜样示范教育的效果得到更好发挥。

2. 坚持真实性与时代性相结合

只有选择客观且真实的榜样人物，才能让学生产生情感共鸣，增强学生对榜样人物的情感认同，并外化为向榜样学习的行动。真实性原则要求教师要选择真实的中医药榜样人物。比如，国医大师、名老中医、道德模范、中医药领军人才等，不论是榜样的选取还是榜样的宣传，都应该遵循真实性原则，不能过度对榜样进行美化，要辩证看待榜样人物，促进学生们向榜样学习。受社会现实情况、学生思想实际及其他因素的影响，中医药榜样人物的选取标准会有一定的差异性。教师要更新自身观念，及时更新榜样人物选取标准，选取符合当今社会主流价值观和时代发展要求的中医药榜样人物，引起学生共鸣，提升学生的主动学习意识。

3. 坚持层次化与生活化相结合

层次化原则是指教师在选取中医药榜样人物时，要从多个角度出发，选取多样化的榜样，然后对其进行分类，保证所选取的榜样不局限于同一层次。比如，选取的榜样人物可以是中医药领域的名师大家，也可以是基层医疗服务队伍中的赤脚医生、乡村医生等。生活化原则是指教师要将榜样选取的标准与生活化理念相结合，选择那些贴近生活实际、通过自身努力成为榜样的平凡人或普通人，尽可能避免脱离学生的现实生活。比如，选取的榜样人物可以是本校的优秀教师、杰出校友、抗疫代表，也可以是优秀的学生代表，拉近学生与榜样人物的距离，激励学生积极模仿榜样并付诸实践，强化中医药文化育人工作中的榜样示范教育的实效性。

（三）开展榜样宣传教育活动

中医药院校开展榜样示范教育活动，选取榜样是前提，宣传榜样是关键。要想发挥榜样的示范教育作用就应该大力宣传，开展榜样宣传教育活动，使他们的光辉事迹被学生广泛熟知，并进一步认同他们身上的精神品质，进而积极学习和效仿。

1. 注重宣传榜样的内在品质

中医药院校应采用多种方式，对榜样人物的先进事迹进行宣传，引导、激励学生自觉向榜样学习，提高学生的道德素质。在榜样教育的过程中，对榜样的宣传不能只停留在表面，仅限于对其先进事迹的介绍和报道，而应该由表及里、由浅入深地挖掘榜样人物的内在精神，通过多种方式凸现其内在品质。开展榜样宣传教育活动只是一种手段，重点在于通过宣传引导大学生自觉效仿榜样。榜样人物是真实存在的，无论在不同历史时期涌现出的中医药名师大家和先进人物，还是当今社会涌现出的道德模范、国医大师，他们身上的道德品质、医德医风都是值得学生长久学习的。

2. 运用新媒体技术开展榜样宣传教育活动

如今，高校的榜样宣传教育活动普遍依靠网络等新媒体技术，教师应根据社会发展情况和大学生的个性需求创新宣传教育方法。除广播、电视、报纸、杂志等传统媒介外，教师还可充分利用新媒体技术，进行全方位、多层次、立体化的宣传，使学生深入了解榜样人物的先进事迹和优秀品质。与此同时，教师还要注重宣传教育的生动性与趣味性，整合宣传教育形式，形成榜样宣传教育合力。

第三节　构建中医药文化育人评价体系

中医药文化育人评价体系，能够检验中医药文化育人效果。评价体系的构建，既能够凸显中医药院校对中医药文化育人工作的价值认同，也能够反映出中医药文化育人中存在的问题。中医药文化育人评价体系具有客观性、全面性和科学性的特征，大致包括评价标准、评价主体、评价方法和评价制度四个方面。

一、制定科学的评价标准

中医药文化育人评价是对中医药文化育人效果进行价值判断的过程，具有引导价值方向、评定育人效果的作用。而价值判断需要依据一定的标准，因此，构建中医药文化育人评价体系就要制定规范科学的评价标准，坚持科学性、关注差异性、体现有效性，强化中医药文化育人评价体系的价值导向、过程导向、结果导向。

（一）坚持科学性

站在实践角度上看，马克思主义认为科学性和价值性是统一的。中医药文化育人评价在本质上是一种实践活动，因此，对中医药文化育人评价标准做出总体设计，要强化育人评价体系的价值导向，坚持科学性评价标准。

坚持科学性评价标准，不能因为育人实践活动具有“人文性”而弱化了“科学性”，坚持科学性是首要评价标准。科学性是判断事物是否符合客观事实的标准，因此，坚持科学性标准就是尊重客观育人规律，确保评价体系真实客观地反映育人过程和育人效果。中医药文化育人评价体系要真实、准确地反映中医药文化育人的实际情况，这不仅是开展育人评价活动的内在要求，也是构建高质量育人评价体系的重要前提。

中医药院校中医药文化育人工作包括育人目标的设定、育人资源的选择、育人师资队伍的建设、育人方式方法的运用、育人实践活动的开展、育人保障机制的建设等内容。坚持科学性评价标准要求中医药文化育人评价标准的设定，要立足于育人活动的各个环节，并将其作为制定科学评价标准的主要依据，即育人目标必须描述精确，不能含糊其辞。育人资源的选择要联系中医药文化育人资源的实际情况。育人师资队伍要端正态度，丰富中医药文化理论知识，提升育人能力。育人方式方法的运用要紧密联系大学生的思想实际。育人保障机制要确保中医药文化育人工作取得成效。总之，中医药文化育人评价要充分遵循思想政治教育规律、教书育人规律、学生成长规律，避免主观臆断和情感因素，客观真实地开展中医药文化育人评价工作。

（二）关注差异性

差异性标准是强调中医药文化育人的评价标准没有唯一的、固定的模式，育人评价过程中要体现特殊性和针对性。

从宏观层面上来讲，中医药文化育人评价要考虑到各个中医药院校的差异性，因为各中医药院校所在地区和学科层次是有一定差异的。因此，要因校制宜，避免评价标准“一刀切”，要建立不同院校，甚至同一所院校的不同学院、不同专业乃至不同班级的中医药文化育人评价标准。从微观视角看，中医药文化育人功能的发挥、成效的体现是直接作用于学生个体的。如今的大学生多为“00后”，普遍具有强烈的独立意识，善于独立思考问题，主动求新求变。所以，在制定育人评价标准的过程中，要拓展思路、活跃思维，立足于学生群体的差异性特点，要针对不同的受教育群体，制定相应的评价标准。中医药文化育人评价标准要针对大学生群体而设定，要通过听其言、观其声、察其色全面了解大学生的思想状况，做到因生施策、因生施教，注重特殊性和针对性，制定科学的评价标准。

（三）体现有效性

中医药文化育人评价要体现有效性，这是中医药文化育人的结果导向。学科育人侧重于传授专业知识和培养技能性人才，而文化育人则不同，旨在以文化来影响人和塑造人，目的是实现人的全面发展。正如恩格斯所说：“文化上的每一个进步，都是迈向自由的一步。”中医药文化育人的核心在于以文化人，因此，中医药文化育人评价体系要立足于以文化人，促进人的全面发展，评价标准要体现有效性。

中医药文化育人评价体系不应简单地判断理论知识和技能技术的掌握程度或考试成绩的高低，要以立德树人为根本要求，要能体现出学生经过中医药文化育人熏陶后，其思想品德、理想信念、中医药文化自信、爱国主义情怀等是否得到涵养，最终评价要落实到具体实践中。评价体系要体现出学生能否将中医药文化理论内化为自身稳定的特质，进而外化为实际行动。尤其在日常生活中，能否积极践行中医药文化价值观，以更严格的中医药职业道德准则与行为规范严格要求自己。

二、拓展多元的评价主体

评价主体是指在育人评价活动的组织和实施过程中，积极参与并做出相应价值判断的个人或团体。中医药文化育人评价工作，是通过教学活动和管理活动的合力推动而实现的。为了不断提升中医药文化育人成效，在实施评价的过程中，我们要围绕中医药文化育人评价体系所涉及的内容和相关标准，根据不同评价主体而有所侧重，以保证评价体系的科学性、全面性。

（一）教师

“教师承担着传播知识、传播思想、传播真理的历史任务，肩负着塑造灵魂、塑造生命、塑造人的时代重任。”教师是文化的传播者和践行者，是中医药文化育人体系的育人主体，也是最具有发言权的评价主体。

1. 专业课教师评价

课堂教学是中医药文化育人过程中非常重要的一环，是主渠道。专业课教师是中医药文化育人的评价主体。专业课教师要考查学生对中医药文化的认可度和接受度，考查中医药文化在学生成长成才的过程中是否发挥了重要作用。通过对中医药文化价值观是否得到学生真正的认同、中医药文化理论知识是否被真正理解掌握、中医药文化精神是否得到真正的传承、对中医药文化事业发展过程中出现的现象及问题的分析能力是否被充分运用等方面，对学生的接受度进行综合评价。此外，还要对学生的行动能力作出评价。重点关注医学生在接受和认同中医药文化后，是否会将这种文化认同内化为自身的精神追求，并进一步外化为弘扬中医药文化的外在行动。

2. 思政课教师评价

思政课教师更侧重社会主义核心价值观对学生专业思想的引导，更关注学生在中医药专业学习过程中所表现出来的情感、态度、价值观的变化。

首先，思政课教师要对中医药文化能否满足学生自我发展和适应社会的需要做出判断，即通过学校中医药文化育人工作的开展，对能否提高医学生的中医药文化素养、提高医学生的中医药文化自信、增强医学生传承和弘扬中医药文化的自觉性作出评价，以及对学生能否达到符合社会发展需要、成为中医药文化事业的建设者和接班人等方面进行评价。

其次，要对学校中医药文化育人工作能否满足社会发展进步需要进行评价。中医药文化是中华优秀传统文化的重要组成部分，因此，中医药文化育人工作也要教育学生继承和弘扬中华优秀传统文化，实现其创造性转化、创新性发展，不断增强中医药文化的生命力、创造力和影响力，以提升中医药文化软实力为标准。同时需要注意教学是一个动态的过程，教师要根据学生状态及评价结果，及时调整授课内容与方式，提升中医药文化育人效果。

（二）辅导员

辅导员作为评价主体身份比较特殊，兼具教师和管理人员的双重身份，是中医药院校教师队伍和管理队伍的重要成员，也是开展学生思想政治教育的骨干力量，更是学生日常思想政治教育和管理工作的组织者、实施者和指导者。因此，对于辅导员而言，中医药文化育人评价要从教师和管理人员双重身份予以考虑。

一方面，辅导员作为教师，要与思政课专任教师实现协同育人。作为思政课教师队伍的重要师资力量，辅导员可纳入思政课教师评价指标体系，对中医药文化育人工作的评价可参考思政课教师。另一方面，作为管理人员，辅导员评价要侧重对本专业学生的管理，如学生学习的积极性、主动性，以及对中医药文化活动的参与度，尤其是公益活动的参与度等。要重点评价中医药文化育人工作的开展是否涉及医学生的学业理想、学业价值、职业选择、个人学业与社会发展的关系认知，使辅导员通过评价，不断提高对中医药文化相关知识的了解，提升中医药文化育人效果。

（三）学生

学生作为受教育者，对中医药文化育人工作有着最直接的感受，是中医药文化育人工作的直接接受者，也是中医药文化育人评价最重要的主体。他们对中医药文化育人效果做出的评价在很大程度上能够反映中医药文化育人质量。

1. 学生自评

学生本人要充分认识自己的评价主体地位，充分发挥主动性，强化主人翁责任感，有计划、有目的地进行自我评价，并将评价贯穿于中医药文化育人的全过程。学生自评可包括课前预习、课上个人汇报、课下撰写学习心得和读书笔记、课后复习等内容，是学生对自己是否提升了学习中医药文化理论知识的能力、是否强化了践行中医药文化价值观的自我意识、是否积极弘扬中医药文化进行评价。自我评价有助于学生对中医药文化知识学习的动机、态度、过程及效果进行总结，促进学生主动进行自我反思、自我提升与自我完善，努力成为自主、能动、独立的评价主体。

2. 学生互评

学生互评多体现为小组形式，可采取小组讨论、小组汇报、学习分享、课堂情景模拟和角色扮演等形式。学生互评，可以了解其对中医药文化的认知情况。由于互评比较复杂，因此评价指标的设定要贴近学生的思想实际，容易操作，方便学生互评。

需要注意的是，学生评价既有优势，也有局限，容易受到个人偏好、自身知识和经验的影响，因此不能独自作为中医药文化育人效果的评价标准，需参考其他主体的评价结果综合评价。

（四）社会群体

目前，中医药文化育人活动普遍在学校内部开展，评价主体也局限于学校层面，这会在一定程度上影响中医药文化育人评价效果。人是社会的人，学生学习、生活及实践活动既在学校里进行，也在社会中进行。社会是人谋生发展、相互交往的大环境。因此，中医药文化育人评价体系要将特定社会群体列入主体范围，构建高校主导、家庭辅导、社会引导的多视角、全方位评价体系。

1. 家庭成员评价

家庭是学生成长、生存的主要场所。家庭成员作为中医药文化育人的重要评价主体，可以对学生在学校接受中医药文化熏陶后所发生的变化做出评价。这种变化包括学生对中医药文化理论知识认知程度的变化、思想道德情感和思维方式的变化、对中医药文化育人效果认同程度的变化等。家长通过互动机制，及时向学校做出评价反馈。家庭成员对学生的评价有助于学生检验自身的学习成果，促进学校与家庭之间的沟通交流，加强家校协同育人，并有效调动和发挥家庭成员在中医药人才培养中的独特作用。

2. 用人单位评价

用人单位是学生将中医药文化知识内化并付诸实践的主要场所，用人单位评价主要是对学生在毕业后实践工作中的种种变化做出评价，包括横向变化和纵向变化。

横向变化是指对新入职学生思想政治觉悟、中医药文化素养、应用中医药文化知识的能力的变化。纵向变化是指学生入职一段时间后，中医药文化素质水平、医德医风、职业道德和责任感方面的变化。用人单位评价是一种持续跟踪评价，可衡量学校中医药文化育人对学生终生成长的影响程度。工作实践是检验学生学习理论的试金石，所以用人单位给予的评价具有较高的客观性，将用人单位评价作为中医药文化育人评价体系的主体，可以真实地反映中医药文化育人的效果。中医药院校应不断加强与用人单位的合作，合力营造良好的中医药文化育人社会氛围，不断传承和弘扬中医药文化。

三、采用多维的评价方法

评价方法是中医药文化育人评价体系的外在体现，是中医药文化育人内容与成效的连接点。总的来说，评价方法是整个中医药文化育人评价体系中最具活力的部分。因此，除了对中医药文化育人评价体系的评价标准和评价主体进行优化外，还应采用多维度的评价方法，构建科学的中医药文化育人评价体系，提高中医药文化育人水平。

（一）定量评价与定性评价相结合

定量评价与定性评价是以事物发展过程中的量与质为划分依据的评价方法。马克思主义认为，任何事物的发展过程都是量与质的辩证统一过程，对事物进行评价就需要采用定量与定性评价相结合的方法。中医药文化育人工作开展得怎样、效果如何也要从量和质两个层面去考察，采用定量评价与定性评价相结合的方法。

在中医药文化育人评价体系中，二者各有侧重，缺一不可。定量评价侧重于中医药文化育人工作开展过程中可以进行量化分析的内容，如反映评价对象思想品德和能力素质的外在指标部分、育人实践活动开展的频率与程度的量的关系、育人投入与效果之间可以进行定量处理的部分。其最大优势在于可以通过一些数据、指标等清晰地反映中医药文化育人工作的基本状况和达到的指标水平。所不足的是，它仅能反映表面情况，难以把握本质。

定性评价侧重于对事物的根本性质及发展趋势等无法量化的内容进行分析评估，如中医药文化育人工作有无价值、效果如何等。定性评价的最显著优势在于能很好地把握中医药文化育人工作的“质”的规定性，不足的是评价结果比较抽象，存在一定的主观偏差。因此，开展中医药文化育人评价工作，需要把二者结合起来，全面把握量与质的规定性，从而提升中医药文化育人成效。

在进行定量评价与定性评价相结合的过程中，需把握好以下几点：一是要辩证看待中医药文化育人工作中质与量的关系。在事物发展变化中，量变和质变是对立的统一。在运用定量评价方法时，对中医药文化育人工作各项相关数据的采集既要客观准确，也要保证采集的数据能够用于开展深度研究。运用定性评价方法时，不能依赖于主观判断，要进行深入调查研究，要精准把握质与量，两者结合，才能确保中医药文化育人评价客观有效。二是要根据量与质的结果，对中医药文化育人评价体系进行调整。中共中央 国务院《关于加强和改进新形势下高校思想政治工作的意见》强调，要“研究制定内容全面、指标合理、方法科学的评价体系，坚持定性分析和定量分析相结合”。在中医药文化育人评价中，定量评价和定性评价两种方法各有优劣，要将二者有机结合，发挥各自的优势，以保证评价结果的客观性和科学性。如对学生的理论学习成绩、实践课成绩、成果数量等进行数据统计和分析时，要以定量评价为基础；对学生品德、能力和素质方面等进行评价时，可采用定性数据，要将两方面有机结合起来。

（二）结果评价与过程评价相结合

中医药文化育人工作是一个不断发展和完善的动态过程，因此，中医药文化育人评价工作也是一个动态化、系统化工程。科学评价中医药文化育人的效果，既要着眼于当前的育人工作，又要坚持用发展的眼光，评估中医药文化育人的发展过程和长远效果。也就是说，中医药院校的中医药文化育人评价应坚持结果评价与过程评价相结合。

结果评价主要是指对中医药文化育人工作的预设目标的完成情况和呈现效果所进行的总结性评价。过程评价是对中医药文化育人过程中各个阶段、各个方面的发展变化及趋势所进行的动态追踪和及时反馈评价，具有一定的灵活性。开展中医药文化育人评价工作，需要明确结果评价与过程评价的辩证关系，明确二者在一定条件下可以相互支撑与转化。过程评价寓于结果评价之中。坚持结果评价与过程评价相结合，是实事求是地反映中医药院校中医药文化育人真实状况与整体水平的客观需要。目前，中医药文化育人评价运用较多的是结果评价，它具有评价指标容易制定、实施性强的特点，不足之处是只能获取中医药文化育人工作在某一阶段取得的效果。要想对中医药文化育人工作进行全方位、系统性评价，单纯采用结果评价是不行的，需要结合过程评价。

中医药文化育人评价体系中采用结果评价与过程评价相结合时，要注意以下两个方面：一是注意结果评价的局限性。原因与结果联系紧密，每一个结果的产生都必然经历一个过程，是由具体的原因引发的。如果采用结果评价，只会看到中医药文化育人目标的整体完成情况和最终效果，而会忽视育人成效背后的育人环节和育人过程。由此可见，单纯采用结果评价有一定的局限性，不利于发现中医药文化育人工作中的问题，在一定程度上会影响中医药文化育人工作的持续改进和育人水平的不断提高。二是要注重过程评价的运用。“世界不是既成事物的集合体，而是过程的集合体。”一切结果的产生都是过程使然，所以，评价中医药文化育人工作尤其要重视过程评价。要重点关注育人环节，包括理论学习过程和实践活动开展过程，以及育人资源的运用和育人效果等。如果将结果评价看作“点”的话，过程评价便为“线”，要着眼于过程评价，把过程评价贯穿于中医药文化育人工作的全过程，凸显评价的持续性、动态性。只有将“点”与“线”结合，自始至终地开展评价，才能促进中医药文化育人质量的提升。

（三）主观评价与客观评价相结合

任何评价过程都包含评价者的主观因素，任何评价都要以事实为依据，因此，中医药文化育人评价必然会涉及主观和客观两个方面。

在中医药文化育人评价中，主观评价是指评价者基于自己的感觉、主观认识和意向等要素进行评价，要求评价者有一定的经验，掌握一定的评价标准。这种评价方式比较形象，以描述性结论为主。不足之处是，由于这种评价主要靠经验判断，难免受评价者认知水平、能力水平、情感态度等主观因素的影响，因而带有鲜明的主观性。比如，不同的评价者对同一个事物会做出不同的认知评价，同一个评价者在不同的条件下也会做出不同的评价。其原因在于，评价作为一项认识活动是主观见之于客观的行为，一定会受到评价者主观因素的影响。如果在中医药文化育人评价中只借助主观评价，则评价结果易出现片面性，因此要结合客观评价。客观评价主要强调根据客观事实、客观数据和客观材料等进行评价，评价结果源于客观事实，不以评价者的主观意志为转移，然而这并不意味着客观评价具有绝对的客观性。要保证评价结果的客观性、真实性和科学性，需要将主观评价与客观评价结合起来，形成主观评价与客观评价的统一体。

坚持主观评价与客观评价相结合的方法，需要重视以下三点：一是主观评价要求评价者要有一定的经验，掌握一定的评价标准。采用主观评价并不是意味着评价者可以随意凭借自己的主观感受、主观经验作出判断，而是要求评价者始终坚持科学性、差异性和有效性原则。二是要辩证看待客观评价的客观性。客观评价往往符合评价对象的实际情况，比较客观、公正，但尽管基于客观事实和数据，但如果评价材料的收集掺杂了非客观因素，甚至存在虚构现象，就会严重影响评价结果的准确性和可信度。这就要求评价者在进行中医药文化育人评价时要善于辨别，做到透过现象看本质。三是要努力实现主观评价与客观评价相结合。纵观中医药文化育人评价过程，要想获得准确、全面、客观的评价数据，必须将主观评价与客观评价有机结合，唯有如此，才能提升评价的实效性。

四、建立多重的评价制度

中医药文化育人评价制度是否完善，是中医药文化育人效果能否得到保证的重要因素。将评价制度落到实处，还需考虑与其他制度之间的关系。因此，需建立多重评价制度，以共同发挥作用。

（一）落实监督制度

要保证中医药文化育人评价工作的持续推进和评价作用的持续发挥，不仅要依靠正面的激励和引导，还用依靠外在的约束与监督。

1. 健全监督机构

（1）成立中医药文化育人监督委员会

中医药院校需成立本校的中医药文化育人评价监督委员会，明确工作重点为监督检查、统筹管理和协调服务，充分发挥指导、监督和协调作用。在学校监督委员会的统一指导下，各院系应发挥独立性作用。各院系应设立中医药文化育人评价监督小组，提高全员的监督意识，明确权利与义务。从平等性和公正性的角度看，各院系的评价监督组织之间是平等关系，不是隶属关系，需联合监督，相互配合。

（2）成立中医药文化育人评价委员会

委员会的组成人员需定期与教师、学生、社会群体等评价主体开展交流研讨，针对监督过程中的疑虑和困惑研究解决办法。教师、学生和其他社会群体成员可向评价委员会提出意见和建议，促进中医药文化育人评价过程的良性互动，保证中医药文化育人评价监督机构独立自主、公平公正地进行监督。

2. 明确监督重点

（1）监督评价标准是否规范

规范的中医药文化育人评价标准要坚持科学性、关注差异性、体现有效性，要反映评价主体的意志，同时也要符合评价对象自身发展的规律。制定规范科学的评价标准本身就是对中医药文化育人评价过程的监督。因此，要加强对制定规范性评价标准的监督，要在体现专业性、科学性、公平性、民主性的基础上，经过反复研讨，拟定评价标准。

（2）监督评价过程是否公开

所谓公开中医药文化育人评价过程，是指评价过程中的每一个环节的信息要公开，每一个评价主体的想法和意见要公开，评价主体、评价对象和社会群众在遵守法律法规的前提下，都有权如实反映中医药文化育人评价情况，并对评价标准、评价内容、评价方法、评价指标等提出质疑，以便及时发现存在的问题，充分发挥监督的强制性约束作用。

3. 创新监督方式

网络监督是有力的手段，具有高效快捷、覆盖面广、方式方法灵活多样及交互性等特征。中医药院校应建立网络监督平台，充分利用信息技术，将中医药文化育人评价过程上传至网络平台，实行对育人评价全过程“看得见、摸得着”的监督。中医药院校应利用互联网的强大辐射作用和舆论影响力，对中医药文化育人评价中的不当行为进行规范和引导。同时，也要鼓励学生积极参与网络监督工作，发挥学生群体的评价主体作用，优化中医药文化育人评价环境。

（二）完善管理制度

中医药文化育人评价是一项系统工程，完善的管理制度有助于提高育人效果。应充分考虑中医药文化育人的众多评价主体，着眼于实现其团结协作、资源整合等，以保证中医药文化育人评价的顺利开展。

1. 建立中医药文化育人评价领导机构，职能部门分工协作，形成高效的工作机制

构建学校、各职能部门、院系为一体的多层级管理体制和多部门联动机制。各职能部门之间需各守其位、各尽其职，在学校党委的统一领导下，在中医药文化育人评价工作中，充分发挥育人职能，使中医药文化育人评价工作更为有序，育人效果得到最大化体现。

2. 加强学院与职能部门之间的分工协作，增强各学院自主管理的能力

要加强管理制度建设，明确中医药文化育人评价中各学院的权利和义务、各职能部门的职责以及二者之间的关系，精准划分职能部门与院系之

间的权责范围，使二者科学分工、各负其责。院系作为学校开展中医药文化育人的主阵地，在中医药文化育人评价工作中肩负着重要责任。资源是学院教学、科研和社会服务的物质基础和重要保障，缺乏必要的资源或资源配置不当，都会影响中医药文化育人评价工作的有效开展。因此，中医药院校要给二级学院更多的人、财、物等资源，让二级学院有更多的自主权，真正成为评价主体。在赋予二级学院评价自主权的同时，职能部门也要做好管理监督工作，提供更多、更专业的育人评价咨询服务。

3. 加强学校与学生间的沟通交流

构建完善的管理制度，既要保证自上而下评价政策的贯彻落实，又要确保自下而上沟通渠道的畅通。学生作为最有力的评价主体，对中医药文化育人评价制度管理具有一定的发言权，学校需加强学生与职能部门的交流，以反映具体评价情况，促进中医药文化育人评价有序开展。

（三）优化协同机制

教育部印发的《关于加快建设高水平本科教育全面提高人才培养能力的意见》指出，要“构建全方位、全过程、深度融合的协同育人新机制”。协同机制是否合理，直接影响中医药文化育人评价的质量和效果。

1. 中医药院校需与用人单位协同建立更加紧密的协同评价机制

中医药院校需通过多方参与，协商制定中医药文化育人评价方案，要广泛征求各方面的意见和建议，与用人单位联合制定人才评价标准，确定与学校办学宗旨和行业发展目标相一致的育人目标。在中医药文化育人评价实施过程中，要建立各方既分工负责又彼此配合的评价机制，多方共同参与评价，使学校与用人单位形成联动机制，实现中医药人才培养和社会需求的无缝衔接。

2. 中医药文化育人师资队伍要进行协同评价

协同评价既包括学校内部教师协同，又包括校内外教师协同。中医药院校要统筹专兼职师资队伍建设，促进双向交流，提高中医药文化育人评价水平。

校内师资队伍是中医药文化育人评价的基本力量，要加强校内中医药文化育人评价师资队伍建设，建立中医药学科教学与科研互通的评价机制，调动教学、科研人员的积极性和创造性，促进多学科师资协同融合，进行高质量、全方位评价。

校外师资队伍是协同育人评价的重要组成部分，应聘用中医药企业中有丰富实践经验的专业人才担任兼职教师，为学生提供实践指导，并做出评价。要促进人才在高校与企业间的流动，与校内教师协同评价相互支撑、相互印证，形成评价合力。

3. 资源共享

资源共享有助于协同育人制度建设。中医药院校应遵循互惠共赢的育人理念，可与其他中医药院校组成育人联盟，整合现有的中医药文化育人资源，建立校际育人资源开放共享机制。中医药院校应搭建资源共享平台，建立先进高效、开放共享的中医药文化育人资源共享模式，通过专业互评、课程互评、论文互评等，实现资源优势互补、育人资源流动无障碍和资源利益最大化，发挥资源配置的最大效率。各院校可借助共享平台联合培养学生，为协同育人评价提供强有力的保障和平台支撑。

第七章 思想政治理论课与中医药文化融合展望

回顾过去，直面现在，最终目的是面向未来。中医药院校是培养中医药事业接班人的摇篮。如何将中医药传承者培养成既具有高超的医技，又具有崇高的医德，还懂得人文关怀的高素质中医药人才，中医药院校思政课承担了立德树人关键课程的责任，使命光荣而责任重大。为此，中医药院校思政课教师需创新方式方法，关注学生所思所想，聚焦学生所需所求，让课程“活”起来，使其真正走入学生内心。思政课与中医药文化融合，不仅能够打造具有中医药特色的思政课程，不断提升课程的吸引力，也能够激活中医药文化的育人基因，让课程“沉”下去，形成育人共同体意识，在同向同行中进一步提升协同育人效果。

第一节　中医药院校思想政治理论课的未来发展

新时代，高校思政课不仅迎来了发展的新机遇，也面临新挑战。因此中医药院校的思政课建设也要秉持因事而化、因时而进、因势而新的原则，要居安思危，全面谋划，提早设计，以精准思政、“大思政课”、智能思政等新理念推进思政课内容创新、方法创新、形态创新，使思政课在引领各门课程同向同行中，构建育人共同体，充分发挥学科交叉后的特色资源优势，最终落实好立德树人目标，实现课程“终身受益、毕生难忘”的入脑入心效果。

一、精准思政：因材施教，讲深思想政治理论课

（一）精准思政的缘起与现状

2019年在全国教育工作会议上，时任教育部部长陈宝生在讲话中谈到

要加强思想政治工作建设，“着力推进精准思政”，这是精准思政被明确提出的标志。从此精准思政作为进一步提升思政课针对性、实效性的创新理念和模式，很快成为学界关注的焦点内容之一。

在中国知网，以精准思政为主题词，共检索到相关论文1332篇。自2019年以来，发文的数量一直呈递增趋势。其中，2019年135篇，2020年270篇，2021年360篇，2022年462篇。主题词主要围绕课程思政、精准思政、思政课、思想政治教育、大数据、精准思维等内容开展研究讨论。

目前，学界在精准思政的相关理论研究中重点围绕概念内涵、理论渊源、逻辑价值、实践路径、体系建构等内容展开，但总体仍处于各言其说阶段，尚未形成较为系统性的理论体系。比如对精准思政概念的解读，由于阐释的角度不同，界定上也存在一定差异。有的学者从“教育供需”角度将其定义为：“精准思政以精准思维为方法遵循，精准把握学生现实需求，寻找合适时机，借助体验场景，将所需知识传导给学生，解决教育供需矛盾，培养青少年成长成才。”有的则突出实践性，将其界定为教育实践活动，即“精准思政是高校围绕立德树人任务，利用现代信息技术，实现对学生的精准教育、精准管理和精准服务，并对实施效果进行精准评估的教育实践活动。”从研究需要出发来进行相关概念阐释，容易出现以点带面的现象，缺少全面与系统性，而过分注重为我所用的研究原则，也容易造成重实践而轻理论的结果。此外，在整理收集相关论文时发现，研究主题与实践相关的篇数较多，占研究总数的41%，重点围绕定向目标、定位对象、精准供给、精准评价等多个方面设计实践环节，搭建实施精准思政的模式框架，但总体缺少实际操作的经典案例、有信服力的配套数据以及可以复制推广的成熟经验，容易造成纸上谈兵、坐以论道的误解。

精准思政是一个涉及范围较大的概念，具有极强的系统性。它既蕴含着对传统教育理念中“因材施教”的回归，也体现了新时代思政课突出“以学生为中心”的理念要求，更是贯彻习近平所提倡的“精准思维”在思政教育领域的新实践。其核心是“精准”，依托的基础是“思政”。“精准”是组织开展各项思政工作要达到的基本目标，是选择不同实践方式的基本标准。“思政”既可以泛指思想政治教育工作，也可以聚焦思政课，以其为平台载体，运用信息采集、数据分析、人工智能等技术手段，力求实现精准目标。在理论研究上需要处理好多对关系，如需求与供给、教师与学生、过程与结果、显性与隐性、静态与动态、全面与具体等。

在实践研究上面对的困难相对较多。首先，要面对长周期的问题。思政课是多门课程组成的课程体系，从本科到硕士研究生乃至博士研究生都有相关课程的开展与讲授，其贯穿于学生在校培养的全过程。其中学生会更换多位教师，甚至是更换多所学校，这无疑会给长周期的精准思政开展带来巨大的挑战。因此，目前开展的相关实践多以一门课程为主，多门课程的延续开展较难实现。其次，要考虑效果延迟的问题。学生的德育培养，虽然从幼儿园阶段就已经开始，甚至需要伴随成长终身。但德育成果的显现通常不是即时性的，需要有“路遥知马力，日久见人心”的耐心与信心。即使运用精准的方法开展思政课教学，在课程结束时就期望学生有根本性改变或飞跃性进步往往是不现实的，因此需要建立跟踪调研机制，甚至将调研延伸至学生毕业后的用人单位，通过前后对比方可获取相对准确的结果。最后，要认识到需求与供给只存在相对平衡，伴随学生个体的不断成长，个体需求会发生一定的变化，而这种变化的随时性无疑会增加需求类调研的难度。如果有关需求的调研不能达到相对准确，还会直接影响供给的设定，最终影响精准效果。

因此，无论是相关理论研究还是实践操作，精准思政都有相对广阔的空间亟待发掘。特别是在不同学校开展，还要充分处理好共性与个性的关系，做到既能衔接有序，又能特色鲜明。

（二）中医药院校开展精准思政的关键要素

中医药院校开展精准思政既要注意普遍性，也要重视特殊性。要充分发挥中医药院校的资源优势，重点围绕核心特色展开。那么，中医药院校都有哪些资源优势，其核心特色又是什么？毋庸置疑，无论是资源优势还是核心特色都应体现中医药的相关内容。比如在开展思政课教学实践过程中，学校内部的博物馆、校园特色文化建筑都可以作为校内实践地点，在思想道德与法治等课程中融入。再比如在各门思政课程中开展相关道德、信仰等讲座，可采取线上或线下不同形式邀请名医大家、优秀校友、学生身边的榜样人物讲经验、谈感受，以榜样的力量带动学生学习的热情，增添课程的吸引力。而贯穿于其中的主线也是核心特色，即中医药文化。中医药院校精准思政的研究与实践要注重三个关键要素。

1. 主体要素——实现精准教

教是学的基础。中医药院校思政课实现精准要先在“教”上下功夫。谁来教、教什么、怎样教，是实现精准教的三个重要内容。

（1）谁来教

要解决的是主体身份的界定。在教育学中将教育主体界定为：在教育活动中有意识地认识和作用于客体的人，与教育客体相对。2020年教育部颁布的《新时代高等学校思想政治理论课教师队伍建设规定》明确提出：“鼓励高等学校统筹地方党政领导干部、企事业单位管理专家、社科理论界专家、各行业先进模范以及高等学校党委书记校长、院（系）党政负责人、名家大师和专业课骨干、日常思想政治教育骨干等讲授思政课。”

由此可见，中医药院校思政课程的教育主体也应该由专兼职教师共同组成。为了体现鲜明的中医药特色，其中专职思政课教师需要具备一定的中医药文化理论知识与素养，这样才能在实践精准思政过程中游刃有余。兼职教师的确立需要根据不同课程设计的不同内容以及不同的教学目标，遴选医学精英、名师大家、专职辅导员等参与思政课的讲授，不同的成长经历、专业背景，在实践精准思政过程中是非常宝贵的资源，对学生有极强的引领作用，但这些不是教育主体的全部。鉴于学生在成长过程中心理状态、能力水平、价值取向等会发生不同程度的改变，作为需求方有时会呈现出强烈的主体意识，甚至有由“他育”向“自育”转换的诉求。这就要求教师要能及时发现这种变化，能够适时转变角色，创设双向互换场域，让学生走上讲台，承担部分教育责任。也可在思政课中融入中医药相关内容，以中医药为探究源头或活动主题，完成主体客体化与客体主体化的相互转换。

（2）教什么

首先，以理论精准为原则，增强引领性。思政课程是集政治性、思想性和理论性于一身的关键课程，其中理论性是展现课程魅力的基础。中医药院校的思政课作为公共基础课程，更要以理论为王，“以透彻的学理分析回应学生，以彻底的思想理论说服学生，用真理的强大力量引导学生”。因此思政课要以理论精准，确保引领性。教育主体在对课程理论理解上要精准深入，既要以不同理论内容为原点深挖精髓要义，也要能够精准融入中医药相关内容，运用理论精准阐述热点、焦点、难点，提升理论公信力。

其次，以需求导向为原则，提升针对性。教师优选教学内容时要在精准把握学生需求上下功夫，通过勤调研、精分析、准定位、善实践“四步法”实现供给与需求对接。中医药院校思政课在调研医学生需求时，要考虑不同专业学生的不同兴趣点，设计适度合理的融入点，实现精准融入。

再次，以知行合一为原则，凸显实效性。“知是行之始，行是知之成”，中医药院校思政课要真正发挥立德树人作用，就要以培养具有高素质的“大医生”为目标，突出医德教育，找到中医思维与思政课的关联性，促使医学生形成正确的职业价值观。

（3）怎样教

首先，内容与方法的契合。精准的内容只有通过恰当的方法进行输出传递，才能实现既定目标。精准方法能打通供给内容的“任督二脉”，在内容呈现方式上使学生更愿意接受或印象深刻。同时，精准的内容为供给方法注入了灵魂，避免其成为无本之木、无源之水。只有将两者统一于思政课教学全过程，“精准供给”的目标才能得以实现。

其次，普遍与特殊的融合。思政课教学要注重特殊性，因为“精准供给”本身就是以满足需求个体为对象，根据不同特征和个性需求，精准定制供给内容，然后再以差异化方式进行推送。但同时也要兼顾普遍性，即选择的供给方式要符合思政课教学的一般规律，能够在各门课程教学目标设定范围内开展预设与生成，最终为实现思政课精准育人服务。

再次，守正与创新的结合。守正就是要守住根本，在方法选择上要以精准为主线，牢牢占据课堂教学的主阵地和主渠道，充分发挥教师的主导作用，凸显课程本身的政治性、思想性和理论性。创新要以守正为基础，以实现发展为目标，既要能够将体现时代特征的大数据、融媒体等新技术手段融入供给方法中，为实现精准铺路架桥，也要能通过多样性的供给方法，不断调动学生的主观能动性，教会学生自我把脉的方式，为实现精准添砖加瓦。

2. 客体要素——实现精准学

学是教的目标，中医药院校思政课实现精准，最终目的是帮助学生实现精准学。处理好以下三对关系，有助于学生突破认知壁垒，提升对自身需求认知的精准度。

（1）建立显性与隐性的有效认知

“知人者智，自知者明”，能够正确认知自己的需求是一种能力。

首先，显性需求会不断变化。比如随着学生年龄的不断增长、阅历的增加，对于之前所面对的“成长烦恼”，有的已经迎刃而解或者已转化为其他方面的困惑，需要被重新关注。年级越高，就业压力就越大，对与专业相关的问题需求也越大。

其次，隐性需求亟待被唤起。洞悉隐性需求要逾越鸿沟，思政课教师不仅要激发学生对于隐性需求的认知，还要能够通过教学预设等，发掘学生的隐性需求。

再次，两类需求相互转化。当隐性需求通过某种方法手段被唤醒和激发后，学生便会有意识地寻求满足或破解答案，这时需求便完成了从隐性到显性的转化。相反一些原本是显性的需求，可能会因为学生关注点的转移或长久未得到满足而被选择性忽略，最终出现从显性到隐性的转化。

（2）实现个性与共性的和谐统一

马克思主义哲学认为，事物存在的共性与个性是有机统一的，共性寓于个性之中，没有离开个性的共性，也没有离开共性的个性。中医药院校的思政课本身既具有课程共性的特点，也需要突出中医药特色。在理论研讨、课堂实践中将学生感兴趣的、与专业相关的内容融入其中，有助于发挥学生的主观能动性，使其展现自我、彰显自我。此外，教育者在教学内容安排和形式选择上也要从学生所具有的共性特质考虑，从国家对于时代新人提出的具体要求出发，引导学生在不自觉中提升对自我要求的标准，帮助学生完成由只重视个性需求到能够自觉以国家、民族、社会发展为己任，在不断成就大我中实现小我的淬炼与升华。

（3）保证动态与静态的协同发展

“动中有静，静中有动”在供需关系上是一种常态，动与静之间存在相互依赖、相互渗透、相互包含的关系。一方面供给与需求从整体时间维度上看呈现持续变化，另一方面将时间切割成无数点，选取某个点来比对供给与需求，供需二者之间则呈现出相对静止的状态。因此，思政课教师要认识到需求动态变化的无条件性。无论是年龄的增长、知识的丰富，还是思维能力的提升都会导致需求方向和内容等因素发生变化，也必然会存在学生个体间需求变化大小的不同，或单独个体不同阶段变化大小的不同。正是由于这些不同的存在，才使得精准思政建设势在必行。

3. 目标要素——实现精准育

中医药院校的思政课面向的是中医药学子，目的是培养具有坚定信仰与职业信念、乐于奉献、高素质的中医药事业传承者和接班人。因此，在贯彻“三全育人”目标的同时，思政课教师要学会打好组合拳，通过有效融入中医药特色内容，实现思政课程知、情、意、行相统一，使育人“既要有惊涛拍岸的声势，也要有润物无声的效果”。

（1）由“面”到“点”，“一个也不能少”的全员标准

中医药院校的思政课要实行个性化设计、点对点输出、差异化选择、多层次实践，从供给侧角度出发，紧扣“精准”，面对不同阶段的学习对象，在不同思政课程中有序开展。尽量精准满足学生所需所想，为学生所做所行提供精准指导，克服传统思政课程“大面积灌溉”的弊端，实行“精准滴灌”，既要体现由“面”到“点”的教育理念，也要突出因材施教的教育原则。

（2）由“点”到“链”，思政课程相互衔接的全程标准

尽管在供给过程中要尽量精准兼顾到各“点”，但要达到育人效果，还要将各“点”按类联结，串成不同的“链”，在各链条的协调运行中，促进各门思政课程的精准衔接，助推“精准供给”的有效实施，达到全过程育人标准，避免出现“只见树木，不见森林”的情况。

（3）由“链”到“域”，多个场域拓展推广的全方位标准

“学校思想政治工作不是单纯一条线的工作，而应该是全方位的。要完善课程体系，解决好各类课程和思政课相互配合的问题”。思政课教学要完成立德树人根本任务，只单纯设计供给链，打造精准链，搭建课程链是远远不够的，需要借助“精准供给”平台，将“链条式”供给拓展到其他教育场域，实现从“链”到“域”的飞跃。思政课程与其他各类课程要实现协同育人的合力，需要找准“精准育人”的着眼点与着力点，采用“精准供给”的理念和思路，使各门课程既各司其职，也能携手同行。

（三）中医药院校精准思政的未来发展

目前各高校的学生主体多为“00后”，他们作为互联网的“原住民”，更加注重自我感受，强调个性发展，因此思政课要实现入脑入心，需要不断更新教育理念，用精准供给方式敲开学生的心门，使学生完成从“被动”到“主动”的转换。由于精准思政理念从提出到实践的时间较短，因此无论是理论研究还是实践开展都有较大的发展空间。中医药院校的精准思政与其他院校相比，既具有共性特征，也拥有自身特色。随着国家与高校对思政课重视程度的不断提升，中医药院校的思政课在未来发展中要注重夯实共性，侧重发挥个性，并着重做好以下四个方面的工作。

1. 增强中医药院校精准思政理论研究的深度与广度

精准思政要达到预期目标，需要在理论研究上继续深挖细耕，这样才能有效指导实践。特别是具有不同特色的学校，要紧紧抓住“精准”二字，发挥好资源优势，强长板，补短板。中医药院校不仅承担着培养优秀中医药工作者的责任，也具有弘扬和传承中医药文化、发展中医药事业的使命。中医药院校精准思政理论研究要围绕各门课程不同的融入点展开，

找准落实，提升指导实践的有效性。

要重点研究如何将中医药相关理论与各门思政课程在内容上实现有效结合，这不仅要掌握核心要义的融入，还要注意适度性。不同的思政课程有各自的教学目标、内容与方法，中医药文化的融入不是对原有内容的取而代之，也不是“拿来主义”的硬融入，更不是无原则地一味迎合学生的需求，而是要立足于思政课的创新发展，秉持思政课为育人主渠道的原则，实行恰当的软融入，使学生在潜移默化中产生学习思政课的兴趣，也因合理的融入而加深对中医药文化内容的理解和感悟，实现二者相互促进、协同育人的目标。

2. 丰富中医药院校精准思政实践形式与方法

开展精准思政的目的是通过提升思政课的亲和力与针对性，实现立德树人目标。精准思政的关键在实践，难点也是实践。一方面思政课作为公共必修课，面向全校学生开设。“一个也不能少”的庞大人群，使精准调研面临许多难题。此外动态性、相对性因素的存在又给精准思政开展增添了许多不可知性。因此，需要以多样性的实践形式与方法进行弥补。

中医药院校开展精准思政的实践，也需要进行方式方法的创新。在结合不同年级学生不同需求与不同课程特点的前提下，思政课要充分利用好校内资源。

首先，要根据不同年级学生设计不同的实践。比如对于大一学生要使其坚定职业自信，在思想道德与法治课程中可以根据学校的实际，带领学生参观校园石、大医路或者中医药博物馆等，用古代医者先贤“大医精诚”的医德品质、“救死扶伤”的职业理念、“不为良相，便为良医”的忠贞情怀去教育和感染学生，帮助他们点燃信仰的火焰，树立崇高的理想追求，同时坚定在职业之路一直走下去的决心与信心。对于大二学生，要注重中医思维的提升，在马克思主义基本原理课中，可以围绕辩证法的相关内容开展辩论赛，帮助学生找到马克思主义哲学中的辩证法与中医药文化中蕴含的辨证思维的异同，在唇枪舌剑中感受辩证的无穷魅力。

其次，要根据不同课程的融入先后，打造承前启后、相互支撑的课程群，避免重复融入和无效融入。这就需要组织跨课程、跨学科集体备课，扬长避短，提升实效。比如“中国近现代史纲要”（以下简称“纲要课”），可以发挥课程所具有的历史性优势，组织从中医药近代史的视角看近代中国的研讨活动，了解中医药兴衰与国家兴衰的紧密联系，帮助学生明确传承与弘扬中医药文化的重大责任，提升爱国情怀。在“毛泽东思想和中国特色社会主义理论体系概论”（以下简称“概论课”）中，可组织“我看中医药成就”的主题演讲等活动，进一步夯实学生对职业发展与国家发展紧密相关的认知。

3. 提升中医药院校思政课教师开展特色精准思政的能力与水平

思政课办得好不好，关键在教师。中医药院校的思政课教师在开展具有特色的精准思政过程中，不仅要具备专业能力，还要具有一定的中医药理论知识与素养，这样才能使精准融入恰到好处。

如何提升中医药院校思政课教师的相关素养呢？

首先，学校要对此有足够的认识。在教师招聘时，要适当引入交叉学科人才，增强实践力量。也可聘请相关专家、学者对思政课教师进行培训，提升其综合素养。

其次，二级学院要进行整体统筹规划，不定期地组织教师进行跨课程、跨专业集体备课、教学研讨，鼓励思政课教师旁听有关中医药文化、中国医学史、中医思维等课程，提升其中医药知识储备。同时鼓励教师开展创新实践，创设优秀、可复制、可推广的教学模式。

最后，要提高教师学习中医药文化知识的意识，自觉阅读相关书籍，并结合学生需求，合理融入相关内容，切不可一味迎合学生，将思政课讲授成文化课。

4. 制定精准评价标准，构建精准评价体系

要判定不同形式的精准思政开展的有效性，需要在弄清评价对象的基础上，设定科学的评价标准，构建系统的评价体系。对于评价对象的设定，可以从主体、客体和目标三个层面进行考虑。

从教育主体层面设定评价标准，主要以教育者为主要评价对象，重

点围绕教育者在开展精准思政过程中的实际效果进行设定。可采取教师自评、学生评价、教学督导评价和教学管理干部评价相结合的综合评价，评价内容可涉及开展精准思政的合理性、精准融入内容的恰当性、学生的接受程度等。从教育客体层面设定评价标准，主要以学生为主要评价对象，评价可采取过程性评价与终结性评价相结合的方式。不同的课程可以结合自身的教学目标，设计科学的考核方式与评价标准。要从综合能力与素质方面进行考核设计，避免死记硬背式的知识性考查，加大动脑、动手能力考核的比重，将参加各类实践活动的情况纳入评价体系。从教育目标层面设定评价标准，主要是以不同课程教育目标能否实现为主要评价对象，辅以评价融入点的设计是否合理等。评价反馈可通过课上调查、线上问卷、学生座谈会等方式进行收集。

二、“大思政课”：兼容包并，讲透思想政治理论课

（一）“大思政课”的缘起与现状

2021年3月，习近平在看望参加全国政协十三届四次会议的医药卫生界、教育界委员参加联组会时提出：“思政课不仅应该在课堂上讲，也应该在社会生活中来讲”。“‘大思政课’我们要善用之，一定要跟现实结合起来”。由此，“大思政课”成为学界又一个研究热点。

以“大思政课”为主题词在中国知网进行检索，共检索出1511篇论文，其中2021年382篇，2022年626篇。两年论文发表量占总发文量的66.7%。论文主题词为在思政课框架下研究“大思政课”的约占47%。此外，相关主题还涉及大中小学一体化、大数据、课程思政、教学改革等。

目前，“大思政课”的研究集中在四个方面：“大思政课”的概念与内涵，善用“大思政课”的依据、内容和推进思路等。其中对于内涵的界定，至今尚未形成一致的看法。在概念的阐释上，多从思政课视角出发，关注点多围绕“大”而展开，比如面向学生的大群体、聚焦“国之大者”的大使命，依托协同育人“大格局”，培养具有“大视野、大情怀”，能

够肩负起民族复兴大任的时代新人。虽然对“大思政课”的概念能够抓住核心特征，但却没有厘清一些重要关系。比如思政课与“大思政课”的关系、“大思政”与“大思政课”的关系、“大思政课”与思想政治教育的关系，等等。而这些内容又是研究和实践“大思政课”的本源性问题，必须给予系统性阐释。

“大思政课”的落脚点是“课”，这个“课”既可以指课堂也可以指课程，其性质是“思政”类，核心特征是“大”。三个层面彼此依托，互相促进，构成了“大思政课”的系统体系。要注重对三者之间的关联性探究，在概念界定上可以转变视角，将其视为一个涵括时空的概念。从时间维度界定，“大思政课”是伴随学生成长成才全过程的一门“立德大课”。它以青少年不同成长阶段开设的思政课程为依托，坚持循序渐进的原则，含盖不同学段各类相关的思想政治教育活动，推动大中小学思政课一体化建设，在全社会范围搭建“大思政课”平台。从空间维度界定，“大思政课”是体现全员、全方位特征的一门“育人大课”。它打通了各门思政课程与其他课程的壁垒，走出传统的小课堂，走向社会大课堂，营造“人人思政、处处思政”的氛围，坚持功能互补原则，构建师资力量整合、教学内容融合、教学资源结合、教学评价适合的“大思政课”体系。

由此可见，思政课是“大思政课”建设的出发点与落脚点，“大思政课”是思政课在现有教学改革基础上，为了解决目前建设存在的问题而找到的创新发展新路。因此，善用“大思政课”，不仅需要运用好“大思政课”发现问题的大视野、课程建设的大场域、协同育人的大平台，更需要立足思政课本身，充分发挥自身优势，处理好小与大的关系。“大思政课”是聚焦学生的“盲点”“漏点”“堵点”，运用联系、发展的方法，从讲述身边的人与事延展至国家、社会发展的新思想、新实践、新成果。它以各门思政课程开展的实践活动为途径，让学生在参观考察、实地调研、创新创业的点滴实践中，切实感受到国家、社会和人民生活的大发展、大进步。它是运用思政小课堂引导学生将人生小目标落实到脚踏实地的不懈奋斗中和勤奋实践中，学会“用脚丈量祖国大地，用眼睛发现中国精神，用耳朵倾听人民呼声，用内心感受时代脉搏，”在实现自我跃升的同时成就人生、成就时代。

（二）中医药院校善用“大思政课”的关键

“大思政课”的开展是中医药院校思政课实现创新发展的重要契机，也是中医药文化实现创造性转化与创新性发展的重要桥梁与纽带。“大思政课”包含的课程思政等形式，正是思政课与中医药文化相融合的重要抓手。因此，中医药院校要为“大思政课”创设提供必要的条件，明确善用“大思政课”的关键点，不断提升思政课的质量，培养优秀的“大医生”。

1. 明确“大思政课”建设的意义

中医药院校推广“大思政课”建设，是思政课面向新时代、创新方式方法的必然选择，是理念更新的客观需要。由于中医药院校专业特色较为突出，学生在学习过程中倾向性较为明显，因此，在“必修课选逃、选修课必逃”的氛围下，作为公共必修课的各门思政课程面临巨大挑战。思政课不仅要提高学生的到课率，更要提升学生的听课率和参与度。要想增强思政课的吸引力，解决好课程与学生之间的距离问题，就要求教师在授课中，既要保证政治高度又要体现课程温度。思政课教师要将抽象理论与具体现实相结合、将深奥原理与大众生活相结合、将文件精神与社会变化相结合，“以社会生活为‘课堂’，以火热实践为‘素材’”，增强课程的鲜活性，培养学生的同理心。思政课教师要把思政课打造成学生看得见、感受得到又用得上的“金课”，使学生在学习过程中，能够真切地感受到真理的魅力和信仰的力量。

中医药院校推广“大思政课”建设，是为思政课程引领课程思政搭建平台。思政课程内容丰富，“涉及马克思主义哲学、政治经济学、科学社会主义，以及涉及世情、国情、党情、民情，等等。”思政课教师要聚焦热点、捕捉难点，因时、因势、因材多向度把握课程内容，并结合实际进行分析阐释，帮助学生解决“是什么”“为什么”“怎么办”的困惑。中医药院校课程思政的开展主要针对各类专业课，其中医德感召、价值引领是贯穿始终的主线，也是实现思政课引领的重要纽带。在没有进行“大思政课”建设前，思政课程与专业课程基本以平行线的状态存在，关联性不够，而“大思政课”建设，是利用本身所具有的多学科优势，不断探索促使思政课程与课程思政同向同行的方法。为了产生同频共振的效果，思政课与其他课程从育人角度，彼此相互吸收借鉴，融入相关内容，尝试帮助不同专业的学生多角度、多层面地分析问题，化解疑惑。

中医药院校推广“大思政课”建设，是培养优秀中医药人才的必然要求。医学人才的培养直接关系到“全民健康”“健康中国”“构建人类卫生健康共同体”等战略目标的实施。要培养出具有中国特色的高素质医学人才，除了要具备高超的医学技能外，还要有高尚的人格品质。要让医学生认识到，其未来要面对的是具有各类情感的患者，在行医过程中，即使借助精密仪器进行诊疗，但冰冷的机器永远无法取代用心的呵护和全心全意的照顾。医学本身是科学性与人文性的统一。科学性是促进医学不断发展之“干”，人文性是保障医学之树长青、枝繁叶茂之“根”。无论是“医乃仁术”的道德呼唤，还是希波克拉底医学誓言中对医学职业道德的坚守，都强调了医学的人文属性。这既是医者初心的缘起，也是医学赖以生存的本根。因此，需要借助“大思政课”建设，培养学生的沟通能力、共情能力和倾听能力，学会运用主体间性，实现医患视域转换，树立“以患者为中心”的理念，以平等之心、关怀之心、开放之心面对患者，提升医学生的人文素养。

2. 确定善用“大思政课”的内容

（1）善用“大思政课”，激活教学内容

思政课是集政治性、思想性和理论性于一身的关键课程，无论如何改革创新都要时刻秉持“内容为王”的核心理念。新时代思政课教学既要体现教材的“原汁原味”，又要尽量呈现好时代、社会与现实的“多滋多味”。因而要善用“大思政课”赋能教学内容，加入社会资源，凸显“社会大课堂”的作用，协调教学中的供需矛盾。中医药院校可结合自身特色，一方面走出去，在实践教学中将思政课堂拓展至社区医院、义诊现场、校外实习基地和与医学相关的历史陈列馆、中医药博物馆等社会场所，组织学生完成相关任务，然后再回到课堂分享体会与感受。另一方面，在现有知识体系的框架下，结合教学目标与课程特点，有效融入生动鲜活的中医药文化、中医药名家案例等，让丰富、生动而鲜活的中医药社会资源成为有力的育人手段，真正实现思政小课堂与社会大课堂紧密结合。

（2）善用“大思政课”，促进课程衔接

“学校思想政治工作不是单纯一条线的工作，而应该是全方位的。”2017年教育部《高校思想政治工作质量提升工程实施纲要》提出，要切实构建“十大育人”体系，即课程育人、科研育人、实践育人、文化育人、网络育人、心理育人、管理育人、服务育人、资助育人、组织育人。在课程育人中提出，要大力推动以“课程思政”为目标的课堂教学改革，优化课程设置，修订专业教材，完善教学设计，加强教学管理，梳理各门专业课程所蕴含的思想政治教育元素和所承载的思想政治教育功能，将其有机融入课堂教学的各个环节，实现思想政治教育与知识体系教育的有机统一。在此框架下，要充分发挥思政课程育人的统领作用，筑牢课堂教学主渠道，积极用好“大思政课”资源平台，让思政课程与中医药其他专业课程在内容设计、考核评价、育人功能上实现相互衔接。找到各门课程间的育人融入点、覆盖面和涵括域，真正实现“点一面一域”全方位衔接，产生同频共振的育人效果。

（3）善用“大思政课”，创设一体化育人体系

习近平说：“青少年思想政治教育是一个接续的过程，要针对青少年成长的不同阶段，有针对性地开展思想政治教育。”思想政治教育工作是一项接力育人工程。思政课要完成好立德树人根本任务，同样需要久久为功。思政课教师要针对中医药专业不同学段学生的认知特点、知识水平和思考能力等，设置课程目标、内容与方法手段，需体现接续育人的理念。同时要善用“大思政课”所具有的时空延展性，先做好不同学段学生思政课程的纵向衔接，做到既能够重点突出也能够协调一致，在持续开设的过程中夯实育人效果。此外要统筹好同一学段不同专业课程与思政课程的横向衔接，特别是与中医药文化、中医思维、医德医风等相关课程的融入，

更要站在继承与弘扬中华优秀传统文化、探索马克思主义与中华优秀传统文化相结合的高度来思考、去谋划。

3. 选择善用“大思政课”的路径

（1）精准思维

思政课教师要找准“大思政课”的切入点，增强“大思政课”教学的鲜活度，提升中医药学生的兴趣度。可运用电子平台技术，建立学生动态需求档案，教师通过各类软件收集学生的需求，确定个体需求发展趋势和群体需求热点。思政课教师要善用“大思政课”涵盖内容丰富的特点，满足学生对不同问题的求知欲，注重结合学生认知阶段和中医药专业背景，将深奥理论讲清楚、重要理论讲透彻、现实问题讲明白。要善用“大思政课”提供的中医药平台，满足学生的探索欲，鼓励学生躬身实践、勇于尝试，在提升实践能力的同时，感悟课程的实用性。无论是理论问题的解惑还是专业的探索，目的都是帮助学生树立正确的世界观、人生观、价值观，完成立德树人根本任务。

（2）坚持问题导向

以“大思政课”生动鲜活的当代实践诠释重大理论问题、焦点热点问题，恰当融入专业相关问题，增强针对性。马克思说：“问题就是时代的口号，是它表现自己精神状态的最实际的呼声。”思政课就是要回答学生各种“为什么”的追问。思政课教师不仅要将现今中国在实现中华民族伟大复兴道路上取得的历史性成就、脱贫攻坚创造的世界减贫奇迹、全面建成小康社会书写的人类发展史上的伟大奇迹带入课堂，还要将中医药发展变革、新时代中医药取得的成就、中华优秀传统文化与中医药文化的关系等引入授课当中，创设问题情境，采取师问、生问、师生互问或生生互问的形式，鼓励学生发现问题、分析问题、思考问题，提升综合能力。

（3）创新话语表达

思政课教师要善用“大思政课”承载的时代话语和专业话语，克服代际差距，形成话语认同，增强亲和力。“让马克思讲中国话，让大专家讲家常话，让基本原理变成生动道理。”思政课教师要将抽象凝练的教材语言转化为生动鲜活的教学语言，要运用语言魅力打动、感染学生，引导学生。教师可借助新媒体、新技术增强课程的吸引力，将理论与文化相结合、线上微课堂与线下“行走课堂”相结合、沉浸式VR实践与社会式感悟体验相结合，通过现代技术，让学生完成从感性认知到理论认同再到实践尝试的飞跃。

（三）中医药院校落实“大思政课”的展望

1. 融入中医药文化，体现特色优势

中医药文化是中华优秀传统文化的重要组成部分，也是中医药院校的重要特色，更是实现“大思政课”的重要载体。未来中医药院校开展“大思政课”，应该对中医药文化有所侧重，在凸显特色的同时培养中医药事业的合格建设者与可靠接班人。

首先，要加强中医药文化理论层面的系统性研究。2009年，中医药核心价值观被概括为“仁、和、精、诚”。至此，学者们对中医药文化、中医药文化的核心价值探讨与关注随之增加。从总体研究情况看，目前针对某一层面的研究较多，结合实际的研究较多，而对理论层面的相关研究较少。为此要加强系统性理论研究，形成完整的理论框架，以助于中医药在面对新阶段、新形势的新挑战与新问题时更加从容，在思政课中融入中医药文化能够有的放矢。

其次，要从思政课理论层面找准融入中医药文化的落脚点。对于思政课与中医药文化的关系尚需进一步提升，要从思政课的视角，弄清楚两者联系的关节点，在哪些方面两者可以实现融合，融合后能够产生哪些效果或影响。要从马克思主义中国化“两个结合”的高度进行认识，中医药院校的思政课要实现将马克思主义基本原理与中华优秀传统文化的有机结合，必须写好思政课融入中医药文化这篇大文章。

2. 拓展实践平台，构筑“三位一体”育人格局

（1）善用“大思政课”，以拓展的实践场域为平台，实现“社会大课堂”与“思政小课堂”的结合

要弄清楚“两个课堂”为什么要结合？结合什么？怎样结合？从实

践层面看，一方面“社会大课堂”为思政课的实践开展提供了更为广阔的场域。由于学校的特色不同，因此在“社会大课堂”的筛选上要凸显针对性。附属医院、社区医院等各类医疗机构、校外对口实验实习基地，以及医学类博物馆、展览馆等都可以作为中医药院校思政课“走出去”的平台载体，用“社会大课堂”开阔学生视野，坚定职业信念。另一方面，“社会大课堂”能够为思政课的实践开展提供鲜活的案例和模范人物等教学资源。思政课教师要从学生易于接受的医学发展谈中国发展，从古代医学先贤的从医之路谈医学生的职业生涯，从名医大家、模范人物的爱国奉献精神谈医德医风，通过“社会大课堂”提升思政课的吸引力和针对性。

（2）围绕“大思政课”构筑“三位一体”的育人格局

要打通学校、家庭、社会全员育人衔接的壁垒，强化各育人主体的育人意识，学校、家庭、社会要明确育人责任，在守好各自渠的基础上，发挥好学校育人的主体作用、家庭育人的基础作用及社会育人的支撑作用，使“许多力量融合为一个总的力量而产生的新力量”。要以“共育”为桥梁，家庭要突出“养育”，以家风筑牢地基，帮助学生系好人生“第一粒扣子”。学校要强化“教育”，以树人浇筑地梁，助力学生走好“人生第一步”。社会要重视“培育”，以立德砌筑主体，鼓励学生勇攀“生活第一峰”。总之，以1+1＞2的效果，汇聚起育人洪流，奏好育人“协奏曲”。

3. 优化评价体系，力求科学合理

“大思政课”的有效开展需要配套的评价体系加以验证，同时合理的评价体系能够使“大思政课”及时发现短板，修补不足，从而达到更佳的效果。因此优化评价体系也是未来研究的重点内容。

（1）扩大考核评价覆盖面

评价体系要以“大思政课”提供的实践空间为载体，拓展评价场域，形成综合的育人评价体系。要坚持以促进人的全面发展为原则，根据各门课程不同的教学目标，评价内容的设立要力求全面、客观、可操作性强，既有助于评价学生的知识理论与实践运用，也能评价学生的综合素质，思想觉悟与道德品质。

（2）创新评价方法，使评价更科学准确

“大思政课”的育人评价可运用融媒体（M-Media）、流媒体（S-Media）、超媒体（U-Media）等方法，引入SPSS、SAS、S-plus、Minitab等统计分析软件，将过程性评价与终结性评价相结合，实现课上课下、校内校外全方位评价，以此检验合力育人的效果。此外，要改变考评一元化现象，即只把学生作为评价对象，要将思政课教师开展“大思政课”情况、校内外基地为“大思政课”实践提供条件情况等作为评价对象，进行综合考量。

三、智能思政：创新载体，讲活思想政治理论课

（一）智能思政的缘起与现状

2021年7月，中共中央　国务院印发的《关于新时代加强和改进思想政治工作的意见》强调，要“推动思想政治工作传统优势与信息技术深度融合，使互联网这个最大的变量变成事业发展的最大增量”，并突出强调，思想政治教育工作要与时俱进。思政课的改革创新也要依据新时代学生展现出的新特征，探索与信息技术深度融合的方式方法和路径。在多媒体、微视频等技术手段已经普及后，近年来，人工智能与思政课的深度融合，受到了许多学者的关注。

在中国知网，先后以人工智能、思政课为检索主题词，共检索出论文125篇，其中2021年36篇，2022年48篇，占发文总数的59.2%。以智能思政为主题词进行检索，共检索出论文1318篇，其中2021年368篇，2022年507篇，占发文总数的66.4%。文章主题词除涉及人工智能外，还包括课程思政、精准思政、混合式教学、智慧课堂等。从总体上看，文章集中讨论的是思政课面临的困难、融合后的挑战与应对，以及融合的方法与路径等。分析结果显示，论文存在研究视角趋同、研究内容类似、实践方法相近的情况，基本处于研究的初始阶段。另外实践研究多于理论研究、方法研究多于内涵研究、对于为什么要将人工智能引入思政课、思政课与人工智能之间是运用还是融入、怎样行之有效地融入、融入人工智能后思政课

的变与不变等诸多问题亟待深入研究。而要深入研究这些问题，需要先了解什么是人工智能。

人工智能，英文名称为 Artificial Intelligence，缩写为 AI。它是用于研究模拟、扩展人类智能的理论边界、方法创新、技术飞跃的新科学。1956年，美国达特茅斯学院的约翰·麦卡锡最早提出这一概念，至此人工智能的研发与迭代速度惊人。作为前沿技术，许多国家纷纷斥巨资支持发展，目前人工智能已经被运用到多个领域。起初它经常被用于精密行业，以机械手代替人手，不仅提高了精密仪器的质量，也大大解放了生产力。特别是一些危害性较大的行业，以人工智能代替人工作，能够更大限度地保护人类不受伤害。但随着 AI 技术的不断成熟和生产成本的逐渐降低，一些 AI 机器人甚至出现在超市、餐馆等精准度要求相对较低的行业中，目的是招揽顾客。必须承认，人工智能在解放劳动力以及从事某些行业方面是十分适合的，但也有很多人反对人工智能的继续发展及无限制的运用，担心长此以往人类有被 AI 取代的危险。特别是类似 CHATGPT 等人工智能软件的研发运用，更是引起了较大争议。

尽管目前对人工智能的支持与反对兼而有之，但仍无法阻挡其继续向前的脚步。恐惧和逃避永远不能从根本上解决问题。我国在2017年7月颁布了《新一代人工智能发展规划》，明确了发展人工智能的战略目标与规划，提出力争到2030年，将中国建设成世界主要人工智能创新中心。既然未来人工智能或许是人类的必然选择，那么就应该从现在起勇敢面对困难与挑战。中医药院校的思政课也应对人工智能“善用之”，为学所用、为教所用，在扬长避短中实现思想政治教育的最佳育人效果。

智能思政是将思政课与人工智能深度融合的产物，是新时代实现精准思政、构建“大思政课”格局的现实需要，也是思政课改革创新发展的内在要求。思政课教师运用虚拟教室、智慧教室等技术手段，能够将各种现实场景“搬到”思政小课堂，让学生有身临其境之感，讲活思政课。另外人工智能具有良好的延展性，可以弥补教师的“本领不足”，最大限度地收集学生的兴趣数据，准确融入授课全过程，提升课程实效。

（二）中医药院校实施智能思政的关键

随着人工智能在医学等与人们生活密切相关领域的广泛应用，人们对于人工智能的理解也在逐渐加深。如果未来中医药院校的思政课要尝试融入人工智能，则必须在辩证统一的框架下处理好三对关系，用好人工智能这把“双刃剑”。

1. 技术融入与价值引领

智能思政所体现出的第一个特征就是技术性。其实人工智能对于中医药院校并不陌生，在医学技术快速发展的今天，“医学+智能”模式已被运用于中医诊疗。据了解，目前中医药院校开展智能思政的数量并不多，其中固然有成本投入过大、教师能力不足等原因，但也不乏因没有厘清智能与思政的关系，而选择不用或观望。

思政课的重要使命之一是对学生进行思想与价值引领，帮助学生树立正确的世界观、人生观、价值观，坚定理想信念，培养爱国情怀。人工智能作为技术手段，虽具有超强算力，可以大数据为基础，采用全程跟踪式为学生精准画像，获取学生的关注点和兴趣点，通过绘制变化趋势掌握学生的需求规律，但机械的程序分析所反馈的只是碎片式文字以及无生命的数字，无法直接实现育人目标。这就需要思政课教师要恰当将人工智能运用于教学设计的全过程，使其与育人目标充分融合，从而发挥育人功效。

有效实施智能思政的关键点在于如何在思政课教学中适度运用人工智能技术。作为思政课教师，要秉持技术为用原则，倡导育人为本、技术先行的理念，扭转技术至上的认知，明确技术的选择运用只是为了相关信息的获取，而相对于一些源自学生和教师的复杂情况、动态变化和突发状况等，人工智能则会显得束手无策。更为重要的是，思政课要实现育人功能，要真正走入学生的内心，并外化于行，而这单靠复杂的技术手段是无法实现的，它需要恰当的心灵沟通。因此，实施智能思政要注重技术与价值相统一。

2. 理论深度与教育温度

在信息化日新月异的新时代，人工智能的信息存储量让人羡慕。单纯依靠人的大脑记忆是无法与人工智能相媲美的。特别是面对素有“网络原住民”之称的时代新人来说，则更加凸显了自身优势。一方面人工智能的新颖手段、多样的方式方法更能够吸引学生，更大程度地激发学生的主观能动性及学习的主动性，实现从“要我学”到“我要学”的转变。创新意识与创新思维的熔铸贯通也会让学生体会到教学改革带来的参与感与获得感，从而点燃其创新热情。另一方面，人工智能依靠强大的存储与信息处理功能，能够在极短时间内对学生提出的疑问与困惑进行反馈式解答，甚至可以在拓展中帮助学生对某一问题建立关联意识，绘制思维导图，将理论内容讲深、讲透，用理论的魅力感染学生。

但是思政教育只有理论深度是远远不够的，有时深奥的理论、生涩的原理反而会形成一道无形的墙，使学生望而却步。因此，长期以来，思政课一直倡导做“有温度的课程”。智能思政的开展同样要注意深度与温度的融合。人工智能的温度可以通过教师的选择性运用得以实现。比如利用人工智能进行多方调研与信息处理。如果教师将研究结果只以文件或图片的形式简单呈现，往往不会引起学生过多的关注，但如果教师将调研的相关信息，进行总结归纳后，结合课程的相关内容，选择恰当的方式对学生进行面对面描述，则往往会增加学生的关注度，甚至引发其思考。因此，实施智能思政要体现深度与温度的结合。

3. 差异化与精准化

为何要实践智能思政？思政课受众的差异化与需求的精准化是选择的原因之一，也是智能思政具备的特征之一。差异化与精准化之间存在辩证统一的关系。受教室数量、教师数量等软硬件影响，大部分中医药院校的思政课，在授课人数上基本保持在百人左右。加之学生的基本素养、知识储备、兴趣爱好等存在差异，因此所获取的相关知识、价值内容等也会表现出差异性。这无疑给思政课教师带来了巨大的挑战，所谓“众口难调”。特别是进行课堂理论讲授时，如果教师对讲授对象的基本状况、基本诉求不了解，即使不是照本宣科，也很难满足全部学生的需要。课堂上经常会出现因“供需失衡”而造成的“一言堂”现象，即使有少数同学参与互动，但由于学生基数较大，低听课率不仅会打击教师的授课积极性，也会让部分学生产生思政课无聊、无趣的误解，从而影响听课效果。

破解问题的关键点就是遵循差异性，体现精准性。智能思政可以将二者较好地统一。一方面，依靠人工智能的强算法，运用大数据、云计算收集学生的思想数据与行为数据，进行相关数据统计分析、对比分析、需求分析后，通过词云、主题词等反馈给授课教师，使教师对授课对象的差异性有深刻了解，从而为精准思政的实施奠定基础。另一方面，人工智能的精准识别、精准定制、精准传导、精准反馈功能能够极大地促进精准思政的有效实施，并在精准实施的过程中最大限度地尊重学生的差异化，满足个体需求。

（三）中医药院校实施智能思政的展望

1. 统筹好智能与思政的关系

智能思政属于思想政治教育创新发展的范例，必须具有鲜明的思政特色。最重要的是要具有意识敏感性，牢牢把握好意识形态方向。在智能思政的设计、执行、反馈等方面要用正确的价值观给予规范引导。无论人工智能进行何种创新，都要坚守思政教育的基本原则、指导思想与根本规律。一方面，要坚持意识形态的主导性，为智能思政发展改错纠偏；另一方面，要坚持思政教育的主导性，避免智能思政发展成为数据化、单一化与功利化的代名词。同时，在思政框架下的人工智能要更好地发挥优势，营造多维度学习共同体空间，构建需求性反馈模块及人机交互竞赛等深度学习方式，充分发挥教育效能。此外，在运用人工智能对学生进行群体画像、海量信息收集及需求反馈时要适当拓展遴选信息的范围，融入中医药专业课、中医药人物案例及中医药前沿成就等，力求更加全面地获取统计结果。需要注意的是，智能思政中运用的人工智能尚属于弱人工智能，要知晓其“可为”与“不可为”，切不可使标准的设定过高或过低。

2. 做好教育主客体与人工智能关系的统筹协调

在实施智能思政的过程中，要重视教育主客体的“变”与“不变”。就教育主体而言，教师的主导地位没有变，但是需要提升运用人工智能的能力与水平。虽然在教学中，特别是开展线上教学过程中，由于教学内容的需要，人工智能运用得比较广泛，但要想取得良好效果，教师授课前的备课和课程设计是十分必要的。甚至在某些特殊情况下，教师还要对学生开展心理疏导、情感联系、面对面交流等工作。因此，思政课教师的主导地位是不变的。但人工智能的运用会给教师带来很大的挑战。由于思政课教师专业要求较高，跨学科人才较少，大部分文科背景的教师对智能技术的操控会产生畏惧感或“本领恐慌”。特别是一些年纪较大、较少使用现代媒体技术的老教师，学习起来更是困难重重。这就需要思政课教师要主动学习以弥补自身的不足。可采取自学加旁听的方式，了解人工智能，并很好地掌握运用。也可借用医学院校资源，将智能医学与智能思政进行比较，提升运用能力。

作为教育客体的学生，不仅是思政教育的重点，也是人工智能的对象，其教学的主体地位也没有变。但从原来的师生关系改变至人机关系，也需要学生提升认知能力，发挥主观能动性。人工智能赋能思政课会为学生提供自主学习的资源与空间，创设一些需要学生全程参与、跟踪反馈的实践活动，这也是提升学生综合能力的必要方式。它要求学生主动参与，完成从学习到接受再到践行的内化与外化相结合的过程。此外，要对人工智能的使用情况进行调研，在积极参与的同时，对自己及需求有正确的认知，勇敢面对不足，保证信息反馈的准确性。

3. 打造中医药智能思政新模式

（1）创设智能学习空间，提高人才培养质量

为了给中医药学子营造良好的学习氛围，中医药院校可以利用人工智能虚拟房间功能，邀请同类院校学生、业内专家学者，或者大中小学思政课一体化合作学校的学生，共同学习、研讨，答疑解惑。学习空间可以直接对接不同地区或不同国家的相应课程，可将其转为虚拟现实学习空间，对接诊室、病房、手术室等现实场所，帮助学生了解职业功能与社会需要。

（2）构建智能学习分析系统，以个性化学习带动深度学习

开展个性化学习是很多教育者一直秉持和追求的目标。以往因思政课

的学生较多，这一想法很难得到满足，“一言堂”“独角戏”的授课方式影响了教学质量。人工智能的运用使个性化学习成为可能。特别是在课前与课后，菜单式预习点播与针对性的总结复习，都是个性化学习的基础。同时只有满足了个性化需求，学生才更愿意以探究方式完成深度学习。而这种深度学习的能力也是医学生必备的素质之一。

（3）建立虚拟思政的云端实践场域

虚拟仿真技术是人工智能技术的重要体现。在中医药院校的一些专业课中早已得到了充分运用。中医药思政课可以利用校内虚拟资源，融入思政元素，组织学生开展云端实践。比如，可以运用虚拟仿真的云端参观技术，对接南阳医圣祠、孙思邈纪念馆、侵华日军南京大屠杀遇难同胞纪念馆、侵华日军七三一部队罪证陈列馆等场所，激发学生的学习兴趣与热情，并在教师的引导与讲解中身临其境地完成思政课学习。

总之，未来中医药院校思政课的发展任重道远。思政课教师要以发扬中医药院校特色为己任，变劣势为优势，变挑战为机遇，扬长避短，开拓创新，以实际行动助力马克思主义基本原理与中华优秀传统文化相结合，踔厉奋发，携手开创中医药思政课的辉煌明天。

第二节　中医药文化的全新定位

自“（神农）尝百草，始得医药”，中医药已经传承发展了几千年。作为祖国医药的杰出代表，中医药不仅在中华民族繁衍生息、保护人民生命健康方面发挥了巨大作用，也浓缩了中华优秀传统文化的精华，被誉为“中国古代科学的瑰宝，也是打开中华文明宝库的一把钥匙”。中医药以其独特的思维方式、丰富的文化体系以及有效的诊疗手段，在世界上得到了越来越多的认可。但同时也必须清醒地认识到，自近代以来中医药所面临的“不科学”质疑仍然不绝于耳，由此而引起的西医挑战还远未结束。究其根本，中西医冲突现象背后是中西方文化差异所造成的。换言之，两种医学诞生初始均以各自文化内涵为底色，在不同文化框架下按照内生性与外向性发展，使得二者在理论体系、思维方式、诊疗方法等方面产生诸多不同。中医药文化是贯穿中医药发展始终的“根”与“魂”。未来中医药要实现创造性转化与创新性发展，更需要从文化发展的角度发挥优势、找寻不足，做到“传承不泥古，发展不离宗”，为新时代的中医药文化确立崭新定位。

一、激活传统：打开中华文明宝库的钥匙

（一）文化与文明

1. 文化

文化一词源于《易传·贲卦》。其云：“观乎天文，以察时变；观乎人文，以化成天下。”其被译为以文化之。其中“文”不仅包含体现自然规律的“天文”，亦包括社会礼仪制度的“人文”，是自然与社会相统一的复合字。“化”可理解为教化、转化、变化、感化等。文化作为上层建筑的重要方面，因其内涵极为丰富，至今在概念定义上依然是仁者见仁、智者见智。目前使用较为普遍的定义，源自苏联1964年出版的《哲学百科全书》即“文化是人类在社会历史事件过程中所创造的物质财富和精神财富的总和。”

（1）文化具有独特性

文化是人类社会进化过程中创造的独有产物，也是人类社会区别于自然社会的重要标志。它的充实与发展使人类社会实现了从野蛮到文明的跨越，并助力其朝着新文明方向迈进。

（2）文化具有多样性

受居住地域、生活习惯、社会资源等多重因素影响，不同地区、不同民族、不同国家都会有属于自己的特色文化。只有秉持尊重、平等、包容的态度看待不同文化，才能促使其和谐共生、良性发展。

（3）文化具有发展性

因为文化无处不在，因此它会伴随人类社会的不断发展而发生变化。在社会环境、社会制度乃至国家政权更迭等发生改变后，某一地区或国家

的文化也会随之改变。过去一些文化习俗甚至会被视为“遗风遗俗”，而被世人逐渐抛弃或淡忘。取而代之的会被视为先进文化而大加宣传与弘扬。但必须认识到，无论文化如何发展，优秀文化总会历久弥新，始终焕发光彩。

2. 文明

文明一词最早出现在《易经·乾·文言》。其云：“潜龙勿用，阳气潜藏。见龙在田，天下文明。终日乾乾，与时偕行。”它用以表示具有欣欣向荣、蓬勃发展的社会状况。其中“文”亦如文化之“文”，兼具自然与社会的双重属性；“明”有天地宇宙之光之解，蕴含生机、希望之意。在现代社会，“文明”常作为专业术语，比如四大文明古国、华夏文明、人类文明、生态文明等，并与野蛮相对。

3. 文化与文明的关系

文明与文化既有区别也有联系。与文化具有的先进、落后之分不同，可以称之为“文明”的基本上是有价值的、美好的状态。在文明社会中，每个人要彬彬有礼，要营造温馨和谐的社会环境。共产主义社会就是人类社会发展到高度文明的必然产物。同时，文明要以文化为基础，正是由于存在优秀先进文化，才能够促使文明的产生与发展。文明是文化的发展目标和方向，在优秀文化与落后文化不断更迭的过程中，人类可以有预见性的创造文明。

（二）中华优秀传统文化与中医药文化

中华优秀传统文化是植根于中华民族血脉之中的优秀基因，凝结着中华民族普遍认同的道德品格、行为规范与价值取向。党的二十大报告中对于中华优秀传统文化蕴含的内容进行了描述性界定：“中华优秀传统文化源远流长、博大精深，是中华文明的智慧结晶，其中蕴含的天下为公、民为邦本、为政以德、革故鼎新、任人唯贤、天人合一、自强不息、厚德载物、讲信修睦、亲仁善邻等，是中国人民在长期生产生活中积累的宇宙观、天下观、社会观、道德观的重要体现，与科学社会主义核心价值观主张具有高度契合性。”

中国共产党始终是中华优秀传统文化的忠实继承者与弘扬者。在革命、建设、改革发展的不同历史时期，中国共产党人积极探索、勇于实践，坚持将马克思主义基本原理同中华优秀传统文化相结合，帮助马克思主义深深根植于中华大地，从而具有了中华民族的文化底蕴与鲜明的精神品格，马克思主义真理之树枝繁叶茂，在不断推进中华民族伟大复兴的进程中发挥着重要作用。特别是进入新时代，习近平高度重视继承和弘扬中华优秀传统文化，将中华优秀传统文化视为“根与魂”“精神命脉”“文化基因”“突出优势”，不仅进一步完善了中华优秀传统文化的时代内涵，更将其融入治国理政的理念中，力求充分激活中华优秀传统文化的先进基因，不断推进中华优秀传统文化的创造性转化与创新性发展。

中医药文化与中华优秀传统文化之间有何关系呢？中医药文化是促进中华优秀传统文化发展的重要因素。2016年12月6日，在首次发布的《中国的中医药》白皮书中谈道：“中医药是中华优秀传统文化的重要组成部分和典型代表……体现了中华文化的内核……更丰富了中华文化内涵，为中华民族认识和改造世界提供了有益启迪。”

1. 中医药文化的根是中华优秀传统文化

中医药文化以中国古代哲学思想为基础，涵括了天文、地理、生物、心理、语言等多学科知识，最终形成了中医理论体系。在漫长的历史长河中，中华优秀传统文化不断涵养中医药文化，使其得以保存甚至发展创新。

2. 中医药文化中蕴含着中华优秀传统文化的人文精华

古代医家将治病与治国理念相结合，提出“古之善为医者，上医医国，中医医人，下医医病”（孙思邈《备急千金要方·候诊》）。“夫治身与治国，一理之术也”（《吕氏春秋·审分》）。“不为良相，便为良医”（宋·赵善臻《自警篇》）。在新时代治国理念中，习近平也常将中医理论融入其中，在谈到改革开放时，他说：“改革要辨证施治，既要养血润燥、化瘀行血，又要固本培元、壮筋续骨。”

3. 中医药文化促进了中华优秀传统文化的复兴发展

“研究中医药文化的根本宗旨在于为中医药学术的发展提供理论依据

和智力支持，并最终达到弘扬中国传统文化之目的。”可以中医药文化振兴发展为引擎，全面开启中华优秀传统文化的内向型转化与外向型传播。

（三）传统与现代

实现现代与传统互洽是中医药文化守正创新的根本需求。“正”为根、为基，是流淌在中医药文化血脉中的传统基因，“守正”就是要守住中医药文化本根。中医药文化要面向未来，就要创新，创新是实现中医药现代化的动力源。但创新只有以“守正”为基础，才不会在未来发展中迷失方向、丢失自我。因此，中医药文化在实现现代化的道路上，要突破思维藩篱，处理好现代与传统的关系，使二者相互成就，做到接续发展。

要实现现代与传统的互洽，明晰二者的内涵是前提。传统是什么？中医药改革者常将传统与守旧对等视之，并冠以不科学的评价，认为传统是现代的桎梏，要实现发展创新势必要突破传统束缚，甚至不惜与传统决裂。果然如此吗？传统是对历史继承性的体现，常有优秀与落后之分，因此对待传统要甄别。落后传统属于糟粕要及时摒弃或修正，但优秀传统蕴含优秀基因，历经时代的磨砺与演变，仍会对中医药文化发展起到促进作用，因此需要继承弘扬。现代是什么？哈贝马斯在《论现代性》一文中对“现代”的诠释较具代表性。他说：“人的现代观随着信念的不同而发生了变化。此信念由科学促成，它相信知识无限进步、社会和道德改良无限发展。”界定中将现代与科学相关联，以科学引领现代化发展的认知一直影响至今。但两个“无限”的界定，容易使现代化深陷未知而误入歧途。因此，中医药现代化绝不能只追求科学发展，还要以伦理学为底线，以优秀传统文化为引领，这样才会在不断发展的道路上时刻保持正确方向。以中医药发展为例。自新文化运动起，将中医药视为“旧医”的言说不绝于耳，中医药是否科学的质疑此起彼伏。造成中医药发展面临困境的原因，一方面源自外部环境影响，如西医的挑战；另一方面则在于中医药内部能否找到一条适合自身革旧秉新之路，在文化框架下处理好传统与现代的关系。因此，中医药要学会与传统和解，将传统中的精华思维、核心理论，在继承中创新、在创新中发展。要以内含的人文属性为指向，克服传统具有的时代性缺陷，以医文融合方式，使中医药在文化助力下，既能朝着现代化“向前跑”，也能适时刹车“回头看”，在传统与现代串联的轨道上共向未来。

（四）中医药文化的创新发展

由于中医药文化产生时间较早、发展周期较长，其所涵括的内容中“不可避免会受到当时人们的认识水平、时代条件、社会制度的局限性的制约和影响，因而也不可避免会存在陈旧过时或已成为糟粕性的东西。”因此，要采取去粗取精、去伪存真的方法，不断创新发展中医药文化。

1. 刀刃向内的革旧秉新

这是中医药文化走向创新发展的前提与基础。中医药发展历经几千年，在不同时期的更迭发展中会受到社会环境的影响，在此基础上凝结而成的中医药文化在具体内容、认知方法、思维方式等方面也必然会带有时代印记。由于时代久远，这些内容主要体现在一些医学著作中。比如被达尔文称之为“百科全书”的《本草纲目》，堪称古代本草的巅峰之作，其贡献在于将1892种药物按照自然物质的部类法划分为16部60类，以部为纲，以类为目形成了科学的纲目体系。但在内容记载中也不免有一些民俗方应该摒弃，如记载夫妻双方饮用立春之雨“易于得孕”，饮屋漏水“洗犬咬疮，更以水浇屋檐，取滴下土傅之，效”(《本草纲目》)。而这些内容恰恰是一些否定中医人士批判中医的落脚点。因此，现今中医药文化的从业者有责任大胆摒弃曾经的糟粕，以科学的方式宣传展现中医药文化的真正魅力。

2. 彰显特色的核心理念

2009年，中医药文化核心价值观被提出，并被归纳为“仁、和、精、诚”。这不仅体现了中医药在漫长发展过程中面对国家、社会、个人所持有的一种态度，也是保证中医药文化历久弥新的精髓所在。以此为基础衍生出的“天人合一”、阴阳五行、四时养生、以人为本、生生不息等核心理念更加凸显了中医药独特的学科特色，即科学性与人文性的统一。科学性是促进医学不断发展之“干”，人文性是保障医学之树长青、枝繁叶茂之“根”。中医学的产生源于对人的关爱与尊重，这也是“人文”一词的核心内涵。“医乃仁术”不仅是对医生道德的呼唤，也是医者初心的缘起，是中医学赖以生存的本根。中医药文化从业者要在弘扬中医药文化特色上下功夫，帮助中医药在致力于打磨治愈疾病的利剑之时，也能够形成一簇直抵病患心灵的温柔触角，发挥中医药优势，提升实效。

3. 面向世界的融合发展

2020年，面对新冠疫情在全球肆虐，习近平向全世界公开提出构建人类卫生健康共同体的理念，为中医药全球化发展提供了重要机遇。目前，中医药已经在196个国家和地区进行了广泛传播。据世界卫生组织的统计数据显示，有113个成员国认可针灸等中医药诊疗方式，29个成员国为中医药的规范使用制定了有关法律法规，还有20个成员国将针灸等中医药诊疗纳入医疗保障体系。但我们也必须认识到，中医药走向世界仍面临一些困难。比如语言转译上，从古代汉语到现代汉语再到其他语系，在转译过程中会出现语句语义缺失、误读等问题，无法实现“信达雅”的标准。这必然会影响到国外民众对于中医药的理解与接受。而究其深层次的原因在于没有以中医药文化为引领，找寻中西方医学的关节点，实现融合性创新。

二、立足本根：培育中医药人才的动力源

“人民健康是民族昌盛和国家强盛的重要标志。”如今健康事业不仅关系到百姓民生，更跃升为国家战略，凸显了健康事业与国家发展之间的重大关系。随着民众对“全生命周期健康素养、疾病知识素养、药学知识素养和医疗过程素养教育”诉求的不断提升，对中医药人才的职业胜任力也提出了新要求。中医药人才除需要具有高超的临床技能，还需具备“艺术与人文研究方法，能够极大地促进对疾病、残疾、痛苦、关照等问题的理解性探究”，并具有良好的沟通能力、果断的决策力、高尚的医德和共情力。因此，未来要进一步发挥中医药文化的育人功能，培养健康中国战略下需要的“大医生”。

（一）以传统魅力坚定中医药自信

韩启德院士在《医学史对我们的拷问》一书中谈道：“历史告诉我们，一个伟大的民族，必然是善于传承和发展自己的主流传统文化的。”中医药文化作为中国传统文化的重要载体，在中医药院校中应得到高度重视。中医药文化要以继承弘扬、开拓创新为基本目标，以丰富的内容为抓手，采取形式多样的宣传方法，与专业课程、思政课程、创建校园文化等相融合，努力实现中医药文化全覆盖，用中医药的独特魅力感染学生，不断提升学生的中医药文化自信。

1. 以深厚的理论内蕴感染学生

当前，中医药院校在培养中医药人才过程中，不仅在中医药文化理论挖掘上缺少系统性，而且对于中医药文化与中华优秀传统文化关系的阐释也较为含混，甚至出现了医学生对中医药文化的了解不如普通民众的情况。这无疑会引发专业不自信的问题。因此，在课程建设上，应在不同学年增设与中医药文化和中国传统文化相关的核心课程，增开与中医药文化相关的选修课，鼓励通识课、公共课中体现院校特色，加大中医药文化的融入力度，避免出现医学生只注重专业基础课而忽视文化内蕴的现象。在校园文化建设上，中医药院校应处处体现中医药文化的要素。比如可在各个建筑门廊设立独具特色的中医药文化宣传角。在食堂悬挂以养生、药膳等内容为主的宣传匾额，如“多食咸，则脉凝泣而变色；多食苦，则皮槁而毛拔；多食辛，则筋急而爪枯；多食酸，则肉胝皱而唇揭；多食甘，则骨痛而发落”（《素问·五脏生成》）。在寝室走廊设立中医药文化宣传窗，如“春三月，此谓发陈。天地俱生，万物以荣。夜卧早起，广步于庭。”“夏三月，此谓蕃秀。天地气交，万物华实。夜卧早起，无厌于日。”“秋三月，此谓容平。天气以急，地气以明。早卧早起，与鸡俱兴。”“冬三月，此谓闭藏。水冰地坼，无扰乎阳。早卧晚起，必待日光”（《素问·四气调神大论》）。在凸显特色的同时，将中医药文化自然地融入学习与生活的每个细节，彰显中医药文化的当代价值。

2. 以丰富的传统智慧启迪学生

与西医学相比，中医药的最大优势在于它不仅可以身心同治，而且从“和合”的角度帮助人们认清人与自然、人与社会、人与自身的三重和谐境界，这也是现实社会中需要拥有的大智慧。以《黄帝内经》（以下简称《内经》）为例，对于人与自然关系，《内经》在“人与天地相参”“人与天地相应”的基础上提出“四时五脏阴阳五行”学说，将人体的生理现象与天地变化相对应（表7-1）。关于人与社会的不可分割性，《素问·至真要大论》曰：“主病之谓君，佐君之谓臣，应臣之谓使。”“君一臣二，制之小也；君一臣三佐五，制之中也；君一臣三佐九，制之大也。”“君一臣二，奇之制也；君二臣四，偶之制也；君二臣三，奇之制也；君二臣六，偶之制也。故曰：近者奇之，远者偶之；汗者不以奇，下者不以偶；补上治上制以缓，补下治下制以急；急则气味厚，缓则气味薄，适其至所，此之谓也。”在认识自我中，中医除了脏腑整体观、阴阳整体观，更重要的是突出形神统一。《内经》对于形体与精神的辩证统一关系做出了说明，指出精神统一于形体，精神是由形体产生出来的生命运动。如《灵枢·天年》云：“神气舍心，魂魄毕具，乃成为人。”《素问·上古天真论》云：“形与神俱，而尽终其天年。”更难得的是，《内经》还对高级神经中枢做出唯物主义解释。如《灵枢·本神》曰：“故生之来谓之精，两精相搏谓之神，随神往来者谓之魂，并精而出入者谓之魄，所以任物者谓之心，心有所忆谓之意，意之所存谓之志，因志而存变谓之思，因思而远慕谓之虑，因虑而处物谓之智。”中医药文化中体现的传统智慧还包括辨证思维、整体思维、取象思维等，这些均应在当代价值上进行深入挖掘。

表7-1　人体的生理现象与天地变化对应表

天地	人体
阴阳六气	六经之气
四时五行之气	五脏之气
十二月	十二脉
三百六十五日	三百六十五节

续表

天地	人体
九州、九野	九窍、九脉
十二经水	十二经脉
日月	二目
东南西北四海	髓、气、血、水谷四海
东南西北四方	手、足、耳、目

3. 以传统的核心价值引领学生

自2009年中医药文化核心价值观被概括为“仁、和、精、诚”以来，中医学界对于中医药文化核心价值的研究似乎尚局限于专家言说。中医药学生对这四个字的感悟大于体悟，一直处于理论与实践断层阶段。不能深入悟就无法用心做。在这四个字之间的联系上，如果割裂地认识其中的某一方面，都会造成“盲人摸象”的误读。因此要在深度与广度上下功夫，以中医药文化核心价值观引领学生。比如“诚”虽然排在最后，但它是医生品德的基础。古代选取医生的标准是“医者之品学不同，必取心地诚谨、术业精能者，庶可奏功”(《冷庐医话·求医》)。医者需要以诚待人，实事求是，不以虚言诳人，不以危言相恐，不以神方秘术炫世惑众，不曲顺人情以保己名。做好医生本分，在为人处事、治学诊疗、著述科研等方面求真务实。特别是在对待患者上，要以诚相待，“若有疾厄来求救者，不得问其贵贱贫富……皆如至亲之想”(《备急千金要方·大医精诚》)。要像对待自己的至爱亲朋一样对待各类病患，这是道德修养的一种境界，又与社会主义核心价值观中的“诚信”一脉相承。只有做到深入挖掘与广泛联系，才能够发挥其引领作用。

（二）以人文底蕴培养基本素质

中医药具有与生俱来的人文性，而且在漫长的发展过程中，这种人文内蕴一直熔铸于中医药文化之中。这既是中医药的显著特征，也是中医药文化的突出表现。在中医药人才培养过程中，更要注重发挥人文性的引领作用，帮助学生培养大视野、大情怀、大格局。

1. 培育学生具有大视野

视野的宽度决定思维的高度。中医学具有科学性、人文性和社会性等多重属性，需要学生拥有透析古今中外的视域与能力。大视野包含三个层面，即超专业视野、历史视野和世界视野。医学生不能只关注中医学，因为中医药的产生发展与政治、经济、文化、社会息息相关，因此，中医药院校需要通过凸显医文融合的课堂、课程、实践拓展视域，帮助学生自觉运用历史思维，了解中医学发展的脉络轨迹，汲取前人的优秀成果，追本溯源，传承创新。教师要引导学生把握学术前沿动态，与世界医学发展同频共振，启迪思维，开拓创新。

2. 帮助学生拥有大情怀

中医药不是冷冰冰的科学研究，它始终要面对身患疾病的生命个体或群体。有学者将医学称之为“人学”，倡导要重视医学的温度。因此，中医药院校要培养医学生三种情怀，即专业情怀、爱国情怀和奉献情怀。教师应采用多元的方法与手段，帮助学生树立学医知医、学医敬医、学医爱医、学医研医的职业理念，坚定学生以专业报国、学医为国、为医学事业奋斗终生的理想信念，明确中医药学是确保全民健康的重要支撑，是确保国泰民安的“大民生”。教师要以人文精神感召学生“先发大慈恻隐之心，誓愿普救含灵之苦”确立以患者为中心的奉献精神，时刻准备以牺牲小我成就大我。

3. 促使学生形成大格局

“古之善为医者，上医医国，中医医人，下医医病”。可见，医者之使命，治病只是基本技能，身心兼治才是更高层次的目标。胸怀天下、心系万民，医国之患，方可谓大医。大格局需要有“先天下之忧而忧，后天下之乐而乐”的大胸襟，有“不以物喜，不以己悲”的大定力，以及“不畏浮云遮望眼，只缘身在最高层”的大智慧。教师需借助医文融合理念，帮助学生自觉将自身发展与医学进步、国家繁荣、人类幸福联系在一起，通过精深阅读、深刻反思、实践历练三部曲，使学生在浩瀚书海中拓展胸襟，在追问辨析中锤炼思维，在躬身实践中磨炼意志，从而养成大格局，提升大境界。

（三）以特色优势提升职业素养

由于中医药文化本身蕴含了极为丰富的内容，因此面对不同层面，其展现的特色优势也会有所不同。比如面对普通民众，中医药文化的特色可以从养生观、治未病、赓续传统文化的角度进行宣传实践；对于培养中医药人才来说，中医药文化的优势可以从中医思维、传统医德、文化底蕴三个层面来凸显。

1. 用中医思维提升诊疗技能

中医药有属于自己的诊疗体系。“望闻问切”，是中医药诊疗过程中逐渐形成并一直沿用至今的四诊法。在科学技术尚不发达的古代，医生通过四诊法可以获得患者的患病信息，从而找到病灶并给予合理用药，背后所依靠的是传统中医思维。这也是中医药理论与实际诊疗相互促进发展的重要关节点。然而随着科学技术的不断进步和各类诊疗仪器的不断研发，中医理论与实际诊疗之间相脱节的情况愈发严重。归结其根本，是由于中医从业者对中医思维或认知不清或重视不够。因此，在中医药人才培养过程中，应注重帮助学生建立中医思维，并运用于实际诊疗中。特别要运用好中医药文化本身所包含的丰富的中医思维资源，使原有内容更明确，陈旧内容有创新，待完善的内容深挖掘。

2. 用传统医德提升道德水平

医德是医生的本根，注重医德教育是自古中医药人坚守的传统。在以师承为主要培养方式的古代，学生的德是继续跟师学习的前提，而师者的医德则是保障自己在行医过程中能够行稳致远的基础。从古至今，许多古代医者用立言立行诠释着医者的“厚德载物”，并且熔铸到中医药文化之中，且历久弥新。但是医德不应只有故事。有人认为，以讲故事的方式可以让学生印象深刻。事实果然如此吗？只讲故事，特别是不对其中任何内容加以阐释，对于学生可能只会造成听听而已的效果，很难产生共鸣。为了提升医德对于学生的引领，教师应在中医药文化中梳理好古今中外医德故事之间的逻辑关系，必要时可以分类逐层剖析，从医者与国家、医者与社会、医者与患者，甚至医者与医者之间的角度鼓励学生分析医德产生的原因及影响，拓展医德涵括的范围，培养学生形成以点到面的分析能力。此外，教师应确立与时俱进的意识，加大对当代医者医德故事的深度挖掘，并在此基础上，根据不同性质特征等基本要素，实现以医德人物为核心，以医德事件为基础，提炼其中的理论内涵与当前社会主义核心价值之间的关联度，在教学中凝练成医德讲授体系，让学生既能感受到春风细雨，也能体会到惊涛骇浪。

3. 用文化底蕴提升职业胜任力

由于医学的对象是人，因此无论是中医学还是西医学都具有科学与人文的双重属性。文化不仅是展现人文性的重要内容之一，甚至每类医学身上都早已被深深地烙上了属于自身文化体系的印记。中医药学的印记就浓缩在中医药文化之中，而中医药文化又植根于中华优秀传统文化这片肥沃的土地上。因此，中医药学生要立志成长为一名德才兼备的医者，就需要在中华文化的沃土上深耕勤作，不断提升自身的文化底蕴。要提升文化底蕴，就要从字、词、句等古代基础文化知识方面着眼。因为中医药的学习既要面向未来，更要重视过往，许多经典思维、诊疗技能都蕴藏在不同时代的古籍中。回归经典是中医药学子的必修课。中医药学生只有掌握了古典医籍的阅读方法，才能与先贤对话，感悟中医药精华。同时文化底蕴的养成还可以涵养学生的修为，使其更好地领悟中医药真谛，提升胜任力。

三、面向世界：传递中华优秀文化的纽带

中医药文化的发展要面向未来，不仅要注重自身不断向下生长，结合新时代中医药发展的实际，开拓创新，更要放眼世界“走出去”，让中医药走进更多的国家，帮助更多的人减轻病痛。中共中央　国务院《关于促进中医药传承创新发展的意见》中明确指出，弘扬中华优秀传统文化、增强民族信心和文化自信、促进文明互鉴和民心相通、推动构建人类命运共同体具有重要意义。要借助“一带一路”，促进中医药的对外传播。目前，中医药已经传播至世界上196个国家和地区。据世界卫生组织统计，有113

个成员国认可使用针灸，中医药海外中心和国际合作基地合作国家达到88个。中医药“走出去”已经初见成效，但仍然任重道远。

（一）加大政策支持力度，促进中医药文化对外传播

党的十八大以来，国家高度重视中医药发展，所颁布的文件中凸显了中医药文化建设的重要性。2016年《中国的中医药》白皮书中谈道：“中医药文化建设迈出新步伐。中国政府重视和保护中医药的文化价值，积极推进中医药传统文化传承体系建设，已有130个中医药类项目列入国家级非物质文化遗产代表性项目名录，‘中医针灸’列入联合国教科文组织人类非物质文化遗产代表作名录，《黄帝内经》和《本草纲目》入选世界记忆名录。”2021年国务院办公厅颁布的《关于加快中医药特色发展若干政策措施》指出：“加强中医药文化传播。切实加强中医药文化宣传，使中医药成为群众促进健康的文化自觉。在中华优秀传统文化传承发展工程中增设中医药专项。加强传统医药类非物质文化遗产保护传承。建设国家中医药博物馆。支持改善一批中医药院校、科研机构的中医药古籍保护条件，提高利用能力。实施中医药文化传播行动，持续开展中小学中医药文化教育，打造中医药文化传播平台及优质产品。”2021年颁布的《推进中医药高质量融入共建“一带一路”发展规划（2021—2025年）》提出，“十四五”期间，要“深化文化交流合作，着力增强中医药影响力”。从文件内容看，目前政策层面支持中医药文化发展，主要聚焦当前中国。利用“一带一路”平台优势，打造中医药“一带一路”，还要充分发挥优势资源，集中发力，做好中医药文化“走出去”的统筹谋划与整体设计。

（二）创新中医药文化传播方式

如何让植根于中华优秀传统文化的中医药文化顺利走向世界，需要做好以下几点。

1. 处理好语言方面的难题

在翻译过程中，除了尽量达到“信达雅”的标准之外，在翻译之前要做好扩充中医药文化内涵、理论内容体系建构等工作。特别是要善于将一些过去的理论精华与现今的时代需求相结合，实现创造性转化与创新性发展，使其既能体现对经典的传承也能凸显开拓创新。翻译要以被外国友人听得懂、弄得明白为标准，这样才能真正实现使中医药文化走出国门、深入人心的目标。

2. 疗效先行

任何医学的发展目的都是一致的，即治病救人。中医药疗效是打开世界大门的一把金钥匙。只有让外国民众感受到中医药在治疗疾病上所具有的其他医学无法比拟的优势和特点，且具有实效，他们才会了解这种神奇医药背后文化的意愿，中医药文化的宣传才会有真正的受众。而这些人在了解并接受中医药文化后便会成为中医药文化的隐性宣传者，从而促进中医药文化的宣传与推广。

3. 丰富宣传方法与手段

要善于讲好、讲活中医故事。“支持拍摄中医药影视精品，面向国际社会不同群体出版‘一看就懂’的中医药科普书籍，加强与国际主流媒体合作，充分利用短视频、动漫等喜闻乐见方式和海外社交媒体平台，展示真实立体全面的中医药”。要创设各类中医药主题的文创品牌，承载中医药文化进行推广。

4. 用好中医孔子学院的重要资源

截至2020年，全世界共有中医孔子学院17所。中医孔子学院是国外学院联合国内知名中医药院校在国际设立的教育机构。其目的是把传统和现代中医药与汉语教学相融合，为外国民众开启一扇了解中国文化的新窗口，为加强各国人民心灵沟通、增进传统友好搭起一座新的桥梁。外国民众可以在中医孔子学院通过各类特色活动，提高汉语水平，深入了解中医药知识，进而成为国与国之间文化交流的使者。

（三）加大培养跨学科、跨文化传播人才力度

人才培养关系着中医药发展的未来，是中医药的重中之重。新时代以来颁布的各类与中医药发展相关的文件，总会涉及中医药人才培养的内容。如《推进中医药高质量融入共建“一带一路”发展规划（2021—2025）》中提出，要“深化教育合作，着力加强中医药国际人才队伍建设”。中医药文化面向海外传播，除了其中蕴含的内容要精当，还要有一大批信仰中医、热爱中医，致力于为中医药事业奋斗终生的优秀人才为中医药文化宣传鼓劲，摇旗呐喊。因此，培养既懂中医药文化，又精通语言翻译的跨学科、跨文化传播人才势在必行。培养谁、怎样培养，这是亟待解决的问题。

1. 增强中医药院校培养留学生的能力

要以政策先导，鼓励吸引外国留学生到中医药院校学习中医药，然后把中医药文化带回去。要实现这一目标并不容易，因为来自不同国家的留学生有着不同的文化背景，虽然学习了中医药理论和技能，但并不等于对于中医药文化认同。因此，需要在中医药校园中营造中医药文化宣传氛围，鼓励留学生以自己的视角发现中医药文化的魅力，进而实现自觉传播的目标。要增开以中医药文化为核心内容的课程，通过不同医学文化的比较，在共性交流的基础上，以互惠性的跨文化破解对外传播难题。

2. 提升中医药人才的外语运用能力

目前，中医药对外传播主要是通过语言翻译进行全球推广。因此，要加快中医英语标准化建设，对于“元气、阴阳、藏象”等中医药文化的核心内容，可以意译取代直译。这必然要求中医药人才不仅需要具有深厚的中医药文化底蕴，还要有较强的外语运用能力。中医药院校可与外国语院校合作，联合培养跨文化传播人才，发挥各自优势特长，明确培养目标。

3. 利用新媒介，建立中医药多语种课程云平台

中医药院校可采取线上与线下相结合的授课方式，为不同国家的中医药从业人员提供中医药学历教育和短期培训。同时加强对海外中医药本土化从业人员的培养，加大中医药科普宣传力度，提升各国民众对中国文化和中医药文化的理解和认同。

面向未来，在中医药事业蓬勃发展之际，中医药文化也需担负起创造性转化与创新性发展的重任，既要以自身发展促进新时代中医药现代化实践，更要把握好中医药发展契机，结合时代所需、国家所需、民众所需、学生所需，以与时俱进的理念革故鼎新、传承创新，以深厚的文化内蕴坚

定中医药学子的文化自信、专业自信，助力高素质中医药人才培养。

第三节　思想政治理论课与中医药文化融合的未来趋向

中医药院校思政课与中医药文化相融合，既是中医药院校思政课凸显特色改革的重要抓手，也是中医药院校实现培养传承中医药文化人才的必然选择。其中要注意两个关键点：一是“融合”而非“结合”。两者在程度上是有所区别的。“结合”强调的是关联性，两类或以上性质相似的事物在保证各自属性的前提下，为了达成一定的目标，发挥各自所长，各尽其力，彼此发生密切的联系，称之为“结合”。“融合”强调的是一体性，具有相通性质的事物在同一框架下，通过不同的方法与手段，彼此熔铸一体，发挥一加一大于二的实际效果，称之为“融合”。二是双向度而非单向度。中医药院校思政课与中医药文化融合，是一个交互的过程。只从思政课或中医药文化的单一角度来审视判断都是不全面的。两者相互融合是以培养优秀中医药人才为目标的。目前，一些中医药院校思政课程已经在陆续探讨思政课与中医药文化融合的理论与实践，并取得了一定的效果。事实上，将中医药文化相关内容融入各门思政课程中，能够提升课程的针对性与亲和力。但与之相比，中医药文化在发挥育人功效，主动与思政课融合上却未尽如人意。未来需要在顶层设计上多做谋划，不断提升相关教师的育人意识与水平。

一、必要而非必然

（一）马克思主义基本原理与中华优秀传统文化结合的基本要求

在庆祝中国共产党成立一百周年大会上，习近平总书记明确提出，要“坚持把马克思主义基本原理同中国具体实际相结合、同中华优秀传统文化相结合”，即完成了从“一个结合”到“两个结合”的理论拓展。高校思政课作为讲授马克思主义基本原理的主要课程，要特别注意向学生讲清楚为什么需要“两个结合”，怎样做到“两个结合”。中医药院校有着丰富的中医药文化资源和深厚的中华优秀传统文化底蕴，因此，中医药院校思政课在讲授“两个结合”时，要运用好中医药文化校内校外、历史与现实、人物与事件资源，设计好思政课与中医药文化融合的方案。

1. 马克思主义哲学与中医哲学结合，丰富了内涵

中医药起源于中国哲学，其中“天人合一”的整体观、阴阳平衡的治疗观、未病先防的养生观等与马克思主义哲学中的整体思维、辩证思维、系统思维等都有着极强的关联性。中医药院校思政课教师在讲授“马克思主义基本原理”中的辩证法内容时，要特别注意与中医辨证论治思维相结合，并找出两者之间的相通性与相异性，帮助学生加深对马克思主义辩证法的理解，以及从学理的角度审视中医辨证论治，将传统理论与学生具体实践相结合，实现知行统一。

2. 社会主义核心价值观养成需要医德教育助力

中医药发展之所以历经千年而不衰，除了具有确实疗效之外，医者仁心、救死扶伤和以生命为本的医德理念是十分重要的延续基础。也正是由于中医药本身重视医德教育，因此体现了较强的人文性。社会主义核心价值观从个人、国家和民族三个不同层面提出了现阶段需要达到的价值标准，特别从个人层面提出了需要遵循的道德准则，即爱国、敬业、诚信、友善，这与医德所蕴含的内容有较强的契合性。比如孙思邈在《备急千金要方·候诊》中言：“古之善为医者，上医医国，中医医人，下医医病。”这里既强调了为医者的三个层次，也突出了医者应从爱国角度出发，以“不为良相，便为良医”的价值准则，协助君主治理国家。医德中强调医者要“敬业”的内容在古籍中也是随处可见。如孙思邈在《备急千金要方》中提出的“大医精诚”，其中“精”既强调医者需要有高超的技艺，也蕴含了医者要达到“大医”标准必须“业精于勤”，执着敬业。此外，医者之诚要做到“上以疗君亲之疾，下以救贫贱之厄，中以保身长全，以养其生”(《伤寒杂病论》)，强调不分贵贱，对患者以诚相待，方可为医。因此，在讲授社会主义核心价值观内容时，可以适当融入相关医德内容，既能体现一脉相承的道德标准，也可以增强思政课的鲜活性。

（二）新医科建设中交叉学科发展的新趋势

新医科建设是教育部倡导“四新”教育的内容之一，也是推进健康中国战略得以实现的重要保障。新时代，在全面推进“全民健康”“健康中国”“构建人类卫生健康共同体”战略目标的实施过程中，要借助医学教育培养具有中国特色的高素质医学人才，助力目标实现。2018～2022年，教育部、国务院办公厅先后多次颁布文件，对新时代医学教育、医学人才培养提出了新要求，包括要“健全以职业需求为导向的人才培养体系，设置交叉学科，促进医工、医理、医文学科交叉融合”。思政课与中医药文化融合是实现“医文融合”的重要落脚点，要实现两者之间的充分融合，需要在认知上转换角度，提升认识。

1. 提高对医文融合的认识

在对“医”的涵括域进行界定时，部分研究者常将其限定在中医学范畴，采用历史梳理法，对中医学在漫长发展过程中体现的人文要素进行收集整理分析。这虽然凸显了中医学的人文属性，但过分强调，也容易将其推向缺少科学性的另一端。对“文”解读的表面化，容易陷入指代“文学”的误区。在对某项诊疗技术、某一病症或某味药材进行研究时，研究者习惯从的唐宋诗词、小说笔记等文学作品中挖掘行医之道、旷世经方、疾病之症和准确疗效等信息，以佐证“有效性”。对“融合”的解读往往存在局限性。探讨医文融合，研究者常常以一门课程的融合为着眼点，因而很难引起共鸣。中医药院校思政课教师要不断提高对医文融合重要性的认识，主动融合，使医文融合达到最佳效果。

2. 正确认识医与文的关系

新医科建设“需要强化学科基础性、交叉性，增强科技融合性，深化医学人文性，突出医学贡献性”。医文融合中的“文”既包含人文学科之意，也有社会科学学科之涵，甚至可拓展至新文科之域。医文融合重在实现医科与文科的融合，在“四新”建设的过程中，力求以你中有我、我中有你的新样态，促进学科间的融合发展，更新教学范式，不断提升医学生的综合素质与能力，做守护人民健康的“大医生”。

二、全面而非局部

目前，许多中医药院校在进行思政课教学改革过程中已经意识到融入中医药文化的必要性与重要性，但尚未形成能够推广至所有中医药院校的有效方式和举措。现有实践尚局限于思政课的某门课程或某门课程中的某部分内容。由于一些思政课教师对中医药文化知之甚少，导致融入效果不理想。因此，未来思政课与中医药文化融合需要实现由点及面的飞跃。

（一）各门思政课程实现全面融入

按照教育部关于《高等学校思想政治理论课建设标准（2021年本）》及相关文件规定，高等学校应根据本科不同年级，并结合学生和课程本身的不同特点开设不同的思政课程。其目的是为了在本科教育阶段完成接续育人，实现全员、全方位、全过程育人目标。思政课与中医药文化融合需要充分认识这一特点，运用好、设计好融入中医药文化的相关内容，实现全面融入。

1. 梳理各门思政课的融入点，做好整体设计

思政课要实现讲深、讲透、讲活的目标，需要结合课程特点进行教学改革。中医药院校的特色和中心任务是实现中医药文化的传承与发展。为此，中医药院校的思政课也需以此为着眼点，为传承中医药文化助力。目前，各门思政课在融入中医药文化的过程中，由于点比较分散，故较难形成合力。加之缺少相应的辅助材料，导致思政课在融入中医药文化的过程中，缺少适度原则，想融入多少就融入多少；有的没有吃透融入点，只注重数量而忽视了质量。这些问题均需在未来予以解决。

思政课融入中医药文化要注重课程之间的关联性，形成融入合力。比如理论思维的融入，要注重对“马克思主义基本原理”课进行梳理。从辩证法、整体观、系统观等角度融入中医药文化相关内容。对于中医药文化的融入，需对“中国近现代史纲要”课进行梳理，从中国近代社会发展看中医药文化在近代所面临的困境与挑战。对于中医药文化现代发展的融入，需对“形势与政策”课进行梳理，找准融入点，使学生明确传承中医

药文化的政策要求，清晰创新发展的目标路径。

2. 厘清中医药文化内容的切入点，实现统筹融入

中医药文化延续千年，经久不衰，涵括的内容十分丰富。因此，在与思政课的融入中，要对中医药文化的内容进行梳理。要结合各门思政课程的特点，系统地融入中医药文化。比如中医药文化中贯穿的医德医风内容，在适当融入“思想道德与法治”课中，要注重融入的层次性与侧重性，体现医德与社会主义核心价值观的深度融合。在选择相关案例时，既要关注传统医德中的经典名医事例，也要融入医德传承中的现代典型例证。这样既可以缩短学生与案例之间的距离感，也能够体现中医药文化的持续发展。为了进一步提升学生的专业自信，对于中医药文化在不同历史时期取得的成就，可以分别融入“中国近现代史纲要”“毛泽东思想和中国特色社会主义理论体系概论”“习近平新时代中国特色社会主义思想概论”等课程中，利用多门课程，夯实学生的中医药文化自信。

（二）强化中医药专业课的育人功能

随着国家对于中医药发展的日益关注，各中医药院校也越来越注重对中医药专业课的思政建设，并陆续开设了“中医药文化学”“中医药文化学导论”等中医药文化相关的必修课或选修课，其目的在于让学生了解中医药，进而热爱中医药。

1. 挖掘每门课程的育人功能

课程育人是课程教学的根本目标。中医药院校开设的中医药专业课，除了让学生了解其发展历程、熟悉经典思维、更重要的是让学生树立中医药文化自信，充分发挥课程的育人功能。

首先，要确立德育为先的育人原则。中医药文化中蕴含着丰富的名家医德故事，不仅能引导学生建立正确的医德观，也可成为实现立德树人根本任务的立足点。“无恒德者，不可以作医”，强调了以德涵养己身的重要性。“良医处事，不矜名，不计利，此为立操”，强调医者要淡泊名利，重义轻利。“化吾身为病身”，强调医者要对患者有仁爱之心、同理之心。

其次，弘扬理想信念的价值引领。很多中医药名家是历经多重磨难

而最终实现自我价值，做出一番成就的。比如，医圣张仲景是由于亲历伤寒，家中亲属相继离世后，立志勤求古训，博采众方，最终著成《伤寒杂病论》，以救民众于水火之中。明代李时珍用了26年的时间“搜罗百氏，访采四方。始于嘉靖壬子，终于万历戊寅，稿凡三易”著成《本草纲目》。后又经十多年润色，书在他去世后才刻成出版。此书不仅创造了“目随纲举”的本草撰写体例，更被英国生物学家达尔文誉为“中国古代的百科全书”。将这些名家事迹有机地融入专业课教学当中，有助于学生坚定理想信念，自觉成为中医药文化的传播者和中医药事业的接班人。

2. 打造课程群，凸显育人合力

随着中医药文化课开设数量的逐渐增多，打造中医药文化课程群必将成为中医药院校课程建设的重点任务。首先，要打通各门课程的育人衔接点，形成接续育人合力。以黑龙江中医药大学中医学五年制专业开设的相关课程为例，在大一学年两学期开设医古文、中国医学史课程，在大二学年第三学期开设内经选读，第四学期开设伤寒论，大三学年第五学期开设金匮要略课程，第六学期开设温病学课程，大四学年第七学期开设中医各家学说，第八学期开设医学伦理学。每门课程都有各自的教学目标与育人要求，可以通过跨课程集体备课，找准课程之间的接续育人点。其次，从横向层面，根据课程相近的特点，实现思政课与中医药专业课的协同育人。如马克思主义学院中国近现代史教研室与基础医学院中国医学史教研室可以共同备课，结合近代中医药发展过程中遭遇的问题与挑战，以及现代发展过程中面对的机遇与优势，帮助学生坚定为中医药事业奋斗终生的理想信念。马克思主义学院马克思主义基本原理教研室与基础医学院中医各家学说教研室可以结合中医思维的整体观、辩证法、系统观等内容，向学生展现中西方思维科学发展的相近性以及中医药学的特有魅力。

（三）提升教师的综合素质与育人能力

教师是育人的主体，也是课程讲授的“第一责任人”。思政课与中医药文化相融合，面对的突出挑战就是各门课程教师对于其他课程存在能力不足等问题。只有让中医药院校的思政课教师了解、熟悉甚至精通中医药文化，让中医药专业课教师深谙育人理念，明确主讲课程要实现的育人目标，从课程思政的角度创新育人途径，才能确保课程融入的实际效果。

1. 增强思政课教师的中医药文化素养

（1）培养教师从主观层面认识学习中医药文化的必要性

中医药院校是以培养中医药高级人才为目的，思政课作为落实立德树人的关键课程，也应该从培养中医药人才的角度出发，创新教学方法，注重融入中医药文化，努力打造具有中医药院校特色的思政课程。在此过程中，思政课教师要在主讲课程的基础上实现对中医药文化的适度、适当与适时融入，就需要教师能够找准融入点，运用合适的方式方法打好组合拳，既落实好思政课程与其他课程同向同行的目标，又可以进一步提升思政课的针对性、亲和力与实效性。

（2）学校、学院、教研室等要为思政课教师提升中医药文化素养提供条件、搭建平台

中医药院校要制定相关政策，支持思政课教师、学习中医药文化知识，并将其融入思政课教学。学校要鼓励教师报考跨学科专业，提升学历层次。可定期组织跨教研室开展集体备课，定期聘请国内中医药文化名家为思政课教师开展讲座，帮助思政课教师把握中医药文化发展动态，了解研究前沿。

2. 增强中医药专业课程教师的育人水平

从调研的24所中医药本科院校中了解到，中医药专业课开展课程思政无论在数量还是在质量上都有较大的提升空间。除了需要各中医药院校加强顶层设计外，对于中医药专业课的教师育人能力培训也要同步进行。要提高专业课教师对课程思政重要性的认识，通过相关培训，使专业课教师进一步增强育人意识，明确课程育人目标，找到育人途径，实现思政课程与课程思政协同育人目标。

三、多样而非单一

思政课与中医药文化要实现真正融合，需要在融入的方式方法、平

台载体选择、评价体系设定等方面不断丰富备选内容，避免单向性、单一融入。

（一）针对硬融入，加强设计

（1）从思政课角度看，实践融入多于理论融入

根据新时代思政课建设标准，每门思政课程都要有一定的实践教学安排，目的是培养学生的动手能力，实现学思用贯通目标。当前思政课与中医药文化融入存在实践融入多、理论融入少的情况。部分课程在开展过程中往往以实践主题活动为主，与理论的衔接不深入，会对学生造成“走过场”的误解，影响了融入效果。部分课程在理论内容中寻找融入点过于牵强，有的融入时不做分析便硬融入，导致融入效果不佳。

（2）从中医药专业课角度看，自觉将育人理念，重点贯穿较少

部分教师受西医学“技术为王”的影响，为了吸引学生，将中医药文化过于物质化，创新不足，甚至出现中医药文化与现代中医药发展相脱节的现象。

面对思政课与中医药文化硬融入的问题，一方面要帮助思政课教师了解中医药文化的相关内容，鼓励教师成为“一专多能”的专家，深挖融入点，高站位谋划，精心设计，既找到适当的融入点，又把握融入内容的科学性，达到“润物细无声”的育人效果。另外，要从学校及学院多层面做好统筹设计，明确思政课融入中医药文化的基本目标、原则及方法，使教师的教学有参照、有标准。

（二）针对融入方法单一，加强改革创新

无论是思政课程还是中医药专业课程，一般在理论讲授过程中，多以案例式融入为主，融入时加入相关人物或核心事件的典型案例。由主讲教师对融入案例进行具体分析，或组织学生针对相关内容进行课堂讨论，目的是增强课程的吸引力，但由于融入方法单一，故效果并不尽如人意。虽然有学生参与讨论，但所谈内容多为浅尝辄止。此外，融入时多以课件图片或视频为主，选用新媒体手段的不多，从而影响了教学效果。

未来要丰富思政课的融入手段，鼓励教师勇于创新，综合运用多种

方法提升教学效果。可结合课程特色、教师自身优势、不同专业、学生特点，采用研讨式、辩论式、启发式、自主式、问题式等多种教学方法，进行融入，提升学生的获得感。要鼓励教师，积极采用现代科技手段，采用线上、线下相结合的方式，借助学习通、智慧树、雨课堂、易班等平台，将课程的融入点设置成菜单模式，由学生自愿组成学习小组对融入的内容进行讨论，提高学生学习的积极性，将教学融入由“他育”转为“自育”，提升融入效果。

（三）针对评价方式滞后，强化标准设定

目前，无论是思政课融入中医药文化，还是专业课开展课程思政，都缺少科学的评价体系。尽管国家提出思政课与课程思政要同向同行、协同育人，但检验实施情况的落实尚缺乏科学的评价体系。因此要根据融入的特点、实施阶段、教师与学生等多重因素构建科学合理的评定体系。

1. 设定与学生相关的评定标准

思政课融入中医药文化的目的是为了更好地实现立德树人，培养优秀的中医药文化人才。因此在设定融入标准时，应从人才培养的角度进行考虑。在设定学生考核内容时，要注重对学生的参与度及能力素质进行评价，将其纳入课程综合成绩评定，提高学生对融入重要性的认识。

2. 设定与教师相关的评定标准

教师作为课程的主要设计与讲授者，是否具有融入意识、掌握融入方法，都会影响融入的效果。因此，应从评定教师相关素质层面设计评价标准，并结合教师所讲授课程的特点、课堂环境、学生反馈等进行综合评定。对教师讲授的课程，在进行教学质量三级评定中，应设计融入的判断指标，并增加权重，让教师重视融入，提升融入质量。对于每年两次的教师综合测评，应增加融入情况的评价，对融入效果良好的教师应予以一定奖励，鼓励教师积极融入，提高评价的实效性。

后记

《思想政治理论课与中医药文化》一书付梓在际，感念颇多。此书为黑龙江省高等教育教学改革项目2021年度择优推广项目“新时代高校思政课教学‘精准供给’模式研究”（项目编号：SJGSF2021003）阶段性成果。本书自撰写以来，得到了校内外多方的支持与帮助，在此深表感谢。首先，感谢黑龙江中医药大学的领导、专家与各位同仁的鼎力支持与通力合作，顺利完成书稿撰写。其次，感谢中国中医药出版社领导和编辑的悉心指导，提升了书稿的总体质量。再次，感谢国内进行过相关研究与探索的同仁们，为书稿撰写提供了宝贵思路。

由于思想政治理论课与中医药文化属跨学科研究范畴，限于学识水平，书中难免存在不足之处，恳请读者批评指正。我们期待本书的出版能够为新医科建设、跨学科建设提供些许有益参考。

《思想政治理论课与中医药文化》编委会

2023年3月

主要参考文献

[1] 马克思，恩格斯. 马克思恩格斯选集（全十卷）[M]. 北京：人民出版社，2009.
[2] 毛泽东. 毛泽东选集（第一卷至第三卷）[M]. 北京：人民出版社，1991.
[3] 习近平. 习近平谈治国理政（第一卷）[M]. 北京：外文出版社，2014.
[4] 习近平. 习近平谈治国理政（第二卷）[M]. 北京：外文出版社，2017.
[5] 习近平. 习近平谈治国理政（第三卷）[M]. 北京：外文出版社，2020.
[6] 习近平. 习近平谈治国理政（第四卷）[M]. 北京：外文出版社，2022.
[7] 习近平. 决胜全面建成小康社会　夺取新时代中国特色社会主义伟大胜利 [M]. 北京：人民出版社，2017.
[8] 习近平. 高举中国特色社会主义伟大旗帜　为全面建设社会主义现代化国家而团结奋斗 [M]. 北京：人民出版社，2022.
[9] 姚春鹏. 黄帝内经 [M]. 北京：中华书局，2010.
[10] 罗哲初手抄. 桂林古本《伤寒杂病论》[M]. 南宁：广西人民出版社，1980.
[11] 唐·孙思邈. 备急千金要方 [M]. 北京：人民卫生出版社，1998.
[12] 明·李时珍. 本草纲目 [M]. 北京：中医古籍出版社，1999.
[13] 汉·司马迁. 史记 [M]. 北京：北京联合出版公司，2016.

[14] 清·叶天士 . 叶天士医学全书 [M]. 北京：中国中医药出版社，1999.
[15] 何兆雄 . 中国医德史 [M]. 上海：上海医科大学出版社，1988.
[16] 王庆宪 . 中医思维学 [M]. 成都：重庆出版社，1990.
[17] 张其成 . 中医哲学基础 [M]. 北京：中国中医药出版社，2005.
[18] 孙广仁 . 中医基础理论 [M]. 北京：中国中医药出版社，2007.
[19] 王旭东 . 中医药文化导读 [M]. 北京：高等教育出版社，2007.
[20] 田荣云 . 医学伦理学 [M]. 北京：人民卫生出版社，2003.
[21] 曲黎敏 . 中医与传统文化 [M]. 北京：人民卫生出版社，2005.
[22] 马伯英 . 中国医学文化史 [M]. 上海：上海人民出版社，2010.
[23] 张其成 . 中医文化精神 [M]. 北京：中国中医药出版社，2016.
[24] 臧守虎，贾成祥 . 中医药文化学 [M]. 北京：中国中医药出版社，2017.
[25] 李和伟 . 中医文化导论 [M]. 北京：中国中医药出版社，2019.
[26] 常存库 . 中国医学史 [M]. 北京：中国中医药出版社，2007.
[27] 张成博，程伟 . 中国医学史 [M]. 北京：中国中医药出版社，2016.
[28] 陈可冀 . 儒家文化与中医学 [M]. 北京：中国中医药出版社，2017.
[29] 黄海波 . 中国传统文化与中医 [M]. 北京：人民卫生出版社，2007.
[30] 张其成 . 中医象数思维 [M]. 北京：中国中医药出版社，2016.
[31] 薛公忱 . 中医药文化溯源 [M]. 南京：南京出版社，2013.
[32] 姜德友 . 中医临床思维方法 [M]. 北京：中国中医药出版社，2019.
[33] 盛亦如，吴云波 . 中医教育思想史 [M]. 北京：中国中医药出版社，2005.
[34] 陈万柏，张耀灿 . 思想政治教育学原理 [M]. 北京：高等教育出版社，2007.
[35] 郑永廷 . 思想政治教育学方法论 [M]. 北京：高等教育出版社，2010.
[36] 潘莉莉 . 中国传统文化 [M]. 北京：中国人民大学出版社，2017.

[37] 彭崇胜 . 中医药与中华传统文化 [M]. 上海：上海交通大学出版社，2016.
[38] 张伯礼，石鹏建，洪净 . 中医药高等教育发展战略研究 [M]. 北京：中国中医药出版社，2013.
[39] 袁纲 . 中医药文化的当代价值研究 [M]. 北京：中国中医药出版社，2022.
[40] 郭宏伟 . 论中医药人才培养模式 [M]. 北京：中国中医药出版社，2017.
[41] 王易 . 传统文化与思想政治教育创新 [M]. 北京：中国人民大学出版社，2018.
[42] 毛嘉陵 . 中医文化传播学 [M]. 北京：中国中医药出版社，2014.
[43] 张宗明 . 传承中医药文化基因 [M]. 北京：中国医药科技出版社，2015.
[44] 王治民 . 历代医德论述选译 [M]. 天津：天津大学出版社，1990.
[45] 毛嘉陵 . 中医文化蓝皮书：中国中医药文化发展报告（2020）[M]. 北京：社会科学文献出版社，2020.
[46] 李习平，唐昌敏 . 中国中医药政策与发展研究 [M]. 武汉：华中科技大学出版社，2020.
[47] 刘惠军 . 医学人文素质与医患沟通技能教程 [M]. 北京：北京大学医学出版社，2011.
[48] 刘毅 . 中医药传统文化德育功能 [M]. 成都：西南财经大学出版社，2018.
[49] 陈达灿，杨志敏 . 名医大家讲中医思维 [M]. 北京：中国中医药出版社，2022.
[50] 王诗源 . 中医药文化思政教育 [M]. 济南：山东大学出版社，2021.
[51] 张宗明 . 中医药“走出去”的文化自觉与自信 [M]. 南京：东南大学出版社，2021.
[52] 董海涛 . 医药文化思政资源研究 [M]. 太原：山西人民出版社，

2020.
[53] 杨琳 . 中药学类专业课程思政教学设计与案例 [M]. 北京：中国中医药出版社，2022.
[54] 尚晓玲 . 中医基础理论课程思政教学设计与实践 [M]. 北京：中国中医药出版社，2021.
[55] 马东来，严玉萍，郑玉光 . 中药学类课程思政案例 [M]. 上海：上海科学技术出版社，2022.
[56] 唐明燕 . 思政课教学的中华优秀传统文化资源及应用 [M]. 上海：复旦大学出版社，2022.
[57] 袁久红，陆永胜 . 中华优秀传统文化与高校思想政治教育 [M]. 北京：社会科学文献出版社，2022.
[58] 朱丽霞 . 课程思政视域下的思想政治理论课“三合一”实践教学模式研究 [M]. 武汉：武汉大学出版社，2021.
[59] 孙其昂 . 高校立德树人根本任务实现研究 [M]. 南京：江苏人民出版社，2021.
[60] 靳义亭 . 传统文化融入高校思想政治教育研究 [M]. 北京：中国社会科学出版社，2016.
[61] 徐永红 . 中医药文化对外传播——以文化适应为视角 [M]. 上海：华东师范大学出版社，2015.
[62] 陈忠 . 中医药高等教育“和合”思想协同育人理论与实践 [M]. 北京：中国中医药出版社，2021.
[63] 陈华栋 . 课程思政从理念到实践 [M]. 上海：上海交通大学出版社，2020.
[64] 宗爱东 . 课程思政：一场深刻的变革 [M]. 上海：上海人民出版社，2022.
[65] 冯刚 . 理直气壮开好思政课——把握新时代思政课建设规律 [M]. 北京：人民出版社，2019.
[66] 姚雪兰 . 新时期普通高校思政理论课教学方法与实践研究 [M]. 延

吉：延边大学出版社，2022.
[67] 赵庆寺 . 讨论式教学与大学生社会主义核心价值观认同 [M]. 上海：上海人民出版社，2016.
[68] 王芳，彭召昌 . 马克思主义中国化时代化与中医药传承创新 [M]. 上海：上海人民出版社，2021.
[69] 何清湖，陈小平 . 坚定中医药文化自信 [M]. 北京：中医古籍出版社，2020.
[70] 吴广庆 . 文化融入思想政治工作的方法论研究 [M]. 北京：中央编译出版社，2016.
[71] 张义明，李慧慧，李娜 . 中医药传承与文化自信 [M]. 天津：天津科学技术出版社，2019.
[72] 佘双好 . 大学生思想政治教育研究方法 [M]. 北京：高等教育出版社，2010.
[73] 王琦 . 中医原创思维模式的特质 [J]. 中华中医药杂志，2012，27 (7)：1865–1867.
[74] 张伯礼 . 中医思维与实践养成 [J]. 中国中医基础医学杂志，2017，23 (5)：593–594.
[75] 张其成 . 中医药文化核心价值“仁、和、精、诚”四字的内涵 [J]. 中医杂志，2018 (22)：1895–1900.
[76] 国华，柳长华，周琦，等 . 中医药文化核心价值凝练研究 [J]. 中国中医基础医学杂志，2016 (11)：56–58.
[77] 张洪雷 . 习近平关于中医药发展重要论述的时代价值 [J]. 南京中医药大学学报 (社会科学版)，2020，21 (2)：93–98.
[78] 牛素珍，牛彦平，张晨 . 中医药文化自信的三个维度论析 [J]. 中医药文化，2020 (5)：29.
[79] 黄汀，张曾宇，唐彬荃 . 中医药优秀文化融入思政课教学的三重维度 [J]. 湖南中医药大学学报，2022 (2)：343–348.
[80] 陈思敏 . 中医药文化融入高等中医药院校思政课教学刍议 [J]. 南京

中医药大学学报，2018(12)：265-269.

[81] 黎雪梅，陈依培，刘东梅.中医药优秀传统文化融入大学生思想政治教育的路径研究[J].成都中医药大学学报，2020(6)：9-11.

[82] 刘东梅.中医药文化实践性教学资源在思想政治理论课中的运用探讨[J].成都中医药大学学报，2017(9)：1-3.

[83] 丁俊萍，林建雄.马克思主义与中华传统文化关系的历史考察及启示[J].思想教育研究，2017(4)：33-38.

[84] 凌子平，何彩云，刘霁堂.中医药文化核心价值融入思想政治理论课探索[J].南京中医药大学学报，2017(3)：57-61.

[85] 黄海鹏，门瑞雪.中医药院校“课程思政”教学模式的构建策略[J].学校党建与思想教育，2020(8)：45-47.

[86] 任鹏，李毅.课程思政建设的关键变量、基本原则与推进路径[J].思想政治教育研究，2021(8)：115-121.

[87] 刘霁堂，王彬.在思想政治理论课教学中体认中医药文化核心价值观[J].中医教育，2017，36(3)：7-11.

[88] 邱仁富.“课程思政”与“思政课程”同向同行的理论阐释[J].思想政治教育研究，2018(4)：109-113.

[89] 周苏娅，袁纲.全球化视阈下中医药文化传承的思考[J].中医药学报，2015，43(2)：1-4.

[90] 国家中医药管理局.关于加强中医药文化建设的指导意见[N].中国中医药报，2011-12-29(003).

[91] 中共中央　国务院关于促进中医药传承创新发展的意见[N].人民日报，2019-10-27(001).

[92] 中共中央关于制定国民经济和社会发展第十四个五年规划和二〇三五年远景目标的建议[N].人民日报，2020-11-04(001).

[93] 张其成.促进中医药文化国际传播认同[N].中国中医药报，2017-03-10(002).